월드뷰 | 세상을 바로 보는 글 06

트럼프는 왜 기후협약을 탈퇴했나?

월드뷰 | 세상을 바로 보는 글 06

트럼프는 왜 기후협약을 탈퇴했나?

저　자　박석순

발행인　김승욱
발행처　주식회사 세상바로보기
초판발행　2025년 1월 2일
출판등록　2020년 1월 31일 제 2020-000008호
문　의　전화 02-718-8004 / 010-5718-8404
　　　　E-메일 editor.worldview@gmail.com
홈페이지　https://theworldview.co.kr

ISBN 979-11-969723-0-1
값 20,000원

이 책에 활용된 자료 이미지들은 연구 목적을 위한 저자의 요청으로 실렸으며, 출처에 대한 표기는 저자의 의도에 따라 생략합니다. 책에 표현된 복합 콘텐츠에 대한 무단전재와 복제를 저작권법에 따라 금지하며, 책의 내용 전부 또는 일부를 이용하려면 반드시 저작권자와 주식회사 세상바로보기의 서면 동의를 받아야 합니다.

파본은 구입하신 곳에서 교환해 드립니다.

트럼프는 왜 기후협약을 탈퇴했나?

A Must-Read for Trump's Climate Energy Policy

박석순 지음

세상바로보기

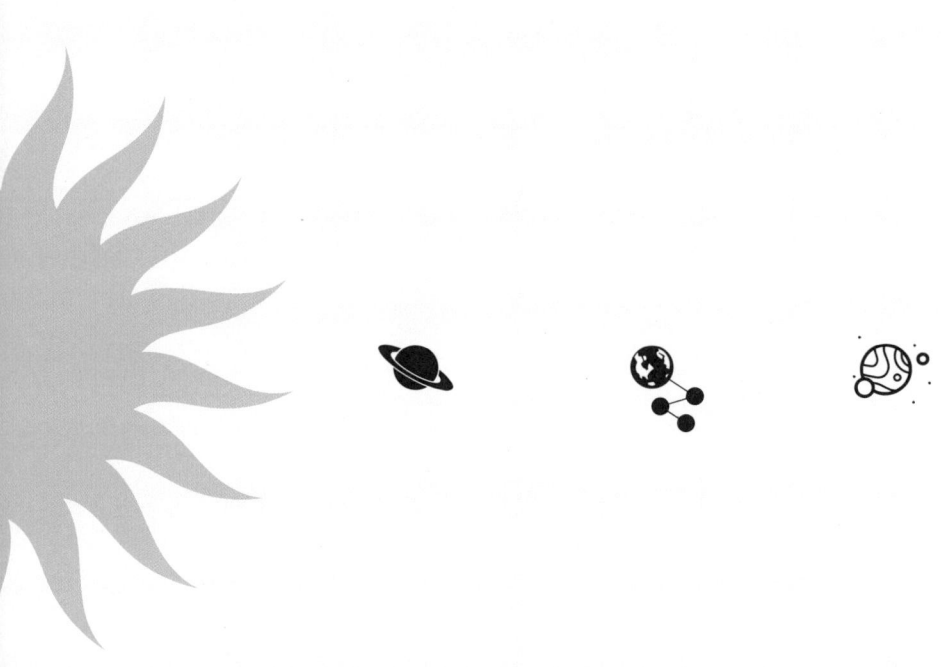

■ 이 책은 한국기독문화연구소 소장 김승규 변호사(前 법무부 장관)의 지원을 받아 제작되었습니다.

주식회사 세상바로보기는 성경적 세계관에 기초하여 삶의 각 분야를 조명하고 교회와 사회를 섬기는 문서사역을 위해 설립된 출판사입니다. 기독교세계관 정론지 〈월드뷰〉를 매월 발행하고 있으며, 월드뷰TV를 운영하고 있습니다.

뛰어난 지력과 남다른 용기로
기후 진실에 함께해 주신 분께
존경을 담아
이 책을 바칩니다.

추천사

기후 위기라는 집단 최면

Ordo Reformanda(체제 개혁)라는 키워드로 2024년을 이어가는 월간 〈월드뷰〉는 지난 6월호에 '기후 변화'를 특집으로 다루었습니다. 기후 변화와 사회체제는 상관이 없어 보이지만, 이면을 들여다보면 그렇지 않습니다. 만약 기후 변화의 원인이 인간 생활과 산업 활동에서 나오는 이산화탄소 때문이라면, 이를 바로잡기 위해서는 강력한 세계 정부가 필요하고, 모든 국가에서 정부가 국민 생활과 기업 활동을 통제해야 할 수밖에 없습니다. 그리고 그 결과는 사회주의 세계화로 이어지는 체제 변화로 귀결되기 때문입니다.

대기에 이산화탄소가 증가하고 지구온난화가 일어나는 현상에 대해서는 누구도 부인하지 않습니다. 견해가 갈라지는 부분은 지구온난화의 원인이 인간의 활동인가 아니면 자연 현상인가 하는 점과 증가하는 이산화탄소가 인류의 삶과 지구 생태계에 축복인가 아니면 재앙인가 하는 점입니다. 만약 지구온난화의 원인이 증가하는 이산화탄소 때문이고 그것이 기후 재앙을 불러온다면 이를 줄이기 위한 힘겨운 노력이 정당화됩니다. 하지만 지구온난화가 반복되어 온 자연 현상이고 증가하는 이산화탄소는 기후 재앙을 불러오지 않을 뿐만 아니라 인류의 삶과 지구 생태계에 축복이 된다면 지금의 탄소 중립을 향한 노력은 모두 헛된 일이 됩니다. 따라서 이를 과학적으로 검토하는 것은 국민 생활과 국가 경제를 위해 매우 중요한 일입니다.

그동안 신문과 방송 등 각종 언론 매체를 통해서 인간에 의한 기후 위기론에 대해서 많이 들었고 이를 사실로 받아들였습니다. 그런데 이것이 모두 허구라는 놀라운 주장을 접하고, 어느 편이 진실인지 확인할 필요가 있다고 판단했습니다. 그래서 월드뷰 6월호는 지구온난화는 자연 현상이며 증가하는 이산화탄소는 지구 생태계와 인류의 삶에 축복임을 주장하는 '기후 위기 허구론'을 집중적으로 다루었습니다.

지난 6월호가 출간되자 '기후 위기 허구론'을 널리 알려야 한다는 주장이 강력하게 제기됐습니다. 일반인들에게는 너무나 충격적이고 반박 불가의 관측 자료와 설득력 있는 과학적 이론이 뒷받침되었기 때문입니다. 그뿐만 아니라 조작된 기후 위기로 인해 지금 모든 가정은 매달 전기요금에 '기후환경요금'을 내고, 기업은 '탄소 배출권 거래제도', 'RE100', 'ESG' 등으로 이윤을 박탈당하고 있기 때문이기도 합니다. 더 시급한 문제는 기후 대재앙 공포로 울부짖고 악몽에 시달리며 앞선 세대를 원망하는 우리의 아이들을 구하는 일이었습니다.

그래서 〈월드뷰〉는 지난 6월호의 커버스토리와 해외 인터뷰를 주도했던 이화여대 박석순 교수님께 일반인들이 기후 위기 허구성을 간편하게 확인할 수 있는 단행본 저술을 요청했습니다. 이에 박 교수님이 흔쾌히 응해 이 책이 나오게 되었습니다. 그리고 이 책의 출판을 지원해 준 한국기독문화연구소 김승규 소장(전[前] 법무부장관)님께 감사를 드립니다. 아무쪼록 이 책이 널리 읽혀 모든 국민이 기후 위기라는 집단 최면에서 깨어나고 우리 정부가 바른 기후 에너지 정책을 펼쳐나가길 바랍니다.

2024년 12월

김승욱(월드뷰 발행인)

> 서문

사이비 과학으로부터 나라를 구하자

2020년 코로나 방역과 함께 집중적으로 기후 공부를 시작한 지 벌써 5년이라는 세월이 흘렀다. 그동안 지구의 기후 역사에서부터 기후과학 이론에 이르기까지 관련 분야를 두루 섭렵하고, 기후 재난 피해, 극한 기상 추세, 극지방 빙하, 해수면 상승, 태평양 산호초 등 기후 위기에 거론되는 모든 자료를 조사하고 정리했다. 책을 번역하고 유튜브 강의를 들으면서 훌륭한 기후과학자들을 알게 됐고 그들의 초대로 미국과 유럽의 기후 변화 진실 찾기 단체에 동참하였다.

세계적인 과학자들과 함께하는 글로벌 네트워크로 공부를 한 것은 일생에 처음이자 가장 효율적인 학습이었다. 이를 통해 내린 결론은 "기후 위기와 탄소 중립은 명백한 사이비 과학이다"였다. 이는 세계 여러 유수 과학자가 오래전에 내린 결론과 다르지 않다. 그리고 이 결론은 "어떻게 이런 사이비 과학이 유엔을 장악하고 세계를 점령해 나갈 수 있었나"라는 의문으로 이어졌다. 답은 과학의 부패에 있었다. 과학자들이 정치적 목적에 이용되면서 지구의 기후 역사와 관측 데이터를 조작하는 기후 사기꾼이 되었기 때문이었다.

2023년 3월에는 '유엔 기후 변화에 관한 정부 간 협의체(Intergovernmental Panel on Climate Change, 이하 IPCC)'가 "지구 존폐 10년 내 결정된다"

라는 충격적인 6차 종합보고서를 발표했다. 과학의 부패가 세상을 향해 기후 종말론을 선포한 것이다. 3개월 뒤에 노벨물리학상 수상자 존 클라우저(John Clauser) 박사가 우리나라에 와서 "기후 위기는 없으며 IPCC가 거짓 정보를 퍼뜨리고 있다"라며 강하게 비난했다. 그는 2023년 6월 26일 서울 동대문디자인플라자에서 개최된 '퀀텀코리아 2023(Quantum KOREA 2023)' 개막식 기조 강연에서 "IPCC는 위험한 거짓말을 퍼뜨리는 최악의 정보원 중 하나"이고 "기후과학이 대중 충격 언론용 사이비 과학으로 변질됐다"라며 혹평했다. 그는 "세계는 나쁜 과학, 잘못된 정보를 기회주의적 목적으로 이용하는 정치인과 기업가로 가득 차 있다"라며, "젊은 과학자들이 진실을 찾아야 한다"라고 강조했다. 그가 서울에서 이처럼 맹렬히 비난한 이유는 당시 6차 기후보고서를 발표한 IPCC 의장이 우리나라 사람이었기 때문이다.

존 클라우저 박사는 양자컴퓨터, 양자통신 등 양자과학기술의 핵심 요소가 되는 양자얽힘 현상을 밝힌 공로로 2022년 노벨물리학상을 받았다. 그는 지금 세계가 주목하는 양자과학기술의 노벨물리학상 수상자가 누려야 할 영광을 뒤로한 채 세계 곳곳을 다니며 기후과학의 부패를 알리고 있다. 클라우저 박사는 80세가 넘은 고령에도 불구하고 "기후 위기 낭설은 수십억 지구 인류의 복지와 세계 경제를 위협하는 과학의 위험한 부패다"라며 인류 번영을 위한 그의 마지막 봉사에 최선을 다하고 있다.

유엔 6차 보고서의 기후 종말론과 존 클라우저 박사의 속 시원한 반격을 보면서 나는 2023년 한 해 동안 〈기후 종말론〉과 〈기후 위기 허구론〉이라는 두 편의 저서를 출간했다. 2024년에 들어오면서 중요한 일들이 해외에서 촉발됐다. 1월에는 "세계 기후지성인 재단(Clintel, 이하 클린텔)" 한국 대사 자격으로 이탈리아 언론 "라 베리타(La Verita)"와 인터뷰가 있었다. 기후 변화뿐만 아니라 나의 환경 철학인 "부국 환경" 이념과 자유민주주의 시장경제의 환경 우위를 해외에 알리게 된 좋은 기회였다. 인터뷰 기사는 영역되어 유럽의 클린텔과 미국 이산화탄소연맹 관련자들에게 뿌려졌고 두 단체 홈페이지에 게재됐다. 이를 계기로 〈월드뷰〉 6월호에 "기후 위기는 사실인가?"라는 특집호가 나오게 됐다. 특히 이탈리아 언론에 나간 기사가 유럽과 북미에 전해지면서 〈월드뷰〉 기후 특집호를 위한 해외 전문가 인터뷰를 할 수 있었다.

3월에는 영국의 마틴 더킨(Martin Durkin) 감독과 미국의 톰 넬슨(Tom Nelson) 감독이 합작으로 제작한 "기후 영화: 냉정한 진실(Climate The Movie: The Cold Truth)"의 한국어 번역과 보급을 요청받았다. 일생 처음으로 영화

대사를 번역하고 에포크미디어코리아의 도움으로 자막을 달아 서울, 부산, 대구, 포항 등에서 시사회와 함께 〈기후 위기 허구론〉 출판기념회를 개최했다. 이 영화는 현재 전 세계인이 시청할 수 있도록 30여 개 언어로 자막을 달아 유튜브(Youtube), 럼블(Rumble), 오디시(Odysee), 비추트(Bitchute) 등에 올라가 있다.

"기후 영화: 냉정한 진실"을 시청하고 월드뷰 2024년 6월호 기후 특집을 읽은 분들이 이처럼 중요하고 명백한 사실을 널리 알려 사이비 과학으로부터 나라를 구해야 한다는 목소리를 내기 시작했다. 그 여파로 〈월드뷰〉는 기후 특집호에 나간 자료를 바탕으로 단행본을 낼 것을 제안했고 나는 흔쾌히 응했다. 인터뷰 형식을 살리면서 특집호의 지면 제한으로 미흡했던 내용을 추가하면 일반인들이 이해하기 쉽고 좋은 책이 만들어질 수 있을 것 같았다.

보충 자료를 정리하여 〈월드뷰〉에 보내고 나는 7월 5일부터 8일까지 미국 텍사스주 엘파소에서 개최된 DDP(Doctors for Disaster Preparedness) 미팅에 갔다. 그곳에서 노벨물리학상 수상자 존 클라우저(John Clauser) 박사, 〈월드뷰〉에 미국 전문가로 인터뷰한 윌리 순(Willie Soon) 박사, "기후 영화: 냉정한 진실"의 감독 톰 넬슨(Tom Nelson) 등을 만났다. 3일 동안 함께 지내며 앞으로 유럽과 미국에서 나타날 기후에너지 정책 변화 등을 얘기할 수 있었다. 그 미팅에서는 기후에너지 뿐만 아니라 국경 통제, 이민, 낙태 등 쇠락하는 미국의 국력에 관한 20여 차례의 강의가 있었다. 그중에서 존 클라우저 박사의 기후 변화 강의가 가장 주목을 받았다. 그는 유엔 IPCC가 조작된 데이터와 결함투성이 컴퓨터 모델로 어떤 거짓말을 하고 있는지 거침없이 비판했다. 그는 강의에서 존재하지도 않는 기후 위기로 수조 달러가 낭비되고 있다며 분노했다. 그 강의는 4장에 비전문가도 이해할 수 있는 수준으로 정리했다.

존 클라우저 박사와 텍사스 엘파소 미팅에서 두 저서를 들고

일생에 가장 보람된 미팅을 마치고 한국에 돌아오니 "기후 영화: 냉정한 진실"이 라스베이거스에서 개최된 "FreedomFest's Anthem" 영화제에서 국제 다큐멘터리 최우수상(Best International Documentary Award)을 수상했다는 소식을 톰 넬슨 감독이 보내왔다. 그리고 총알이 귀를 스치는 죽음의 순간을

넘긴 트럼프 공화당 대통령 후보가 강력한 기후 위기 부정론자인 J.D. 밴스를 부통령 후보로 지명했다는 소식도 연이어 날아왔다.

나의 기후 공부는 2017년 트럼프 대통령이 파리기후변화협약을 탈퇴하면서 "지구온난화는 아주 비싼 완전한 사기다(Global warming is a total, and very expensive, hoax)"라고 한 공개적 선언에서 시작됐다. 그가 지명한 부통령 밴스 후보 역시 화석연료가 환경에 나쁘지 않다고 주장하고, 태양광이나 풍력 발전과 같은 재생 에너지와 전기차를 반대해 온 대표적인 정치인이다. 지난 30여 년간 기후과학의 부패를 주도했던 미국이 이제 다시 바로잡을 수 있는 방향으로 한 걸음 나아가고 있음을 예감할 수 있었다. 그리고 그 예감은 11월 5일 미국 선거에서 그대로 적중됐다. 새로운 트럼프

미국 공화당 트럼프 대통령 후보와 밴스 부통령 후보의 기후와 에너지 정책 기조

행정부가 보여줄 기후에너지 정책이 기대된다

8월에 접어들면서 유엔 IPCC 6차 기후보고서에 사용된 데이터가 조작됐음을 폭로하는 사건이 일어나 세계적인 기후과학자들이 함께하는 글로벌 네트워크를 뜨겁게 달구었다. 미국 콜로라도 주립대(Colorado State University) 대기연구소의 네드 니콜로브(Ned Nikolov) 박사와 농무부(USDA) 산림국(Forest Service)의 칼 젤러(Karl Zeller) 박사가 오랜 기간 6차 보고서에 사용된 데이터의 문제점을 추적하여 "tallbloke.wordpress.com"이라는 블로그에 올리면서 사건이 시작됐다. 사건 개요를 알리는 만화까지 등장하여 유엔 IPCC를 조롱하고 있다. Nikolov 박사와의 이메일을 통해 데이터 조작에 관한 구체적인 내용을 파악하고 그들이 밝혀낸 중요한 사실들을 5장에 정리했다.

IPCC 6차 기후보고서 과학 부문 Fig 7.3의 조작을 알리는 만화

유럽, 미국, 캐나다, 호주 등에서는 기후 진실을 추구하는 과학자들이 단체를 구성하고 이들이 중심이 되어 국제 학술대회를 개최하고 있다. 유엔이 퍼뜨리는 거짓 정보에 반박 자료를 내놓고, 기후 공포증에 시달리는 청소년들을 구하기 위해 교육과 홍보 활동도 활발히 전개하고 있다. 그 여파로 보수 정치인들은 기후 위기와 탄소 중립이 사이비 과학임을 간파하고 기후에너지 정책의 대변화에 나서고 있다.

하지만 우리나라는 언론이 광적인 선동에 나서고, 여론 과학자들이 동참하여 선지자로 행세하며 기후 대재앙이 임박했음을 알리고 있는 것이 현실이다. 그래서 전 국민이 기후 위기라는 집단 최면에 빠지게 됐다. 여기에 유엔의 기후 선동에 속아 넘어간 정치인들이 사회경제적 자해 정책을 무모하게 추진하고 있다. 그 결과 엄청난 국가 예산이 낭비될 뿐 아니라 개인과 기업의 자유와 재산이 박탈당하며 우리의 아이들은 앞선 세대를 원망하고 있다.

지난 문재인 정부는 사이비 과학에 속아 5년 내내 기후 위기에 선제 대응한다면서 전국 곳곳에 태양광과 풍력 발전을 설치하고, 민간단체 캠페인에 불과한 "RE100"을 정부가 나서서 기업체에 독려하기까지 했다. 그 결과 전기요금 인상과 수십조에 달하는 한국전력의 적자를 가져왔다. 2020년에는 2050 탄소 중립을 선언했고, 2021년에는 국가 온실가스 배출량을 2030년까지 2018년 대비 40% 감축을 약속했다. 하지만 2023년 9월에 한국은행은 우리 정부가 약속한 탄소 중립을 달성하려면 연평균 경제성장률 0.6% 포인트 하락을 가져온다는 충격적인 분석 결과를 내놓았다. 특히 고탄소 산업이 밀집한 부울경(부산, 울산, 경남) 지역은 1.5%포인트 하락할 것이라고도 했다. 이는 탄소 중립이 우리 경제가 자멸의 길로 가는 것임을 보여준 명백한 증거다.

2024년 8월 29일에는 "기후 위기 대응을 위한 탄소중립·녹색성장 기본법"의 위헌 여부를 결정하는 헌법재판소의 판결이 나왔다. 지난 2020년 3월부터 4차례에 걸쳐 청소년·시민단체·영유아 등이 청구인이 되어 대통령과 국회를 피청구인으로 제기한 "기후 위기 헌법소원" 4건에 대한 심판에서 "탄소중립·녹색성장 기본법" 8조 1항에 대해 재판관 전원 일치 의견으로 헌법 불합치 결정을 내렸다. 헌재는 이날 "탄소중립기본법 8조 1항은 2030년까지 온실가스 감축 목표 비율만 정하고 2031년부터 2049년까지 19년간의 감축 목표에 대해서는 어떤 형태의 정량적 기준도 제시하지 않고 있다"면서 "이는 국가가 기본권을 보호해야 할 의무를 어겨 국민의 환경권을 침해한 것"이라고 밝혔다. 2050 탄소 중립을 달성하기 위해 2049년까지 정량적 기준을 제시하여 국민의 환경권을 보호하라는 것이 판결 요지다.

지금 우리 사회에는 이처럼 존재하지도 않는 기후 위기에 대응한다면서 터무니없는 일들이 벌어지고 있다. 특히 앞선 세대가 지구의 기후를 망가뜨려 미래 세대의 생존을 위협한다며 영유아와 청소년 등을 헌법소원 청구인으로 동원하는 사례는 역사에 남을 부끄러운 일이다. 우리나라 기후 소원 헌법 불합치 판정은 해외 주요언론에도 보도됐다. 정부는 이 판결에 따라 2026년 2월까지 새로운 기후 대응 대책을 수립해야 한다. 헌법재판소는 정부가 화석연료를 태양광과 풍력으로 대체하고 기업 활동과 국민 생활에 더욱 강력한 족쇄를 채우는 정책을 제시할 경우 미래 세대의 환경권이 보장된다는 합헌 결정을 내놓을 것이다.

이제 우리는 국가의 사회경제적 자해를 막고 국민의 풍요롭고 희망찬 미래를 위해 기후 위기는 없음을 알리는 범국민 운동을 시작해야 한다. 특히 과학의 부패가 만들어낸 "자유로운 인간은 자연을 파괴하고 풍요로운 삶은 지구를 불덩이리로 만든다"라는 반문명적이고 비과학적인 "인간 악마론"에서 모든 국민이 깨어나도록 해야 한다. 동시에 "자유로운 인간은 부강한 나라를 만들고 풍요로운 삶은 환경을 돌보게 한다"라는 "자유주의 부국 환경" 이념을 알려야 한다.

이 책은 이러한 목적의 일환으로 저술됐다. 특히 일반인들이 기후 위기 허구성을 쉽고 간편하게 확인하여 "왜 트럼프는 기후협약을 탈퇴했나?"를 납득할 수 있도록 하는 데 초점을 뒀다. 1장에는 지난 30여 년 동안 벌어진 과학의 부패 사례를 요약했고, 2장과 3장에는 〈월드뷰〉 기후 특집호에서 인터뷰한 내용을 보충했다. 4장과 5장에는 존 클라우저 박사의 강의와 유엔 6차 보고서의 데이터 조작을 정리했다. 6장에는 기후 위기와 탄소 중립으로 인한 폐해를 고발한 칼럼을 소개했고, 7장에는 이산화탄소와 온실효과에 관한 지구의 놀라운 현상을 설명하면서 책을 마무리했다.

끝으로 이 책의 저술을 제안하고 지원해 주신 〈월드뷰〉와 독지가에게 특별한 고마움을 전한다. 그리고 책에 기술한 소중한 지식을 제공해 준 미국의 존 클라우저, 윌리 순, 네드 니콜로브, 캐나다의 패트릭 무어, 영국의 크리스 몽톤, 네덜란드의 구스 버크하우트, 이탈리아의 프랑코 바타글리아 등 여러 해외 석학들에게도 깊은 감사를 드린다. 아울러 영국 논픽션 작가 데이비드 크레이그와 함께 기고한 칼럼을 이 책에 게재할 수 있게 배려해준 에포크타임스 코리아에도 감사드린다. 아무쪼록 이 책을 통해 모든 국민이 기후 위기와 탄소 중립은 사이비 과학임을 깨닫고 대한민국이 부강한 환경 선진국으로 나아갈 수 있길 바란다.

2024년 12월
청계산 옛골 자유환경연구원에서
저자 박 석 순

목차

[추천사] 기후 위기라는 집단 최면 6
[서문] 사이비 과학으로부터 나라를 구하자 10

제1장 검증된 과학의 부패 25
   1.1 세계를 속인 두 거짓말 26
   1.2 두 번의 기후 게이트와 한 번의 빙하 게이트 37
   1.3 이산화탄소의 악마화 43

제2장 기후 위기라는 허구 48
   2.1 들어가면서 49
   2.2 하나님은 위대하다 53
   2.3 반산업자본주의와 부의 재분배 56
   2.4 극한 기상과 기후 재난 피해 61
   2.5 사회경제적 피해와 탄소 중립의 허망함 68
   2.6 우리의 대책과 해외 인터뷰 소개 80

제3장 해외전문가들의 생각 84
   3.1 가짜 기후 위기론이 진짜 경제 위기를 초래한다 85
   3.2 유엔에 속지 말고 유럽의 전철을 따르지 마세요 94
   3.3 나는 대처 수상과 함께 사이비 과학에 속았다 103
   3.4 지구의 기후 변화, 태양이 원동력이다 112
   3.5 녹색 좌파, 탈원전, 기후 위기를 비판한다 121

제4장 진짜 과학으로 보는 지구온난화 136
   4.1 강의 개요 138
   4.2 첫 번째 강의: 지구의 에너지 불균형 139
   4.3 두 번째 강의: 구름 온도 조절 기작 146
   4.4 요약 및 결론 149
   4.5 정책 입안자들을 위한 제언 150

제5장 조작된 기후보고서와 지구온난화의 원인 152
  5.1 지구의 기후 역사 조작 154
  5.2 지구의 에너지 흐름 조작 156
  5.3 IPCC 기후 모델의 정확성 160
  5.4 지구온난화의 진짜 원인 164
  5.5 요약 및 결론 168

제6장 기후 위기와 탄소 중립을 비판한다 170
  6.1 안토니우 구테흐스의 기후 망언 171
  6.2 눈앞에 다가온 통제사회 183
  6.3 재생 에너지가 초래한 경제적 몰락 193
  6.4 중국의 경계를 초월한 전쟁 202
  6.5 정치인의 후회와 과학자의 반격, 그리고 새로운 기대 217

제7장 지구의 놀라운 현상들 230
  7.1 저탄소 시기와 화석연료 사용 231
  7.2 지구 녹색화와 식량 증산 234
  7.3 온실효과와 구름 236
  7.4 책을 마치며 239

■ 이 책을 쉽게 이해하기 위한 기본적인 내용을 정리했다. 여기에 기술한 과학의 부패 사례는 관측 데이터, 학술지 논문, 언론 보도 등을 통해 검증됐고 해외에서 널리 알려졌다.

기후과학의 부패를 알리는 삽화
(지구 냉각화, 지구 온난화, 기후 변화, 기후 붕괴, 이것이 날씨다)

제1장
검증된 과학의 부패

　사이비 과학이 유엔을 장악하고 세계를 점령해 나갈 수 있었던 것은 과학의 부패 때문이다. 과학자들이, 명백한 증거에도 불구하고, 지구의 기후 역사와 관측 데이터를 조작하고, 일반인들은 도저히 접근조차 할 수 없는 슈퍼컴퓨터 모델로 임박한 기후 대재앙을 만들어냈다. 여기에 대중 충격용 뉴스를 선호하는 언론이 선동에 나서고, 지구와 인류의 미래를 걱정하며 우월감을 느끼는 자들이 선지자 행세를 하면서 사이비 과학의 전파력은 폭발적으로 증폭됐다.

　데이터 조작에서부터 언론 선동에 이르기까지 곳곳에 과학의 부패가 끼어들어 갔다. 지금 우리는 과학자가 언론의 부추김과 연구비에 영혼을 팔아 기후 사기꾼이 되고 제자까지 기르는 세상에 살고 있다. 그래서 모든 가정은 기후환경요금을 내고, 기업은 RE100, ESG, 배출권 거래제도 등으로 이윤을 박탈당하고 있다. 더구나 국제기구가 세계 각국의 정책을 통제하고 개인의 자유와 행동을 구속하기에 이르렀다. 드디어 과학의 부패로 사회주의 세계화가 실현되는 세상이 되어가고 있다.

1.1 세계를 속인 두 거짓말

그동안 기후 공부를 통해 알게 된 수많은 사실 중에서 나에게 참을 수 없는 분노를 느끼게 한 것은 지구의 기후 역사에 관해 세계를 속인 두 가지 거짓말이다. 나는 그동안 이 두 거짓말을 학생들에게 강의했고, 지금도 초중고를 비롯하여 대학에서도 진실인 것처럼 가르치고 있다. 과학의 부패가 만들어낸 거짓이 진실로 둔갑하여 우리의 아이들을 세뇌하고 있다.

첫 번째 거짓말: 기후 역사를 조작한 하키 스틱

1990년에 IPCC는 제1차 기후평가 보고서를 제출했다. 초대 IPCC 의장이었던 스웨덴 스톡홀름대학교 기상학자 버트 볼린(Bert Bolin) 교수가 이를 총괄하면서 지구온난화에 관해 비교적 과학적으로 접근한 것으로 알려져 있다. 1차 보고서의 핵심 내용은 "지구가 더워지는 현상이 관찰되고 있으나 인간의 영향인지 확신할 수 없다"였다.

IPCC 1차 보고서는 지구의 기온은 과거에도 이산화탄소와 무관하게 상승과 하락을 반복했음을 기술하고 있다. 기후 역사를 보면 중세 온난기(Medieval Warm Period: AD 950~1250년)에는 지금보다 기온이 1~2℃ 높았고, 소빙하기(Little Ice Age: AD 1250~1850년)에는 2~3℃ 낮았다. 이 시기 지구의 대기 이산화탄소 농도는 280ppm 수준이었다. 제1차 기후평가 보고서는 이러한 사실을 그래프로 분명히 해두었다 (그림 1-1 그래프 c). 그래프 (c)는 저명한 기후과학자인 영국의 이스트앵글리아대학교 휴버트 램(Hubert Lamb) 교수가 제안하여 과학자들의 폭넓은 지지를 받고 있었다. 그 외에도 과거 80만 년 이상의 변화를 보여주는 그래프 (a)와 11,000년 동안의 변화를 보여주는 그래프 (b)도 함께 제시하고 있다. (a)는 적어도 세 번의 간빙기는 지금보다 기온이 높았음

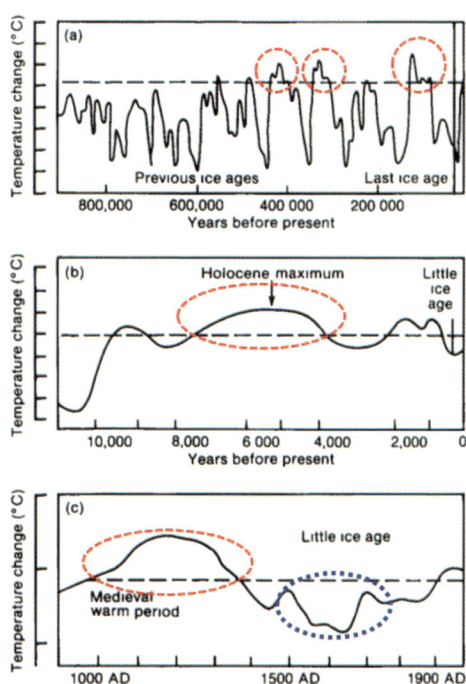

그림 1-1 IPCC 제1차 기후평가보고서에 제시된 지구의 기후 역사

을 분명하게 보여주고 있다. (b)는 지금보다 기온이 높았던 홀로세 기후 최적기(Holocene Climate Maximum: 지금부터 9,500~5,500년 전)의 기온을 보여주고 있다. 과거 지구의 기온과 이산화탄소 농도는 남극대륙과 그린란드 빙하를 이용하여 측정된 과학적으로 검증된 데이터다.[1]

그런데 1998년과 1999년에 와서 지구의 기후 역사는 의도적으로

---

1) 그레고리 라이트스톤, 《불편한 사실: 앨 고어가 몰랐던 지구의 기후과학》, 박석순 역, 어문학사, 2021.

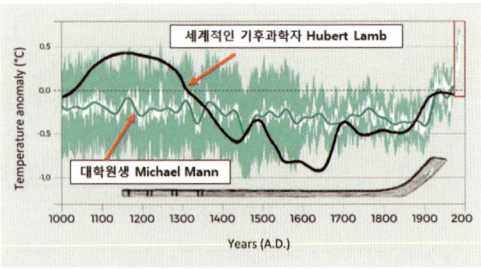

그림 1-2. 중세 온난기와 소빙하기를 삭제한 하키 스틱

조작됐다. 지금은 미국 펜실베이니아주립대학교 교수가 된 마이클 만(Michael Mann)은 당시 박사 과정 시절에 두 명의 동료와 함께 미국 캘리포니아주의 브리슬콘(Bristlecone) 소나무와 캐나다 세인트로렌스강 하구에 있는 가스페 반도(Gaspé Peninsula)의 삼나무에서 채취한 나이테로 지난 1,000년의 지구 기온을 복원했다. 그가 지구 기온을 복원하며 제시한 그래프는 AD 1000~1900년에는 기온이 계속 내려가고 있으며, 20세기에는 급상승하고 있음을 특징적으로 보여주기 때문에 "하키 스틱(Hockey Stick)"이라 불렸다(그림 1-2).

하키 스틱이 나오자 IPCC는 2001년의 제3차 기후보고서부터 저명한 기후과학자 휴버트 램의 그래프를 버리고 박사 과정 학생이 나무의 나이테로 추정한 그래프를 채택하여 사용했다. 나이테는 1년 동안 날씨가 더울 때뿐만 아니라 비가 많이 오거나 공기 중에 더 많아진 이산화탄소가 나무에 영양분을 공급하여 성장을 촉진할 때 두꺼워지기 때문에 과거 기온을 추정하기에는 근거가 약하다고 IPCC 스스로 경고한 바 있다.

반면 휴버트 램의 그래프는 역사적 사실과 관측된 기온에 근거한다. 인간이 1659년 영국에서 처음 온도계를 발명한 이후 초기에는 중부 잉글랜드(Central England) 지방에서, 이후 유럽과 미국 등에서 사용했다. 램의 그래프는 기상 관측기관에 남겨진 오랜 기간 자료를 수집해 만들어진 것이다(그림 1-3).

이 그림에 제시한 온도계로 관측된 기록을 보면 소빙하기 이후 인간에 의한 이산화탄소 배출(검은색 선)은 1945년 이후 급격하게 상승했으나, 이와 무관하게 지구의 기온은 오르내림을 반복하며, 장

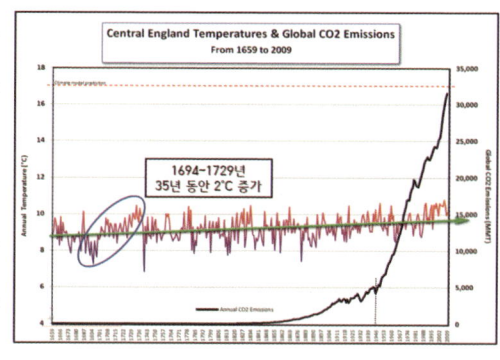

그림 1-3. 소빙하기 이후 온도계로 관측된 지구 기온 그래프

기적으로 점점 상승(초록색 화살표)하고 있음을 알 수 있다. 특히 주목할 사항은 제2차 세계대전이 끝나기 이전(1945년) 약 200년 동안에는 급속한 대기 이산화탄소 증가가 없었지만, 지구가 소빙하기를 빠져나오면서 기온은 일정하게 상승하고 있다는 사실이다. 다른 하나는 1694년부터 1729년까지 35년 동안 이산화탄소 증가도 없는 상태에서 기온이 2℃나 상승했다는 사실이다. 이 시기의 기온 상승은 지금까지 우리가 경험한 어떤 기온 상승보다 빠르게 일어났다.

휴버트 램의 그래프를 부인할 수 없는 또 다른 증거는 중세 온난기와 소빙하기에 있다. 중세 온난기에는 그린란드에 수천 명에 달하는 바이킹이 정착하고 살았다는 사실이 역사 기록으로 남아 있다. [그림 1-4]는 그린란드에서 사람들이

그림 1-4 바이킹 정착 지역과 성당과 농가

그림 1-5 중세 온난기에 러시아, 북부 잉글랜드, 노르웨이에 이르는
북위 55도까지 포도가 재배된 사실을 알려주는 1959년 연구 자료

정착하여 살았던 곳을 표시한 지도(좌측)와 거주민들의 성당(Catholic Church) 건물(우측 상)과 농가(우측 하)의 잔해를 보여주고 있다. 1959년에 출간한 휴버트 램 교수의 연구 자료에서 볼 수 있듯이 당시 기온은 지금보다 1~2℃ 높아서 북위 55도에 이르는 러시아, 잉글랜드 북부, 그리고 노르웨이까지 포도가 재배됐고, 와인을 만들어 먹었던 역사적 기록이 중세 온난기를 충분히 입증해 준다(그림 1-5).

소빙하기는 온도계로 관측된 기록으로 알 수 있을 뿐만 아니라 영국 템즈강이 결빙된 역사에서도 확인할 수 있다. 20세기 이후에 영국 런던은 0℃ 이하로 떨어지는 경우는 거의 없고 템즈강은 한겨울에도 얼지 않는다. 기록에 따르면 1963년 1월에 한 번 있었고, 21세기에는 2021년 2월에 런던 인근 테딩턴(Teddington) 지역에서 관측된 것으로 알려져 있다. 하지만 소빙하기 시기에는 템즈강이 얼어서 겨울 축제(Frost Fair)가 열렸음을 역사는 기록하고 있다. 템즈강 최초의 겨울 축제는 1608년에 시작됐고, 이후 계속되다가 1814년에 마지막으로 개최됐

그림 1-6 런던 박물관의 'The Frozen Thames(1677)'

다. [그림 1-6]은 1677년에 얼었던 템즈강 풍경을 그린 것으로 현재 런던 박물관(Museum of London)에 걸려 있다. 또 템즈강의 결빙 기록(15세기 2회, 16세기 5회, 17세기 10회, 18세기 6회, 19세기 1회)도 소빙하기의 존재를 잘 보여주고 있다. 이는 1600년대가 가장 추운 시기였음을 확인시켜 준다.

그 외 유럽을 중심으로 수많은 역사적 기록이 중세 온난기와 소빙하기의 존재를 확인시켜 주고 있다. 이러한 증거를 근거로 과학자들이 "하키 스틱"의 부당함을 지적하고 2015년에는 〈직업의 불명예〉라는 책으로도 출간했다.[2] 이에 대해 "하키 스틱"을 옹호하는 자들은 중세 온난기와 소빙하기는 유럽이라는 지구의 일부 지역에서만 나타난 현상이라고 하며 전 지구적 현상은 아니라고 부인하고 있다.

하지만 매일매일 날씨를 기록한 우리의 조선왕조실록은 소빙하기에 관한 중요한 증거 자료를 내놓고 있다. 그 시기 태양의 활동이 떨어져

---

2) Mark Steyn, Mark Steyn(Ed.), *A Disgrace to Profession*, Stockade Books, 2015.

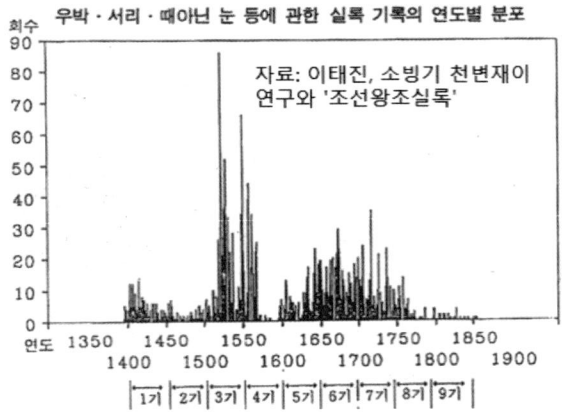

그림 1-7 조선왕조실록에 기록된 소빙하기 기상 이변

곡식이 여물지 않았고, 여름에도 눈이 내렸다는 기상 이변 기록이 실록에 나와 있다(그림 1-7).[3] 특히 1670년과 1671년에 발생한 경신 대기근에는 당시 조선 인구 500만 명 중 20%에 달하는 약 100만 명이 기아로 사망했고, 그 외에도 1695년과 1696년의 을병 대기근, 1626년과 1627년의 병정 대기근, 1653년과 1654년의 계갑 대기근 등이 역사 기록으로 남아 있다. 이는 15세기를 시작으로 19세기 중반까지 유럽의 기록과 일치한다. 중세 온난기와 소빙하기가 지구의 기후 역사에 확실히 존재했다는 사실은 증빙 자료가 너무나 많아 누구도 부인할 수 없으며, 태양의 활동이 지구 기후의 주요인임을 재차 확인시켜 주고 있다.

---

[3] 이태진, "소빙기(1500~1750) 천변재이 연구와《조선왕조실록》" 1996년 역사학회.

두 번째 거짓말: 기후과학을 조작한 불편한 진실

1980년대 후반에 관찰되기 시작한 지구온난화가 지금의 기후 종말론으로 전 세계에 퍼져나가도록 하는 데 가장 큰 역할을 한 것은 2006년에 나온 앨 고어(Al Gore)의 저서와 다큐멘터리 영화 "불편한 진실"이다. 앨

그림 1-8. 노벨 평화상을 수상한 앨 고어와 파차우리 IPCC 의장

고어의 "불편한 진실"과 2007년 2월에 나온 IPCC 제 4차 보고서로 인해 인간이 배출한 이산화탄소가 지구온난화를 일으킨 것으로 알려지게 됐다. 하지만 여기에는 초대형 거짓말들이 숨어있었다. 이 거짓말들은 노벨평화상 심사를 통과했고, 2007년 10월 앨 고어와 IPCC는 노벨평화상을 수상했다(그림 1-8). 노벨 위원회는 이들의 수상 이유를 지구온난화의 심각성을 전 세계에 알리고 문제 해결을 촉구하는 데 기여한 것이라고 했다. 또 "지구의 자원을 차지하려는 과도한 경쟁이 지구온난화를 초래하며, 그 결과 폭력적인 갈등과 전쟁 위험이 고조된다"라며 이들의 노력을 세계 평화 유지 활동과 연계시켰다.

노벨평화상의 수상 이유가 된 IPCC 제3차(2001)와 제4차(2007) 보고서는 인간이 지구의 기후를 변화시켰음을 주장하기 위하여 중세 온난기와 소빙하기를 삭제한 "하키 스틱"에 근거하고 있다. 다시 말하면 부패한 과학이 만들어낸 보고서로 노벨평화상을 탔다. 앨 고어의 "불편한

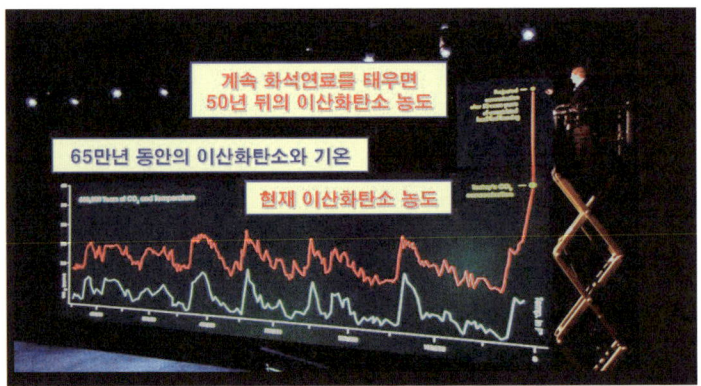

그림 1-9 영화 불편한 진실의 한 장면 (붉은선: 이산화탄소, 파란선: 지구의 기온)

진실"에는 "남극대륙 보스토크 빙핵(Vostok Ice Core) 사기"라는 터무니없는 거짓말이 들어있다. 그는 영화에서 [그림 1-9]와 같은 장면을 연출하여 이산화탄소가 기온을 상승시키는 요인인 것처럼 보여줬다.[4] 과거 65만 년 동안 지금보다 이산화탄소가 높은 적이 없었다며 임박한 기후 대재앙을 예고했다. 본인이 직접 사다리를 타고 올라가면서 앞으로 화석연료를 계속 태우면 50년 뒤에는 이산화탄소 농도가 엄청나게 증가할 수밖에 없다면서 다음과 같이 말했다. "이산화탄소와 기온의 관계는 매우 복잡하다. 하지만 다른 모든 것보다 훨씬 더 중요한 관계가 하나 있다. 이산화탄소가 더 많아지면 기온은 더 따뜻해진다. 왜냐하면 이산화탄소는 태양으로부터 오는 열을 더 많이 내부에 가두기 때문이다." 그는 초등학교 6학년 학생도 이 정도는 알아차릴 수 있다며 청중을 웃음바다로 만들었다. 이렇게 당연한 이론에 의문을 제기하는 사람들은 바

---

4) Al Gore, *An Inconvenient Truth*, YouTube, May 23, 2012. https://www.youtube.com/watch?v=8ZUoYGAI5i0.

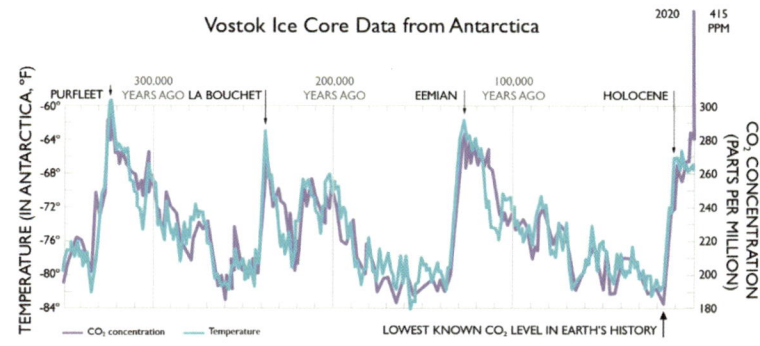

그림 1-10 남극대륙 보스토크 기지에서 관측된 기온과 이산화탄소 농도

보 멍청이에 불과하다며 조롱한 것이다.

하지만 이 영화 장면은 전 세계를 속인 대형 사기극이 명백하다. [그림 1-9]는 남극대륙 보스토크 빙핵에서 밝혀진 지구 기온과 대기 이산화탄소 농도 변화 그래프(그림 1-10)를 좀 더 과거로(65만 년 전까지) 확대한 것이다. [그림 1-10]은 지난 40만 년 동안 있었던 네 번의 빙기와 세 번의 간빙기를 뚜렷이 보여주고 있으며, 여기에서 두 가지 거짓말을 확인할 수 있다.

첫째는 지난 세 번의 간빙기(Eemian, La Bouchet, Purfleet)는 지금 우리가 살아가는 간빙기(Holocene)보다 이산화탄소 농도가 낮았지만 기온은 높았다는 사실이다. 특히 12만 년 전에 있었던 에미안(Eemian) 온난기에는 이산화탄소 농도가 300ppm에도 이르지 않았지만 기온은 지금보다 8℃나 높았다. 이는 이산화탄소가 지구 기온을 상승시키지 않았음을 입증하는 확실한 증거다. 하지만 앨 고어는 세상을 속이기 위해 이러한 사실을 모른 척했다.

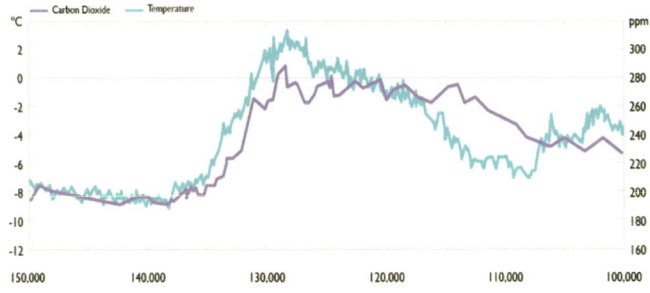

그림 1-11 남극대륙 보스토크 빙핵의 기온과 이산화탄소 변화(15만~10만 년 전)

둘째는 기온 상승이 먼저 일어나고 몇백 년이 지난 뒤에 이산화탄소 상승이 이어졌다는 사실이다. 이는 이미 1999년과 2003년에 나온 유명 학술지 〈사이언스〉 논문으로 밝혀져 있었다.[5)6)] 앨 고어는 2006년에 영화를 개봉하면서 학술적으로 밝혀진 원인과 결과를 뒤집어 세상을 속인 것이다.

[그림 1-11]은 에미안 온난기를 포함하는 15만~10만 년 전까지 기온과 이산화탄소 농도의 변화를 보여주는 그래프로 이를 뚜렷하게 보여주고 있다. 지구의 기온이 빙기와 간빙기를 반복하면서 8~10℃를 오르내리게 되고, 대기 이산화탄소가 시차를 두고 기온을 뒤따르며, 100ppm 정도 오르내리는 이유도 바닷물에 녹아있는 이산화탄소가 수온 변화로 인한 방출이라는 사실이 과학적으로 밝혀져 있다.[7)]

---

5) Ice Core Records of Atmospheric CO2 Around the Last Three Glacial Terminations https://www.science.org/doi/abs/10.1126/science.283.5408.1712
6) Timing of Atmospheric CO2 and Antarctic Temperature Changes Across Termination III https://www.science.org/doi/abs/10.1126/science.1078758
7) 패트릭 무어, 〈종말론적 환경주의: 보이지 않는 가짜 재앙과 위협〉, 박석순 역, 어문학사, 2021.

1.2 두 번의 기후 게이트와 한 번의 빙하 게이트

과학의 부패는 "하키 스틱"과 "불편한 진실"로 끝나지 않았다. 2009년에 있었던 제1차 기후 게이트와 2017년의 제2차 기후 게이트로 과학자들이 실제로 데이터를 조작했음이 세상에 알려지게 됐다. 그리고 유엔 기후보고서의 거짓 내용을 이용하여 연구비를 타 낸 사건도 있었다. 이 사건은 2009년에 있었던 히말라야 빙하 게이트로 IPCC가 잘못을 인정하고 사과했다.

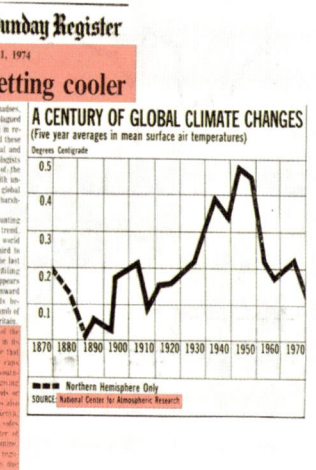

그림 1-12 1960년대와 1970년대에 있었던 냉각화를 보도한 신문 기사

제1차 기후 게이트(2009년)

유럽과 미국을 중심으로 기상 관측이 공식적으로 보급되기 시작한 것은 1800년대 후반부터다. 당시에 관측된 데이터에 따르면 1880년부터 1940년까지 60년 동안 지구는 0.5℃에서 1℃ 정도 따뜻해졌고 이후 냉각되기 시작했다. 지난 1970년대에 나타난 지구 냉각화가 사회적으로 심각한 문제가 되면서 관측된 기온 추세가 언론에 자주 보도됐고 그때 기사가 지금도 많이 남아 있다. [그림 1-12]는 미국 신문 『드모인 선데이 레지스터』가 국립대기연구센터(NCAR: National Center for Atmospheric

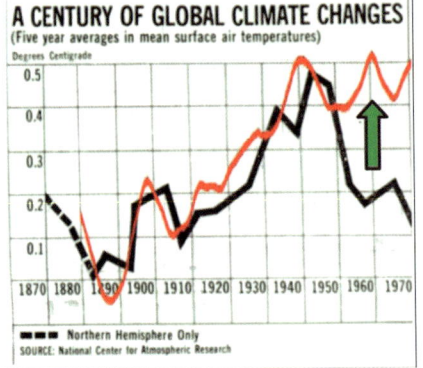

그림 1-13 20세기 냉각화를 조작한 그래프. 검은색 실선은 원래 관측된 기온. 빨간색 실선은 조작된 기온

Research) 자료를 인용하여 지구 냉각화의 진행 과정과 예상되는 피해 등을 보도한 1974년 7월 21일 기사다. 기사에 나온 그래프는 20세기 전반부의 온난화와 후반부의 냉각화를 뚜렷이 보여주고 있다.

이처럼 지난 1960년대와 1970년대의 냉각화는 기상 관측소에서 확인된 과학적 사실이었다. 하지만 이 시기의 냉각화는 이산화탄소가 온난화의 원인이라는 주장에는 치명적인 문제가 됐다. 제2차 세계대전 이후 급속히 증가한 이산화탄소 배출 시기에 지구 냉각화란 있을 수가 없기 때문이다. 그래서 당시 IPCC 제3차 보고서(2001년 발표)를 작성하고 있었던 과학자들은 관측 데이터를 [그림 1-13]처럼 조작했다.

조작된 데이터와 "하키 스틱"에 기초하여 만들어진 IPCC 3차 보고서가 2001년 발표되자 수많은 관련 과학자들은 이를 의심하기 시작했다. 과학자들은 2002년부터 보고서 작성을 주도한 영국 이스트앵글리아대학교(UEA: University of East Anglia) 기후연구소(CRU: Climate Research Unit)를 상대로 정보자유법(Freedom of Information)을 내세우면서 사용한 데이터 공개를 요구했다. 하지만 CRU는 데이터를 공개하지 않았고 IPCC는 조작된 데이터에 기초하여 2007년 4차 보고서를 발표했다.

데이터 공개 거부가 계속되자 2009년 11월 19일 영국 UEA의 CRU 컴퓨터 서버가 해킹당하는 사건이 발생했다. 이 사건으로 과거 10여 년 동안의 연구 자료와 소속 과학자들이 그래프를 조작하면서 주고받았던 이메일 등을 포함한 1,000여 건이 유출됐고, 영국 BBC, 미국 ABC,

THE DAMNING EMAILS — University of East Anglia

■ From: Phil Jones, University of East Anglia
Date: Tue, 16 Nov, 1999
I've just completed Mike's trick of adding in the real temps to each series for the last 20 years (ie from 1981 onwards) and from 1961 for Keith's to hide the decline.
(Refers to an attempt to reconcile the rise in global temperature since the 1960s, as recorded by scientific instruments, with an apparent cooling shown in a study of tree rings)

■ From: Keith Briffa, UEA
Date: Mon, Jun 23, 2008
I have been of the opinion right from the start of these freedom of information requests, that our private, inter-collegial discussion is just that - PRIVATE. Submitting to these 'demands' undermines the wider scientific expectation of personal confidentiality. It is for this reason, and not because we have or have not got anything to hide, that I believe none of us should submit to these 'requests'.
(In response to freedom of information requests on climate change)

■ From: Kevin Trenberth, U.S. climate expert
Date: Mon, 12 Oct, 2009
The fact is that we can't account for the lack of warming at the moment and it is a travesty that we can't.
(In an email debate over a BBC report on the apparent dip in global warming since 2001).

그림 1-14 1차 기후 게이트에서 해킹된 이메일 사례

CBS, FOX 뉴스, 뉴욕타임스, 워싱턴 포스터 등과 같은 주요언론에 보도됐다. 제1차 기후 게이트로 알려진 이 사건에서 가장 큰 이슈는 냉각화 시기에 기온이 "내려간 것을 숨겨라(Hide the Decline)"라는 것이었다. 이때 해킹당한 모든 이메일은 한 권의 책으로 출간됐다.[8]

[그림 1-14]는 해킹된 이메일 중 강력한 범죄 사실을 시사하는 세 편이다. 첫 번째는 영국 이스트앵글리아대 기후연구소 소장 필 존스(Phil Jones)가 1999년 11월 16일 동료들에게 보낸 이메일로, 1961년 이후 냉각기를 숨기기 위해 기온 자료를 더했다는 사실과 1980년 이후 20년 동안 기온도 조작했음을 시사한다. 여기서 마이크(Mike)는 하키 스틱을 만든 마이클 만(Michael Mann)을 말하는 것으로 하키 스틱 그래프에도 속임수를 썼음을 자백하는 것이나 다를 바가 없다. 이 시기는 마이클 만의 하키 스틱 논문이 출간됐고 여기에 기초하여 영국 이스트앵글리아대 화학과 교수 로버트 왓슨(Robert Watson)이 IPCC 의장을 맡아 2001

---

[8] John Costella, *The Climategate Emails*, The Lavoisier Group, 2010.

년에 나올 제3차 보고서를 준비하는 중이었다.

두 번째 이메일은 같은 연구소의 키스 브리파(Keith Briffa) 연구원이 2008년 6월 23일 동료들에게 보낸 이메일로 외부에서 정보 공개의 자유(Freedom of Information Request)를 주장하며 자료를 요청해도 절대로 주지 말라는 것이다. 세 번째는 미국 국립대기연구센터(NCAR: National Center for Atmospheric Research)의 케빈 트렌버스(Kevin Trenberth) 연구원이 2009년 10월 12일 동료들에게 보낸 이메일로 당시 지구온난화 중단에 관해 설명할 방법이 없다는 사실을 인정하고 있다. 두 번째와 세 번째 이메일은 2007년에 4차 보고서가 나온 뒤에 작성된 것으로, 지구온난화가 중단된 것은 이 시기에 중요한 이슈였다. 결국 요구하는 정보를 주지 않았기 때문에 2009년 11월 17일에 1,000여 통의 이메일이 해킹됐다. 영국에서는 이 사건을 계기로 IPCC 폐쇄를 주장하는 '지구온난화 정책 재단(GWPF: Global Warming Policy Foundation)'이 설립됐고 기후 진실을 알리는 활동을 지금까지 계속하고 있다.

제2차 기후 게이트(2017년)

또 한 번의 데이터 조작은 오바마 행정부의 미국 국립해양대기청(NOAA)에서 있었는데, 이를 존 베이트(John Bates) 박사가 내부 고발로 2017년 언론에 폭로했다.[9] 존 베이트 박사는 과거 2015년 파리기후변화협약을 앞두고 상부의 지시에 따라 데이터를 조작했음을 2017년에 와서 자백한 것이다. [그림 1-15]는 이를 보도한 영국 "데일리 메일"의

---

9) https://www.dailymail.co.uk/sciencetech/article-4192182/world-leaders-duped-manipulated-global-warming-data.html

2017년 2월 4일 일요일판 신문 기사 일부와 사건 개요를 보여주고 있다.

제2차 기후 게이트라 불리는 이 사건은 1997년 5월부터 2015년 12월까지 (회색부분) 있었던 지구온난화 중단(Global Warming Hiatus)을 상승으로 바꾼 것이다. 2015년 파리기후변화협약을 앞두고 거의 18년이 넘도록 기온 상승이 없었다. 이 시기에 배출된 이산화탄소는 산업화 이후 총 배출량의 25%가 넘었으며

그림 1-15 데이터 조작을 폭로한 신문 기사와 사건 개요

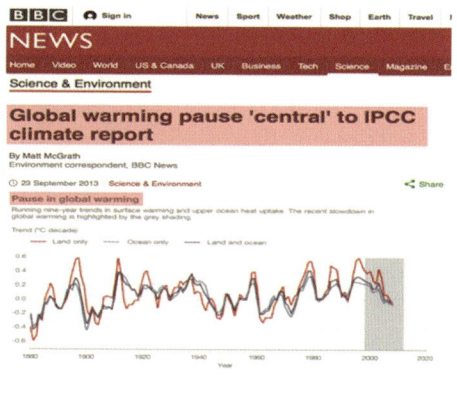

그림 1-16 지구온난화 중단을 알리는 영국 BBC 2013년 보도

2012년까지는 기온 하강 추세도 보였다. 온난화 중단은 2013년 제5차 기후평가 보고서에도 들어있고 언론에도 보도됐다(그림 1-16).

이러한 상황에서 미국 국립해양대기청(NOAA)은 기후 선동에 앞장섰던 오바마 대통령이 2015년 파리기후변화협약에 참여하는데 힘을 보태기 위해 온난화 중단을 상승으로 데이터를 조작했고, 2017년 트럼프 대통령이 취임하자 이를 폭로하는 내부 고발이 일어난 것이다. 이 사건을 통해 국가 연구기관 공무원들이 예산 증액과 조직 확대를 위해 데이터를 조작하는 과학의 부패를 짐작할 수 있다.

히말라야 빙하 게이트(2010년)

IPCC 제4차 기후보고서(2007)는 인도 철도 엔지니어 라젠드라 파차우리(Rajendra Pachauri) 의장이 주도했다. 그는 2008년 우리나라를 방문하여 "인간이 기후 변화를 일으켰다는 것은 과학적 진실로 의심할 여지가 없고, 지구 환경은 IPCC 제4차 보고서가 제시한 시나리오 중에서 최악의 상태로 진행되고 있다"라고 하면서 육식을 줄이고 건물의 에너지 효율화를 강조했다.

하지만 그가 주도했던 4차 보고서에는 세계를 우롱하는 거짓이 숨어 있었고 이는 히말라야 빙하 게이트(Himalayan Glaciergate)로 이어졌다. 그 보고서는 지구온난화로 히말라야 빙하가 2035년까지 다 녹을 것이며 이는 아시아인 20억 명의 생명수를 위협할 것이라 했다. 파차우리는 이것을 이용하여 2009년 유럽연합과 카네기재단으로부터 각각 250만과 31만 파운드의 연구비(한화 약 53억 원)를 자신의 인도 연구소 TERI(The Energy and Resource Institute)로 받았다.

그림 1-17 IPCC 히말라야 빙하 게이트 BBC 보도 자료

하지만 학계는 계속해서 의혹을 제기했고 결국 2010년에 IPCC도 이것이 거짓임을 시인했다. 러시아의 한 논문에서 기술한 2350년을 오타로 2035년으로 적었다는 것이 IPCC의 변명이었다. [그림 1-17]은 영국 BBC가 4차 보고서의 잘못을 IPCC가 스스로 인정했음을 알리는 보도 자료다. 숫자 오타로 세계인을 기후 공포로 몰아넣고 거액의 연구비를 챙기는 것이 유엔 기후보고서 수준이다.

히말라야 빙하 게이트로 거액의 연구비를 자신의 연구소로 가져가고 앨 고어와 노벨평화상을 공동 수상했던 IPCC 파차우리 의장은 결국 비참한 말로를 맞이하게 됐다. 그는 2013년에 자신의 연구소 29세 여직원을 성추행하여 형사 처벌받고, 2015년에는 IPCC 의장을 사임했으며 2020년 사망했다. 이 사건은 세계를 속인 그의 거짓과 위선을 잘 보여주고 있다. [그림 1-18]은 파차우리의 성추행 판결 결과와 성추행을 당한 여직원에 관한 언론 보도다.

그림 1-18 IPCC 의장 성추행 판결 보도와 여직원

1.3 이산화탄소의 악마화

지금까지 기술한 내용은 인간의 화석연료 사용이 기후 대재앙을 불러온다는 터무니없는 이론을 만들어내기 위해 저지른 과학의 부패다. 대기에 미량씩 늘어나는 이산화탄소는 지구를 더욱 푸르게 하고 식량 생산을 증가시키고 있음에도 그들은 이를 외면했다. 하키 스틱에서부

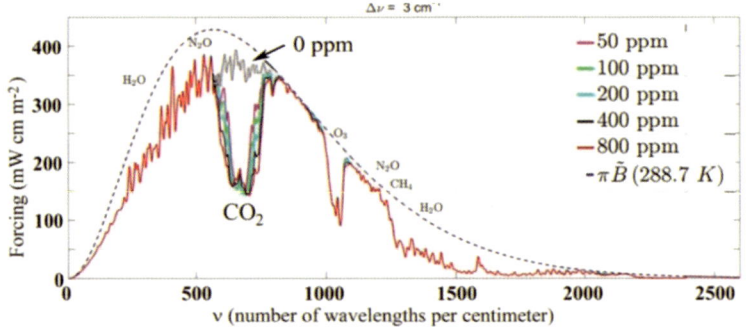

그림 1-19 이산화탄소의 온실효과 체감현상

터 기후 게이트에 이르기까지 명백한 거짓 증거가 밝혀졌음에도 유엔은 더 많은 돈과 권력으로 세계를 통제하려고 부패한 과학으로 기후 대재앙 공포를 계속 만들고 있다.

이처럼 IPCC와 관련자들은 조직의 유지와 연구비 확보를 위해 과학적 진실은 염두에도 없었다. 그리고 화석연료 사용은 온실효과가 있는 이산화탄소를 배출하기 때문에 중단해야 한다는 주장만 계속했다. 이산화탄소가 지구 대기에서 태양광으로 발생한 열(적외선)을 좀 더 오래 머무르게 하는 온실가스임은 누구도 부인할 수 없다. 하지만 일정 농도 이상이 되면 온실효과는 무시할 수준이다.

[그림 1-19]는 이산화탄소 농도를 달리하는(0ppm~800ppm) 공기를 주입한 실험에서 나타나는 온실효과를 그래프로 표시한 것이다. 그래프의 세로축은 적외선 자체 강도이고 가로축은 대기 중 온실가스별 반응 적외선 주파수를 표시하고 있다. 이산화탄소의 경우 주파수 600에서 800사이에 온실효과가 나타난다. 각 곡선은 이산화탄소가 전혀 없는

그림 1-20 이산화탄소 포화 온실효과를 농가 창고의 페인트로 설명

(0ppm) 경우에서부터 농도 800ppm의 이산화탄소가 포함된 경우까지 온실효과를 표시하고 있다. 보라색으로 표시된 50ppm 선은 회색으로 표시된 0ppm 선과 제법 큰 차이를 보인다. 이는 50ppm의 경우 온실효과가 있음을 나타낸다. 하지만 100, 200, 400, 800ppm 선은 50ppm 선과 거의 겹치는 수준이다. 즉 공기중 이산화탄소 농도가 50ppm 이상일 경우에는 온실효과 증가가 크지 않다는 의미다. 앞으로 이산화탄소가 현재 농도인 425ppm보다 더 늘어나도 온실효과는 미미하게 증가한다는 것을 알 수 있다. 이것은 실험과 이론으로 입증된 과학적 사실이다. 부패한 과학자들은 이처럼 명백한 과학적 증거에도 자신들의 목적에 부합하지 않기 때문에 이산화탄소는 온실가스라는 주장만 되풀이하고 있다.

이 분야를 오랜 기간 연구해 온 미국 프린스턴대 물리학과 윌리엄 하퍼(William Happer) 교수는 [그림 1-20]에서 대기에 증가하는 이산화탄소는 지구의 기후에 아무런 영향을 미치지 못함을 알리고 있다. [그림 1-20]은 농가의 창고에 붉은색을 칠한 경우를 대기 이산화탄소 농도 400ppm이라고 한다면 다시 붉은색으로 한 차례 더 칠하는 것은 800ppm과 같은데 두 경우 모두 별 차이 없이 붉은색으로 보일 뿐이라는 것이다. 다시 말하면 포화상태에서 이산화탄소가 더 증가해도 지구의 기후에는 아무런 영향을 주지 못한다. 지금과 같은 속도로 대기 이산화탄소 농도가 증가할 경우 400ppm에서 800ppm으로 되려면 170년이 걸린다. 더구나 태양의 활동과 구름이 지구의 기온에 미치는 영향에 비하면 온실가스는 어떤 영향도 미칠 수 없음이 여러 과학적 관측 자료로 입증되었다. 그는 지금 지구 대기에 이산화탄소가 증가하는 현상은 모든 인류가 환영해야 할 사실임을 세상에 알리기 위해 2015년에 '이산화탄소연맹(CO2 Coalition)'을 창립했다. 그리고 그는 지난 트럼프 행정부 시절 백악관에서 이러한 사실을 직접 지도했다.

이산화탄소의 과학적 진실을 바르게 이해하는 많은 과학자들은 윌리엄 하퍼 교수가 설립한 '이산화탄소연맹'에 함께하고 있다. 노벨물리학상 수상자 존 클라우저 박사, 세계적인 기후과학자 미국 MIT 리처드 린젠(Richard Lindzen) 교수, 그린피스 공동창립자 패트릭 무어(Patrick Moore) 박사 등이 이 단체를 움직이는 대표적 운영진이다. 이 단체의 핵심 슬로건은 "I love CO2"다. 지금 지구 대기에 증가하는 이산화탄소는 하나님의 축복이라는 것이다. 더 많은 이산화탄소는 지구 생태계와 인류의 삶에 더 좋다는 놀라운 과학을 전파하고 있다.

여기에 관해 유엔재단 이사장 티모시 워스(Timothy E. Wirth)는 다음과 같이 말했다. "우리는 지구온난화 이슈로 가야 한다. 지구온난화 이론이 잘못되었다 하더라도, 우리는 경제와 환경 정책에서 바른 일을 하게 될 것이다(We've got to ride this global warming issue. Even if the theory of global warming is wrong, we will be doing the right thing in terms of economic and environmental policy)." 유엔은 지구 기후의 과학적 진실은 아랑곳하지 않고 이미 정해진 일을 향해 가고 있음을 자백한 것이다. 그런데, 정해진 그 일은 바르기는커녕 심각한 사회경제 문제를 야기하고 있다. 엄청난 국가 예산이 낭비될 뿐 아니라 개인과 기업의 자유와 재산이 박탈당하며 우리의 아이들은 앞선 세대를 원망하고 있다. 특히 우리나라와 같이 제조업으로 무역을 해야 하는 국가가 당하는 피해는 이루 말할 수 없다.

■ 〈월드뷰〉 2024년 6월호 커버스토리에 김승욱 발행인과 박석순 교수가 인터뷰한 내용을 수정·보충한 것으로 기후 위기에 관한 궁금증을 질의응답 형식으로 알아본다. (김승욱 : 중앙대학교에서 31년간 교수를 지낸 명예교수이며, 현재 〈월드뷰〉 발행인을 맡고 있다. 미국 조지아 대학교에서 신제도주의 경제사 분야의 박사학위(Ph. D.)를 받고 UNIDO 국제 전문가와 한국제도경제확회 및 경제사학회 회장을 역임했다.)

우리는 이산화탄소를 사랑합니다. 당신도 그렇게 해야 합니다.
(이산화탄소 연맹)

제2장
기후 위기라는 허구

2.1 들어가면서

김승욱 4대강 사업을 추진하던 이명박 정부 시절 이에 반대하는 자들의 주장에 대해 반박하는 강연이나 토론을 감명 깊게 봤습니다. 그동안 어떤 연구를 주로 하셨습니까?

박석순 제가 그동안 했던 연구는 강, 호수, 하구 및 항만에서 일어나는 수질 변화를 수식화하고 이를 컴퓨터 시뮬레이션하는 모델과 수질 비모수 통계 분야였습니다. 지금까지 제가 제자 또는 동료 연구자들과 낸 150여 편의 논문들은 주로 이 분야였습니다. 그리고 책 번역과 저술을 좋아해서 지금까지 30여 편의 저서와 역서를 냈습니다. 이 중에서 10여 편은 여러 사람이 함께한 공저이고 20여 편은 제가 직접 낸 책입니다. 〈수질관리학 원론〉, 〈환경정책법규 원론〉 등과 같은 전공 교과서도 여러 편 있습니다만, 일반인들을 위한 환경 서적이 더 많습니다. 제가 낸 일반 환경 서적은 주로 환경 재난, 가난과 환경, 인공 전자파의 환경 유해성, 그리고 기후 변화에 관한 것입니다.

김승욱 국내에서 거의 유일하게 '기후 위기'를 부정하는 학자로 알려져 있는데, 기후 위기론을 부정하게 된 계기를 말씀해 주시기 바랍니다.

박석순 저도 처음에는 인간의 화석연료 사용으로 배출되는 이산화탄소가 지구온난화를 유발하고, 그로 인해 기상 이변이 속출하여 인류 생존과 지구 생태계에 심각한 피해를 가져올 것이라는 기후 위기론을 믿었습니다. 그래서 학과에 기후기상 전공 교수도 뽑았습니다. 그런데 2017년, 미국 트럼프 대통령이 파리기후변화협약을 탈퇴하면서 "지구온난화는 아주 비싼 완전한 사기다"라고 공개 선언하는 것을 보고 기회가 되면 공부해 보겠다고 생각했습니다. 그러다 2020년에 코로나 방역이 시작되면서 본격적으로 공부하게 됐습니다.

김승욱 기후 변화에 관한 공부는 어떤 방법으로 했습니까?

박석순 처음에는 인터넷을 통해 지구온난화의 원인과 기후 변화 기초 이론을 공부했습니다. 그리고 아마존(Amazon)에 들어가 기후 변화에 관련된 책을 검색해 보았습니다. 그런데 놀랍게도 수많은 책이 인간에 의한 기후 변화를 부정하고 있었습니다. 그중에서 미국 트럼프 대통령 기후에너지 핵심 참모들이 모여 있는 미국 '이산화탄소 연맹(CO2 Coalition)'의 그레고리 라이트스톤(Gregory Wrightstone) 회장이 저술한 〈불편한 사실(Inconvenient Facts)〉을 선택해서 번역을 시작했습니다. 그동안 몰랐던 과학적 사실을 알게 되었고 우리가 기후 선동가들과 언론에 속고 있다는 생각이 들었습니다. 제 일생에 이렇게 충격적인 책은 처음이자 마지막일 것입니다. 저자와 이메일로 질문을 주고받으며 관련 유튜브 강의를 듣고 논문 등을 읽었습니다.

이 책 번역이 끝날 무렵, 2021년 1월 그린피스 공동창립자 패트릭 무어(Patrick Moore) 박사의 저서 〈종말론적 환경주의 – 보이지 않는 가짜 재앙과 위협〉이 출간되어 이 책도 번역하게 됐습니다. 이 책은 돈과 권력을 위해 가짜 재앙 공포를 만들어내는 "환경 탈레반"들의 생존 전략을 폭로하고 있습니다. 2022년에는 기후 선동을 열심히 한 오바마 행정부에서 에너지부 차관보를 역임했던 스티브 쿠닌(Steven Koonin) 교수가 후에 기후 위기는 거짓임을 폭로한 〈지구를 구한다는 거짓말〉의 번역에도 참여하게 됐습니다. 이 책은 한국경제신문 출판사인 한경BP에서 원래 영문학을 전공한 전문 번역사가 번역을 시작했는데, 과학적 지식이 부족하여 저에게 감수를 요청하여 상세히 검토하게 되었습니다.

〈불편한 사실〉이 충격적인 기후 지식을 알려줬다면, 〈종말론적 환경주의〉와 〈지구를 구한다는 거짓말〉은 기후 위기 허구성에 확신을 준 책이었습니다. 그리고 2023년에는 영국의 데이비드 크레이그(David Craig)라는 유명 논픽션 작가와 함께 지난 150년 동안 나온 언론 보도와 관측 자료를 근거로 한 〈기후 종말론: 인류사 최대 사기극을 폭로한다〉라는 저서도 출간했습니다. 기후 변화 공부는 저에게 일생에서 가장 흥미진진하고 보람된 일이었습니다. 덕분에 많은 해외 석학들과 교류하며 단 몇 년 만에 새로운 분야의 최고급 지식을 공유할 수 있게 됐습니다.

김승욱 2023년 10월에 출간한 〈기후 위기 허구론: 대한민국은 기후 악당국인가?〉라는 책은 어떤 내용인가요? 1년에 두 권의 저서를 출간한 셈이네요.

박석순 네, 그렇습니다. 사실 미국에서는 보수단체를 중심으로 기후 위기 허구성을 알리는 운동이 활발하게 진행되고 있습니다. 고속도로변에 광고판을 걸어두기도 하고(그림 2-1), 학생과 교사를 위한 소책자 〈Climate at a Glance for Teachers and Students〉도 발간하여 전국에 배포하기도 합니다(그림 2-2). 우리나라도 이런 책이 필요하다고 생각했습니다. 그리

그림 2-1 미국 고속도로변에 세워진 광고판.
"편히 주무세요. 기후 위기는 없습니다."

고 2023년 3월에 유엔 제6차 기후 변화 종합 보고서가 나오면서 언론이 "지구 존폐 10년 남았다"라는 공포감을 조성했습니다. 이에 대한 반박도 필요하고, 때마침 김승욱 교수님이 주관하신 '자유통일 네트워크'의 기후에너지 포럼에서 발제한 자료도 있고 해서 그 책을 출간하게 되었습니다. 이 책은 누구나 쉽고 간편하게 기후 위기 허구성을 확인할 수 있도록 저술됐습니다.

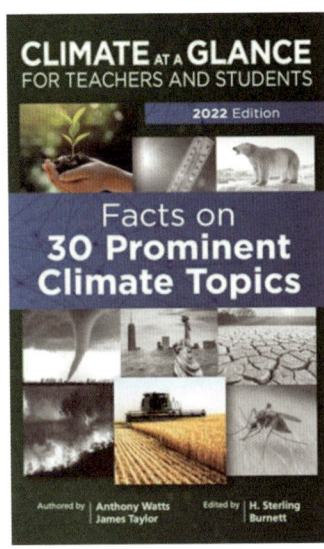

그림 2-2 기후 위기가 없음을 알리는 미국의 학생과 교사용 소책자

이 책의 특별한 내용은 반산업자본주의 세력이 저질 에너지 기술로 이윤을 추구하려는 기업들과 손잡고, 여기에 세계 각국을 통제하기 위해 더 많은 권력과 돈을 꿈꾸는 유엔이 동참하면서 기후 위기라는 가짜 재앙이 만들어졌음을 폭로하는 것입니다. 또 탄소 중립은 신의 축복을 오인한 인간의 아둔함이 만들어낸 달성 불가의 환상임을 알리고 자유민주주의 헌법 정신으로 돌아갈 것을 호소하고 있습니다.

2.2 하나님은 위대하다

김승욱 저서 두 권, 역서 두 권, 감수 한 권이 그동안 기후 변화 공부의 결과물이네요. 공부를 통해 어떤 결론을 얻었나요?

박석순 그동안 기후 변화 공부를 통해 얻은 결론은 한 마디로 "하나님은 위대하다"라는 것입니다. 그리고 공부한 중요한 과학과 명백한 증거 자료를 모든 국민에게 알려야겠다는 사명감을 느꼈습니다. 특히 기후 대재앙 공포로 울부짖고 악몽에 시달리며 앞선 세대를 원망하는 우리의 아이들을 구해내는 일이 시급하다고 생각했습니다.

김승욱 어떻게 "하나님은 위대하다"라는 결론을 얻었습니까?

박석순 저는 교양과목 강의에서 물의 성질과 지구 생명체에서의 역할을 설명하면서 물이 너무나 오묘하여 "하나님이 아니고서야 어떻게 이런 물질이 만들어질 수 있나?"라고 학생들에게 말하곤 했습니다. 과학적 사실을 근거로 한 일종의 창조 신학이죠. 그런데 지구온난화를 일으킨다는 이산화탄소도 물에 버금가는 창조 신학의 근거가 될 수 있는 위대한 물질임을 확신하게 되었습니다.

김승욱 현재 유엔기후변화협약에 따라 세계 모든 국가가 탄소 중립을 추진하면서 이산화탄소는 지구를 불덩어리로 만드는 악마의 물질이라고 알고 있는데 어떻게 위대한 물질이라는 것입니까?

박석순 식물이 햇빛을 받아 물과 이산화탄소로 유기물(탄수화물, 단백질 등)과 산소를 만들면 동물은 그 유기물과 산소를 먹으면서 살아가는 것이 자연 생태계의 기본 원리입니다. 그런데 물은 사막을 제외한 모든 곳에 풍부하지만, 이산화탄소는 지구 대기에 부피로 0.04%밖에 되지 않는 초미량 가

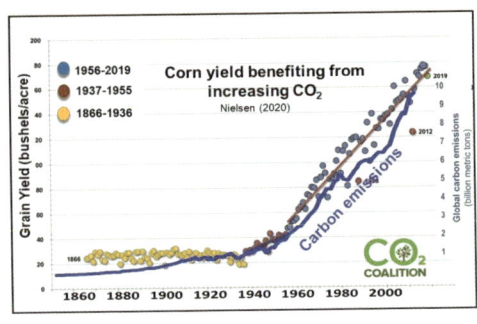

그림 2-3 이산화탄소 배출량(Carbon emissions)과 함께 증가하는 단위 면적당 옥수수 생산량

그림 2-4 미국 고속도로변에 세워진 광고판.
"이산화탄소는 생명체에 필수 물질입니다."

스입니다. 그래서 이산화탄소가 조금만 증가해도 지구에는 생명체가 풍부해집니다. 제가 "하나님은 위대하다"라고 생각하게 된 이유 중의 하나는 세계는 현재 인구가 늘어나 식량이 부족해지고 환경파괴가 심해질 것을 염려하지만, 대기에 이산화탄소가 증가하면서 지구는 오히려 더욱 푸르게 변하고 식량 생산은 급속히 늘어났기 때문입니다. 지금 지구에는 약 100억 명이 먹을 식량이 생산되고 이렇게 급증하게 된 이유 중 하나가 바로 지구 대기에 늘어난 이산화탄소 때문입니다. [그림 2-3]에서 보시다시피 제2차 세계대전 이후 화석연료 사용의 급증으로 배출되는 이산화탄소 증가로 인한 단위 면적당 옥수수 생산량이 이를 말해주고 있습니다. 그래서 미국에서는 고속도로 광고판에 이산화탄소의 중요성도 걸어두고 있습니다(그림 2-4).

미국 미시간주립대학교 농업실험소(Michigan State University Agricultural Experimental Station) 소장, 실반 위트워(Sylvan Wittwer) 박사는 "지금 우리는 이산화탄소가 점점 증가하는 세상에 사는 것을 행운으로 생각해야 한다. 대기 중 이산화탄소가 증가하는 것은 전 세계 모든 곳에 골고루 공짜로 주어지는 혜택이며, 시간이 지나면서 점점 양이 많아지게 되어 미래세대에는 더욱 좋다"라고 했습니다. 또 지구는 1초당 축구장 2.7개만큼, 1년에 영국 그레이트브리튼 지역 3개만큼 푸르게 변하고 있습니다(그림 2-5). 이는 위성사진으로 확인되었습니다. 더 많은 인류가 태어나 건강하고 행복하게 살아가는 것이 "하나님의 뜻"이지 않습니까? 이산화탄소가 극히 미량씩 늘어나 이를 뒷받침해 주는 것이죠. 그리고 지구가 더욱 푸르게 변하면 더 많은 야생동식물이 생명의 은총을 입습니다. 인간이 배출한 이산화탄소는 지구 생태계의 선순환을 만들어내는 연결 고리가 되는 것입니다. 이 얼마나 위대한 물질입니까?

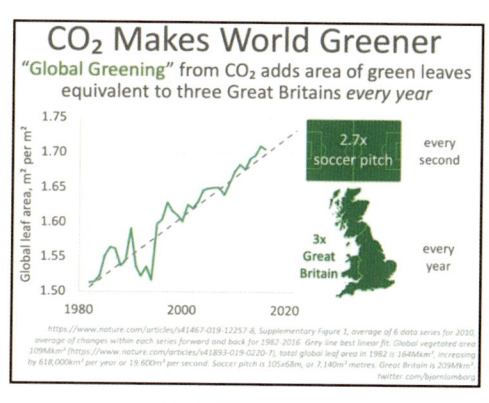

그림 2-5 증가하는 이산화탄소로 인한 지구의 녹색 면적 변화

김승욱 그렇지만 이산화탄소는 온실가스라서 지구온난화를 유발하지 않습니까? 그래서 지금 전 세계적으로 탄소 중립을 한다고 엄청난 비용을 들이고 있지 않습니까?

박석순 제가 "하나님은 위대하다"라고 하는 또 다른 이유가 여기에 있습니다. 이산화탄소는 지구 생명체를 풍성하게 할 뿐 지구의 기후에는 아무런 영향을 미치지 못합니다. 세계적인 기후과학자로 알려진 미국 매사추세츠 공과대학교(MIT) 리처드 린젠(Richard Lindzen) 명예교수는 "이산화탄소가 지구의 기후를 조절한다고 믿는 것은 마술을 믿는 것과 유사하다(Believing

CO2 controls the climate is pretty close to believing in magic"라고 했습니다(그림 2-6). 지구 대기의 온실효과 큰 부분은 수증기가 차지합니다. 아주 건조한 지역을 제외하면 온실효과 90~95%는 수증기가 담당합니다. 이

그림 2-6 세계적인 기후과학자 미국 MIT 리처드 린젠 교수

산화탄소의 온실효과는 약 3.6~6.0%이며 건조한 대기에서는 비율이 좀 더 커질 수 있습니다. 지구의 기후를 조절하는 것은 태양과 구름, 그리고 바다입니다. 이는 지구에는 태양이라는 에너지원 아래 기후 현상은 물이, 생명 현상은 이산화탄소가 핵심 역할을 한다는 것입니다. 지금 증가하는 이산화탄소의 온실효과는 태양, 구름, 바다의 영향에 함몰되어 어떤 역할도 할 수 없음이 과학적으로 분명하게 입증되고 있습니다. 지구의 기후 역사를 봐도 이산화탄소가 온난화를 유발했다는 증거는 전혀 없습니다.

2.3 반산업자본주의와 부의 재분배

김승욱 그런데 왜 우리는 지금의 생활 방식을 바꿔야 하는 탄소 중립을 강요당하고 있나요?

박석순 제가 2023년 10월에 출간한 〈기후 위기 허구론〉과 2024년 3월에 유럽과 미국의 합작으로 나온 기후 위기를 부정하는 "기후 영화: 냉정한 진실(Climate The Movie: The Cold Truth)"을 보면 잘 설명되어 있습니다. 환경 운

동은 애초부터 자유시장경제와 산업자본주의를 반대하는 세력에 의해 시작됐습니다. 인간의 자유롭고 풍요로운 삶은 자연을 파괴하고, 산업 문명은 땅과 물, 그리고 공기를 생명이 살 수 없도록 오염시키기 때문에 이를 반대하자는 운동이었습니다. 물론 산업화 초기에는 그러한 현상이 나타났습니다. 하지만 선진산업국을 중심으로 환경과학과 기술이 발달하고, 법과 제도를 강화하면서 환경문제는 해결되기 시작했습니다. 지금 뉴욕, 런던 등 선진 대도시는 맑고 깨끗한 환경을 가진 장수촌으로 변했습니다. 이를 학문적으로 "환경 유턴 현상"이라고 합니다.

그러자 환경 운동의 새로운 표적이 된 것이 산업 문명의 원동력인 "화석연료"입니다. 화석연료 사용으로 배출되는 이산화탄소가 대기 온실가스라는 이유 때문이었죠. 여기에 태양광이나 풍력과 같은 재생 에너지로 화석연료를 대체하여 부를 추구하려는 사업가들이 합세했습니다. 그리고 기후 역사와 관측 자료를 조작하고, 의도한 대로 예측하는 컴퓨터 모델을 만드는 과학의 부패가 이를 지원하게 됐습니다. 제 저서 〈기후 위기 허구론〉은 이러한 사실들을 상세히 기술하고 있습니다. 기후 영화도 그러한 사실을 폭로하고 있습니다. 책과 영화는 다른 뿌리에서 출발했지만, 이러한 내용은 놀라울 정도로 일치합니다.

김승욱 그렇다면 유엔 IPCC(기후 변화에 관한 정부 간 협의체)는 도대체 왜 인간에 의한 지구온난화를 주장하고 있으며, 또 유엔기후변화협약에 195개국이나 참여하고 있나요?

박석순 아주 중요한 질문입니다. 많은 사람이 유엔 IPCC 때문에 기후 위기를 믿고 탄소 중립을 당연한 것으로 받아들이고 있습니다. 그런데 우리는 유엔 IPCC를 냉철하게 봐야 합니다. IPCC는 1988년 유엔환경계획(UNEP)이 세계기상기구(WMO)와 함께 만든 비상설 기구로 인간 활동으로 인한 기후 변화의 위험을 평가하는 것이 임무입니다. 인간 활동으로 인한 기후 위기가 없으면 존재할 필요가 없죠. 그리고 유엔이 세계 각국을 통제하고, 잘 사는 나라로부터 기금을 받아내기에 이것보다 좋은 호재는 없습니다. IPCC가 존재하는 한 기후 위기 선동은 계속될 수밖에 없습니다. 그래서 기후 위기를 부정하는 많은 학자는 IPCC 폐쇄를 주장하고 있습니다.

세계 195개국이 유엔기후변화협약에 참여하는 이유도 잘 봐야 합니다. 이에 관해서는 지난해 2월에 출간된 〈기후 종말론〉에 자세히 기술되어 있습니다. 195개국은 크게 저개발국, 개발도상국, 선진산업국 세 부류로 나누어 볼 수 있습니다. 저개발국은 유엔기후변화협약에 참여하면 기후 변화 피해국이라며 유엔의 지원을 받습니다. 그리고 개발도상국도 1인당 이산화탄소 배출량이 적다는 이유로 석탄화력발전소를 마구 건설하여 에너지 가격이 쌉니다. 그리고 탄소세나 탄소 배출권 거래와 같은 감축 규제도 없어 기업과 일자리가 선진국에서 옮겨옵니다. 단지 선진산업국에서만 손해를 보면서 참여하고 있습니다. 이유는 부유한 선진국에서만 반산업자본주의 운동이 일어나고, 여기에 과학 지식이 부족한 정치인들이 이용당하고 있기 때문입니다. 그들은 그동안 이룩한 성공에 대한 죄책감을 느끼면서 자국의 "경제 자해 정책"을 감행하고 있는 것입니다.

실제로 유엔 IPCC에 관여하는 자들은 "기후변화협약은 기후 문제가 아니라 부의 재분배 문제다"라고 말합니다. [그림 2-7]에서 보듯이 전직 IPCC 관료였던 독일 베를린 공대 오트마 에덴호퍼(Ottmar Edenhofer)

교수는 "국제적인 기후 정책이 환경 정책이라는 환상을 버려야 한다 (You have to get rid of the illusion that international climate policy is environmental policy). 우리는 사실 기후 정책을 통해 세계 부를 재분배하고 있다(We are de facto redistributing the world's wealth through climate policy)"라고 주장합니다. 하지만 사이비 과학으로 부를 재분배하려는 의도는 지금 수많은 부작용을 낳고 있습니다. 부패한 저개발국 정치인들은 이 기금으로

그림 2-7 전직 IPCC 관료 오트마 에덴호퍼 교수의 자백

억만장자가 되지만, 가난한 국민은 더 큰 고통을 겪고 있습니다.

김승욱 교수님께서는 앞에서 언급하신 "기후 영화: 냉정한 진실"의 영상 대사를 번역했고 지금도 계속 시사회를 개최하시는데 그 내용을 간단히 소개해 주시기 바랍니다.

박석순 "기후 영화: 냉정한 진실"은 영국의 마틴 더킨(Martin Durkin) 감독이 미국의 톰 넬슨(Tom Nelson) 감독과 함께 제작한 다큐멘터리 영화입니다. 더킨 감독은 이미 17년 전에 "지구온난화는 거대한 사기극(The Great Global Warming Swindle)"이라는 다큐멘터리를 제작하여 2007년 3월 8일, 영국 TV 방송 채널 4에 방영했습니다. 저는 그 영화를 보고 2012년에 출간된 저서 〈부국 환경론〉에도 소개한 적이 있습니다.

더킨 감독의 2007년 영화는 2006년 5월에 나온 앨 고어의 〈불편한 진실〉과 2007년 2월에 발표한 IPCC 4차 기후보고서를 정면으로 반박하고 있습니다. 세계적인 과학자들의 인터뷰와 지구의 기후 역사를 근거

로 인간에 의한 지구온난화를 부정합니다. 이 영화에는 그린피스 공동 창립자 패트릭 무어 박사와 미국 MIT 리처드 린젠 교수를 비롯한 여러 세계적인 과학자들의 설득력 있는 인터뷰 내용이 들어있습니다. 지금도 유튜브에 있습니다. 더킨 감독의 탁월한 각본과 과학자들의 인터뷰 내용은 "지구온난화는 거대한 사기극"이라고 주장하기에 충분합니다.

이번에 나온 "기후 영화: 냉정한 진실"은 "지구온난화는 거대한 사기극"의 속편입니다. 미국의 톰 넬슨과 함께 그동안에 발표된 과학적 자료로 더욱 치밀하고 탄탄한 각본으로 2022년 노벨물리학상 수상자 존 클라우저 박사를 비롯하여 윌리엄 하퍼, 스티브 쿠닌, 윌리 순, 로이 스펜스 등과 같은 세계적인 과학자들의 인터뷰도 새롭게 넣었습니다. 제 유튜브 "박석순의 환경TV"에 들어오시면 한글 자막이 있는 영화를 시청할 수 있습니다.

영화는 전반부에 지구의 기후 역사, 이산화탄소의 역할, 태양과 구름이라는 기후 변화의 진짜 원인, 극한 기상 추세 등과 같은 과학적 사실을 설명하고 있습니다. 후반부에는 "기후 위기"라는 거대한 거짓말이 나오게 된 배경으로 교활한 합의, 밴드왜건 현상, 정치적 의도 등을 폭로하고, 개인의 자유와 가난한 나라가 심각한 피해 대상임을 알려주고 있습니다. 영화 마지막에 "기후 위기론은 우리 모두의 자유와 번영에 대한 공격입니다"라는 결론을 내리고 있습니다.

영화 번역 작업을 하면서 마틴 더킨과 톰 넬슨 두 감독과 이메일로 영화 내용을 논의하였고 그들에게 국내 시사회 소식도 자주 전해 주곤 합니다. 제가 한국어로 번역하고 서울, 부산, 대구, 포항 등 여러 차례 시사회를 하는 것을 아주 반기고 있습니다. 이번에 미국에 가서 톰 넬슨 감독과 영화에 나오는 존 클라우저, 윌리 순, 로스 맥키트릭 박사 등도 만났습니다(그림 2-8). 영화를 보면 아시겠습니다만 이런 분들은 왜 이런 터무니없는 사이비 과학이 나왔는지 정확하게 알고 있습니다.

그림 2-8. 〈월드뷰〉 6월호를 들고 있는 톰 넬슨 감독, 뒤쪽 옆 모습이 존 클라우저 노벨물리학상 수상자

2.4 극한 기상과 기후 재난 피해

김승욱 이산화탄소가 지구의 기후에 아무런 영향을 미치지 못한다면 왜 언론에서는 가뭄, 홍수, 태풍, 폭염, 폭우 등과 같은 극한 기상이 증가한다고 보도하나요?

박석순 언론의 잘못된 보도입니다. 지금은 절대로 기후 위기가 아닙니다. 지난 70여 년 동안 태풍은 줄어들고 있습니다(그림 2-9). 미국의 허리케인(태풍)과 토네이도(회오리바람)도 줄어들고 있습니다(그림 2-10, 11). 폭염도 전 세계적으로 1930~1940년대에 훨씬 심했습니다(그림 2-12). 우리나라도 이 시기에 폭염이 심했다는 기록이 있습니다(저서 〈기후 종말론〉 참고). 그뿐 아니라 산불 피해도 줄어들고 있습니다(그림 2-13). 전 세계적인 가뭄 지수도 줄어들고 있습니다. 그러나 언론은 절대로 실제 추세를 알려주지 않습니다. 실제 추세를 알려주면 뉴스가 되지 않기 때문입니다. 이에 대한 과학적 근거와 관측 증거는 제 역서 〈불편한 사실〉과 저서 〈기후 위기 허

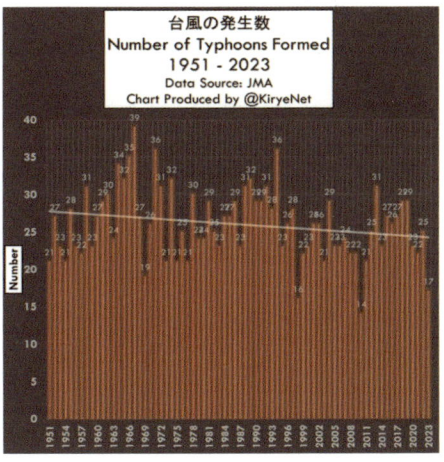

그림 2-9. 일본 기상청이 발표한 태풍 추세(1951~2023)

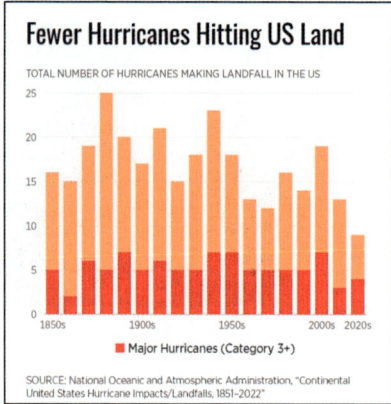

그림 2-10 미국의 허리케인 추세(1850~2020)

(구론)에 잘 나와 있습니다.

폭우도 이산화탄소와는 전혀 무관합니다. 지난 2022년 8월 9일 서울의 강남역 일대가 폭우로 침수되는 일이 발생했습니다. 언론은 쏟아지는 폭우로 도로에 침수된 차량과 허둥거리는 시민들의 영상

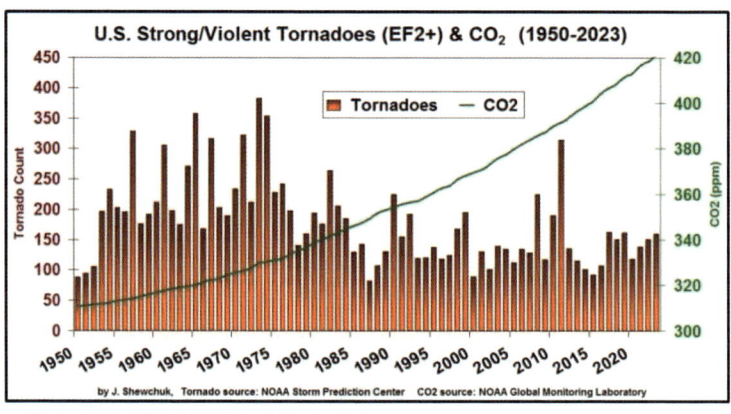

그림 2-11 미국의 토네이도와 이산화탄소 추세(1950~2020)

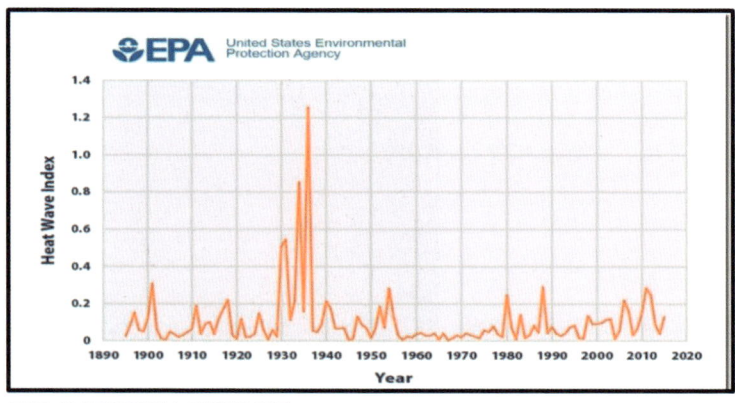

그림 2-12 미국의 폭염 지수 추세(1890~2020)

을 생방송 하면서 "탄소 못 줄이면 강력 폭우·홍수 급증한다"라며 기후 대재앙이 시작됐다고 호들갑을 떨었습니다. 하지만 당시 보도된 기상청 관측 자료

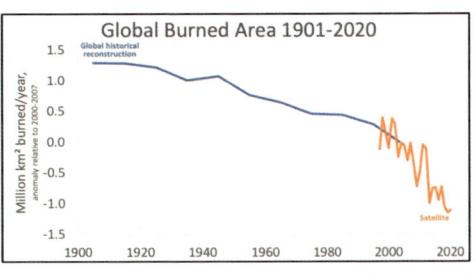

그림 2-13 전 세계의 산불 피해 면적 추세(1901-2020)

를 보면 서울의 1시간 최다 강수량은 1942년 8월 5일과 1964년 9월 13일에, 1일 최다 강수량은 1920년 8월 2일과 1998년 8월 8일에 있었습니다(그림 2-14). 언론은 과거 이산화탄소 농도가 낮은 시기에 서울에 강한 폭우가 있었던 자료를 보여주면서 탄소 중립을 요구하는 어처구니없는 선동을 했습니다. 그럼에도 아마 방송을 본 시청자 대부분은 속아 넘어갔을 것입니다.

김승욱 언론에서는 북극곰이 멸종 위기에 처했고 남극대륙의 빙하가 녹아 해수면이 상승한다고 보도하고 있는데 이것은 어떤가요?

박석순 이것도 완전히 잘못 알려진 가 그림 2-14 서울 역대 강수량 순위(기상청 자료 중앙일보 보도)
짜 뉴스입니다. 북극곰은 지난 1960년대 무분별한 사냥으로 개체 수가 크게 줄어든 시기가 있었습니다. 그러나 1973년 북극을 둘러싼 5개국(미국, 캐나다, 러시아, 노르웨이, 덴마크)이 무분별한 북극곰 사냥을 금지하는 조약을 체결한 이후 개체 수가 꾸준히 증가하고 있습니다. 극지방 빙하도 녹지 않고 있습니다. 북극해의 여름철 빙하는 감소하고 있지만(2012년 이후 증가 추세),

겨울철 빙하는 증가하고 있습니다. 남극대륙에는 연간 약 820억 톤의 새로운 빙하가 계속해서 쌓이고 있습니다. 이는 검증된 논문으로 밝혀졌고 미항공우주국(NASA)도 2015년 공식 발표했습니다. 이러한 내용은 제 저서 〈기후 종말론〉을 참고하세요.

해수면이 상승하여 해안 도시가 침수되고 많은 섬나라가 사라진다는 위협 또한 명백한 거짓말입니다. 빙하가 녹기 때문이 아니라 바닷물 온도의 미약한 상승으로 인한 부패 팽창 때문에 일부 지역에서 해수면이 상승하고 있지만, 지금까지 상승 폭은 100년에 약 7cm 정도입니다. 반면 스칸디나비아반도의 스톡홀름과 오슬로 해안이나 미국 알래스카주의 태평양 해안은 오히려 이보다 훨씬 빠른 속도로 해수면이 하강하고 있습니다(그림 2-15). 우리나라 부산항과 인천공항이 해수면 상승으로 2030년 수몰된다는 언론 보도 또한 거짓말입니다. 지난 30년 동안 부산항 해수면은 아무런 변화가 없습니다. 그리고 산호초가 사라진다는 보도도 완전히 거짓말입니다. 2022년 호주 해양연구소는 최대 군락지 그레이트 배리어 리프 지역의 산호초가 1986년 이후 가장 왕성하게 번성하고 있다고 발표했습니다(그림 2-16).

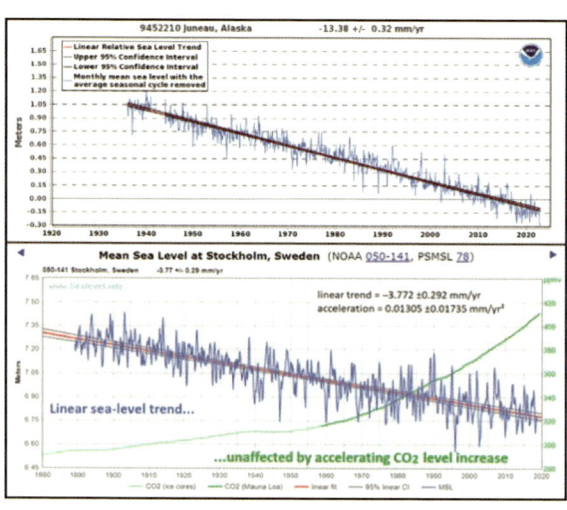

그림 2-15 알래스카(상)와 스톡홀름(하)의 해수면 하강

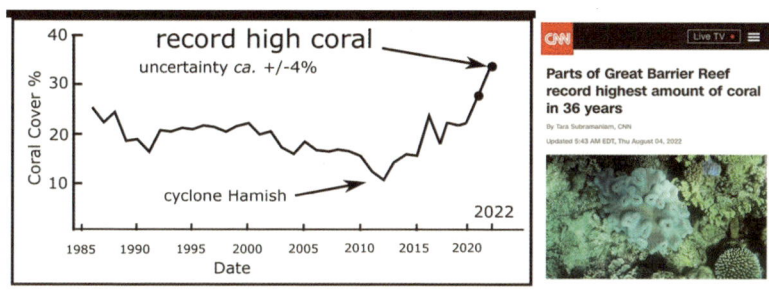

그림 2-16 태평양 그레이트 배리어 리프 지역 산호초 증가를 나타내는 그림(좌) / 미국 CNN 보도(우): 그레이트 배리어 리프 일부 지역은 36년 만에 가장 높은 양의 산호를 기록했다.

김승욱 지구는 생물 대멸종에 직면했고 조만간 인류는 대규모 기근과 아사를 겪게 될 것이며, 2050년에는 거주 불능 불덩어리가 되어 살아남은 사람들은 남극대륙으로 피난 가게 된다는 뉴스도 나오던데, 그것도 거짓말입니까?

〈기후 변화에 관해 잘못 알려진 사실 바로잡기〉
• 북극곰 개체 수는 증가하고 있다.
• 극지방 빙하는 증가하고 있다.
• 해수면 상승은 수온 증가로 인한 것이다.
• 산호초는 최근 폭발적으로 증가했다.
• 극한 기상은 줄어들고 있다.
• 산불 피해는 줄어들고 있다.
• 지구는 푸르게 변하고 있다.
• 식량 생산은 늘어나고 있다.
• 멸종 생물종 수는 줄어들고 있다.
• 기후 재난 사망자는 급속히 줄어들었다.

박석순 말도 안 되는 거짓말입니다. 미국 해외재난지원청(OFDA)에 따르면 [그림 2-17]에서 보는 바와 같이 1920년부터 현재까지 100년 동안 전 세계 기후 재난 사망자는 99%나 감소했습니다. 이유는 과학기술의 발달로 예측력이 향상됐고, 국가가 부유해지면서 국토를 선진화했기 때문입니다. 강을 정비하고 수많은 댐과 저수지를 건설하여 가뭄과 홍수 피해를 줄인 것이죠. 지난 50년 동안 대부분의 국가에서 멸종 생물 보호법이 만들어지고, 야생동식물 보호구역이 확대되면서 멸종 생물은 줄어들고 있습니다. 지구온난화로 생물종 다

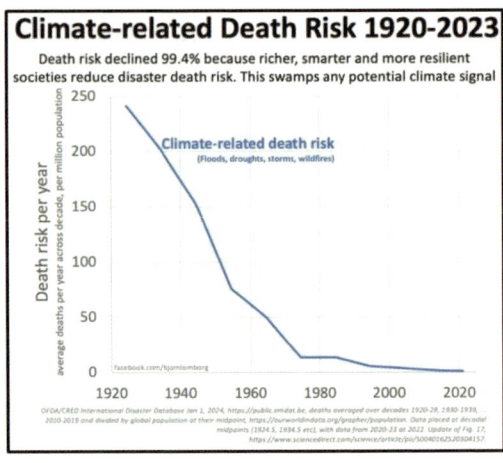

그림 2-17 지난 100여 년(1920~2023) 동안 기후 관련 사망자

양성이 줄어든다는 것도 완전 거짓말입니다. 왜냐하면 거의 모든 생물은 따뜻함을 선호하기 때문입니다. 또 대기 이산화탄소 증가로 농업 생산성이 향상되어 현재 전 세계적으로 100억 명이 충분히 먹을 식량이 생산되고 있습니다.

2050년에 남극대륙으로 피난 간다는 뉴스는 소설입니다.

김승욱 세계 각국의 통계 자료를 보면 태풍이나 홍수와 같은 기후 재난으로 인한 피해액이 늘어난 것은 분명 사실이지 않나요?

박석순 맞습니다. 재산 피해액은 증가하고 있습니다. 그런 통계 자료에 일반인들은 대부분 속아 넘어가죠. 하지만 그 자료에는 늘어난 GDP를 고려하지 않은 맹점이 있습니다. 늘어난 GDP를 고려하면 추세가 다릅니다. [그림 2-18]은 기후 재난 피해를 Global GDP 비율로 나타낸 추세입니다. 실제로 감소하고 있습니다.

김승욱 왜 지금과 같이 정보통신기술과 언론 매체가 발달한 시대에 이런 거짓말이 난무하게 되나요?

박석순 "기후 영화: 냉정한 진실" 마지막에 이런 멘트가 나옵니다. "기후위기론은 사리사욕과 속물근성에 의해 주도되고, 더 많은 돈과 권력에 굶주린 기생적인 인간들과 공적 자금을 지원받는 기관에 의해 냉소적으로

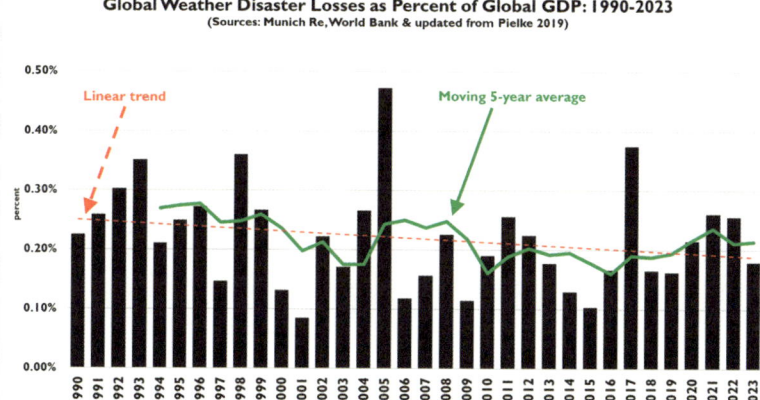

그림 2-18 기후 재난 피해액의 Global GDP 비율로 나타낸 추세(1990-2023년)

조작된 공포임을 이제 일반 대중들도 의심하거나 어쩌면 이미 알아차렸습니다." 또 우리나라 '퀀텀 코리아(Quantum KOREA) 2023'에서 기조 강연을 한 2022년 노벨물리학상 수상자 존 클라우저(John Clauser) 박사는 "기후과학이 대중 충격 언론용 사이비 과학으로 변질됐다"라고 했습니다. 저는 이 두 가지 멘트에 답이 있다고 생각합니다. 기후 공포를 조작해야 이익을 취하는 집단이 있습니다. 여기에는 연구기관도 있고 연구비에 영혼을 팔아버린 과학자도 있습니다. 태양광, 풍력, 전기차는 보조금 없이는 생존 불가능한 기술입니다. 연구비는 우리가 내는 세금이고 보조금은 우리가 내는 전기요금에 들어있는 기후환경요금입니다.

대중의 관심을 계속 끌어야 하는 언론 매체는 모든 충격적인 영상을 필사적으로 보도합니다. 오히려 정보통신기술과 언론 매체가 발달하니 전 세계 모든 기후 재난이 실시간 생생한 영상으로 방송됩니다. 과거에도 태풍, 산불, 폭염, 가뭄, 홍수 등이 있었습니다. 그런데 지금은 전 세계의 충격적인 영상을 모두 보도하니, 마치 엄청나게 증가한 것으로 보이는 겁니다. 그러나 실제로 추세를 조사해 보면 줄어들고 있습니다. 정말 걱정은 언론이 계속 기후 변화라며 이런 영상을 보여주니 원래 지구에는 태풍, 산불, 폭염, 가뭄, 홍수 등이 없었는데 앞선 세대가 지구를 망쳐 지금 나타나는 것으로 요즘 어린이들이 잘못 생각한다는 것입니다.

2.5. 사회경제적 피해와 탄소 중립의 허망함

김승욱 기후 위기가 없다면 각 가정에서 내는 기후환경요금도 낼 이유가 없지만, 더 큰 문제는 기업체에서 실행하는 RE100, ESG, 그리고 탄소 배출권 거래 등으로 인한 피해가 상당하다는 것입니다. 여기에 대해서는 어떻게 생각하시나요?

박석순 기업은 좋은 일자리와 제품을 만들어내고, 국가에 세금 잘 내고, 그리고 정부의 환경 규제를 잘 따르면 되는 것입니다. 그런데 멀쩡한 지구를 두고 지구를 구해야 한다며 이것도 하고 저것도 하라는 것은 한마디로 말이 안 되는 소리죠. 예를 들어 "RE100(Renewable Electricity 100%)"은 2014년 영국 비영리 단체의 주도로 시작된 재생 에너지 사용 캠페인으로, 기후 위기를 내세우며 시장경제를 무너뜨리고 있습니다. RE100 회원사들은 2050년까지 재생 에너지 100%를 사용하겠다고 약속하고, 직접 생산하거나 비싼 가격에 구입해야 합니다. 이는 곧 기업이 기후 위기를 초래했으니 재생 에너지 생산에 후원하라는 것이나 다름없습니다.

김승욱 미국 텍사스주, 플로리다주 등 상당히 많은 주에서 ESG 금지법을 제정하고, 2024년도에 들어서는 블랙록(Black Rock)을 비롯한 몇몇 투자회사들이 포기 선언하고 있는데, 이것은 어떻게 될 것 같습니까?

박석순 기업 경영에서 지속가능성을 달성하기 위한 3가지 핵심요소를 뜻하는 'ESG(Environmental[환경], Social[사회], Governance[지배구조])'도 자유시장경제와 산업자본주의에 대한 비판적 사상에서 출발했습니다. 그 대상 중 하나인 '환경(Environmental)' 분야를 살펴보면, 2050 탄소 중립 달성을 위한 온실가스 배출 제한을 가장 큰 목표로 하고 있습니다. 물 사용량과 재사용, 대기오염물질(질소산화물, 황산화물 등), 수질오염물질(영양물질, 중금속, 유독성 화학물질 등), 고형 폐기물(플라스틱 등) 배출 및 회수 등도 지표로 하고 있습니다. 이러한 항목들은 환경법과 규제를 통해 정부가 과거부터 엄격히 관리해 왔습니다.

그런데 ESG는 이를 기업 가치로 평가하여 주식이나 금융거래에까지 영향을 주려고 합니다. ESG도 결국 기후 위기라는 가공의 재앙을 내세워 기업 활동과 자유시장경제를 통제하려는 것입니다. 기후 위기가 허구라는 사실이 밝혀지면 ESG는 일시에 무너집니다. 지금 미국의 공화당 지지 주(Red State)를 중심으로 ESG 금지법이 시작되고 있습니다. 지난해 12월에는 테네시주 법무부 장관이 ESG 관련해서 투자사 블랙록(Black Rock)을 사기죄로 고발했습니다. 2023년 미국에서 기후 위기에 대한 여론 조사를 보면 공화당을 지지하는 보수주의자는 8% 정도만 기후 위기를 믿고 있는 것으로 나타났습니다. 처음에는 언론의 선동으로 많은 국민이 믿었는데 연이어 거짓말임이 밝혀지니 이제는 거의 믿지 않는다는 것입니다. 자유시장경제를 부인하는 제도는 결국 끝나는 것이 아니겠습니까?

김승욱 우리나라가 지난 2015년에 도입한 탄소 배출권 거래제도에 대해서 어떻게 생각하시나요?

박석순 제가 쓴 〈기후 종말론〉 책에 다음과 같은 내용이 나옵니다. 이것이 '탄소 배출권 거래제'에 대한 제 생각입니다.

> 기후 선동가들은 지구 생태계와 농작물에 보약이 되는 이산화탄소를 인류 종말을 부르는 악마의 물질로 만들어버린 '마녀 사냥'을 지금까지 계속해 왔다. 그 결과로 생겨난 것이 '배출권 거래제도'다. 유럽연합, 우리나라 등 소위 깨어있는 선진국들이 이를 입법화하여 시행하고 있다. 이것도 부족해서 이산화탄소 배출량에 세금을 부과하는 탄소세를 도입하는 국가도 등장했다. 또 대기로부터 이산화탄소를 제거하기 위한 '탄소 포획 이용 및 저장(CCUS: Carbon Capture, Utilization and Storage)' 기술을 개발하여 실용화하고 있고, 2030년까지 1,000억 달러 시장이 될 것으로 추산하고 있다. 가짜 기후 대재앙 공포로 국민과 기업을 위협하여 만들어낸 엄청난 규모의 예산과 시장이다. 지구 모든 생명체의 필수 물질인 이산화탄소를 악마의 물질로 만들어 사고파는 '마녀 시장'은 과거 인간을 사고팔았던 '노예 시장'보다 더 부끄러운 역사로 미래세대에 전해질 것이다. 미래세대들이 특별히 이상하게 생각할 것은 과학과 기술이 발달했다는 21세기에 부유한 선진국을 중심으로 국민과 기업이 아무런 저항도 없이 '마녀 시장과 기술'의 희생 제물이 되어 자유와 재산을 박탈당했다는 사실일 것이다(〈기후 종말론〉, 248쪽).

이것도 기후 위기 허구성이 밝혀지면 일시에 무너지는 것 아니겠습니까? 배출권 거래제도는 우리나라가 세계적으로 상당히 일찍 도입했습니다. 미국도 캘리포니아주를 비롯하여 일부 주는 채택했지만, 연방 차원에서는 지금까지 시행하지 않고 있습니다. 우리 정부는 경제를 살리고 일자리를 창출해야 한다면서 과학적 검토도 없이 경제와 일자리의 원동력인 기업을 죽이는 제도는 가장 먼저 도입하고 있습니다.

김승욱 지난 1992년 유엔기후변화협약이 체결되고 지금까지 30년도 넘게 이산화탄소를 줄이기 위해 세계 각국은 엄청난 비용을 투자했습니다. 각 가정에서는 기후환경요금을 내고, 기업들은 RE100, ESG, 배출권 거래제도 등으로 이윤을 희생하고 있습니다. 결국 이 돈은 태양광, 풍력, 전기차 보조금으로 가는 것 아니겠습니까? 그렇다면 그동안의 노력으로 기후에 미치는 영향은 차치하더라도 지구 대기의 이산화탄소는 줄어들고 있습니까?

박석순 아주 중요한 질문입니다. [그림 2-19]를 보시면 전 세계적인 노력에도 불구하고 어떤 변화도 주지 못하고 있다는 사실을 알 수 있습니다. 지난 2020년 전 세계 인류는 코로나 락다운으로 뜻하지 않게 거대한 지구 대기 실험을 했습니다. 공장 가동을 중단하고, 여행도 자제하면서 전 세계 이산화탄소 배출량은 10~15% 줄었습니다. 앞으로 다시 팬데믹이 오지 않고는 이렇게 줄이기 어려울 것입니다. 그러나 이 시기에도 지구 대기의 이산화탄소는 아무런 변화가 없었습니다. [그림 2-19]의 초록색 점선은 인간이 배출한 이산화탄소량입니다. 2008년 금융위기 때 약간 줄었고 2020년 코로나 때 상당량 줄었습니

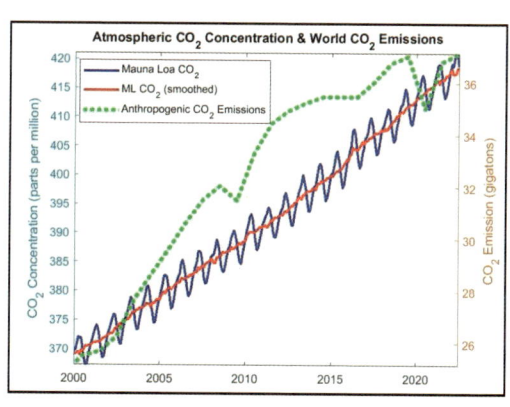

그림 2-19. 대기 이산화탄소 농도와 세계 이산화탄소 배출 총량

다. 하지만 지구 대기의 이산화탄소(붉은색 선)는 아무 변화 없이 계속 증가하고 있습니다. 톱니 형태로 오르내리는 파란색 선은 육지 식물의 계절에 따른 광합성으로 인한 이산화탄소의 흡수와 배출을 나타냅니다. 일반적으로 5월부터 9월까지는 감소하고 다시 증가하는 주기를 반복하고 있습니다. 여기서 우리가 알 수 있는 것은 코로나 락다운 때 줄인 인간의 온실가스 감축이 식물 광합성의 주기에 비교할 흔적조차 남길 수 없다는 사실입니다. [그림 2-20]에서 이러한 사실을 좀 더 세밀하게 확인할 수 있습니다.

[그림 2-20] 그래프는 미국 해양대기청(NOAA)이 지난 2019년 1월부터 2023년 12월까지 하와이 마우나로아에서 관측한 지구 대기 이산화탄소 월평균 농도입니다. 그래프에서 보듯이 매년 평균 약 2.39ppm씩 증가하고 있으며 육상 식물의 광합성으로 인해 계절에 따른 약 7ppm의 오르내림이 있습니다. 2024년에는 425ppm을 넘었습니다. 하지만 2020년 1월부터 시작된 코로나 락다운으로 인한 전 세계적인 이산화탄소 배출 감소는 어떤 변화도 주지 못했음을 확인할 수 있습니다. 이는 지금 우리가 추진하는 탄소 중립은 고비용 무효과에 불과함을 분명하게 보여주고 있습니다. 우리 정부와 국민은 이러한 사실을 알아야 바른 정책을 세울 수 있습니다.

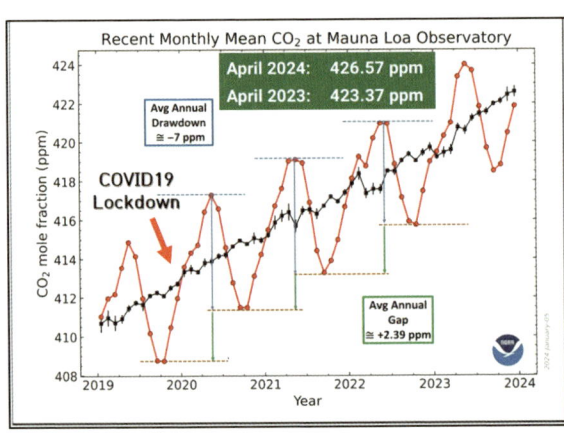

그림 2-20 최근 5년간 관측된 지구 대기 이산화탄소 월평균 농도(2019.1~2023.12)

탄소 중립이 고비용 무효과에 불과한 이유는 간단합니다. 지구 대기 이산화탄소의 96.8%는 자연의 물질순환에 의한 것입니다. 나머지 3.2%가 인간이 배출하는 것입니다. 여기서 10% 줄이면 0.32% 줄어드는 것입니다. 또 현재 지구 대기에 증가하는 이산화탄소의 80%는 태양에 의해 바다와 육지가 더워지기 때문에 배출된 것입니다. 물이 더워지면 녹아 있던 이산화탄소가 빠져나오고 토양 미생물이 활발하게 유기물을 분해하여 이산화탄소를 배출합니다. 그리고 중국, 인도, 기타 개발도상국은 그동안 열심히 배출량을 증가시켜 왔습니다. 어떤 방법으로도 인간이 지금 지구 대기에 증가하는 이산화탄소 수치를 떨어뜨리는 것은 불가능합니다. 지구에서 인간이 사라지고 문명이 끝나면 아마 미미한 차이가 날 수도 있을 것입니다.

김승욱 지난 2023년에 나온 IPCC 6차 기후종합보고서에서 2025년까지 인간에 의한 온실가스 배출이 줄어들지 않으면 지구는 회복 불가능 상태가 된다고 했습니다. 줄어들 가능성이 있나요?

박석순 IPCC 보고서가 세계를 향해 터무니없는 협박을 한 것입니다. 줄어들 가능성이 전혀 없으며 지구가 회복 불가능 상태가 된다는 주장은 더욱 황당합니다. 이런 보고서 때문에 순진한 우리 아이들만 기후 공포에 떨고 있습니다.

[그림 2-21]은 지난 2000년부터 2023년까지 온실가스 배출량이 많은 주요 국가의 변화량입니다. 이 그림에서 보듯이 미국, 독일, 영국, 일본과 같은 선진산업국은 배출량이 줄어들었습니다. 대신 중국과 인도는 선진산업국에서 줄인 양보다 훨씬 더 많은 양이 늘어났습니다. 여기에 다른 개발도상국들도 온실가스 배출량이 증가하고 있습니다.

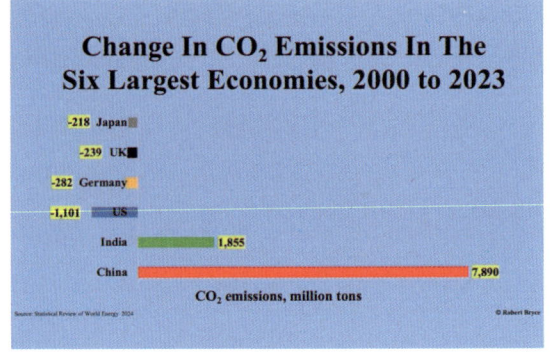

2023년을 기준으로 중국과 인도의 인구수는 각각 14억이 넘었습니다. 현재 세계 인구 35% 이상을 차지합니다. 지금도 세계 인구는 매년 약 8천만 명씩 증가하고 있습니다. 2025

그림 2-21 세계 주요 경제 대국 2000년부터 2023년까지 온실가스 배출 증감

년까지 인간에 의한 온실가스 배출량이 줄어들어야 한다는 것은 IPCC의 협박에 불과합니다. 여기에 관해서는 3장에 있는 패트릭 무어 박사님과의 인터뷰를 참고하세요.

김승욱 안토니오 구테흐스 유엔사무총장이 지난 2023년 7월에는 "지구온난화 시대는 끝나고 지구가 끓는 시대가 시작됐다(The era of global warming has ended, The era of global boiling has arrived)"라고 지구 열대화 시대를 선언했습니다. 그리고 언론에서는 그 선언 이후 지구가 더워졌다는 뉴스도 자주 보도하고 있습니다. 정말로 지구가 열대화로 가는 것입니까?

박석순 구테흐스 유엔사무총장은 "우리는 여전히 가속기 페달을 밟은 채로 기후 지옥으로 향하고 있다(We are on a highway to climate hell with our foot still on the accelerator)", "인간이 지옥문을 열었다(Humanity has opened the gate to hell)"라는 등 수많은 기후 공포 발언을 했습니다. 이분은 과학적인 지식이 부족해서 정말로 이산화탄소가 지구를 불덩어리로 만든다고 믿고 있는 것 같습니다.

문제는 유엔사무총장이 이런 말을 하니까 우리 아이들이 정말 그런 줄 알고 심각한 기후 공포를 느끼는 것입니다. [그림 2-22]는 미국 국립해양대기청(NOAA)이 2023년까지 관측된 기온을 분석하여 주별로 언제 기온이 가장 높았는지를 보여주는 지도입니다. 이 그림에서 보듯이 대부분 주에서 1930년대에 고온 현상이 나타났습니다. 이는 앞의 [그림 2-12]가 보여주는 폭염 지수와 비교적 잘 일치합니다.

미국은 1,200여 개의 기후역사측정망(HCNS: Historical Climatology Network Stations)에서 1891년부터 기상을 관측하여 기록으로 남겨두고 있습니다. 이 관측 자료가 세계에서 가장 정확한 기후 역사를 보여주는 것으로 알려져 있습니다. 화씨 100도가 우리 체온과 비슷한 섭씨 37.8도입니다. 1930년대 기록을 보면 섭씨 49도에 이르는 고온 현상이 나타났습니다. 그런데 과거는 잊어버리고 지금이 열대화라고 선동하고 있습

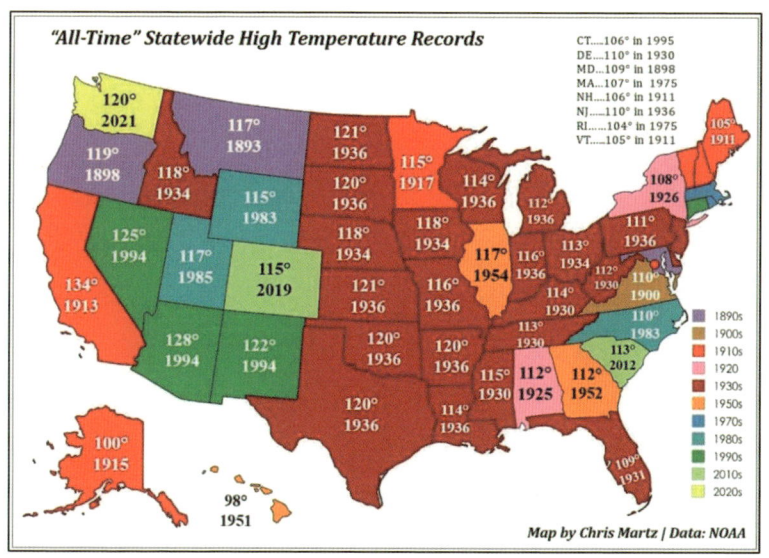

그림 2-22. 미국 주별 고온 발생 현황(NOAA 자료)

니다. 2023년부터 시작된 엘니뇨 현상으로 일부 고온 현상이 나타나고 있다고 합니다. 여기에 관해서는 6장의 구테흐스 기후 망언 칼럼을 참고하세요.

구테흐스 유엔사무총장의 과학적으로 근거 없는 기후 망언을 주의해야 합니다. 지금 진짜 과학자들은 기후 선동을 아동 학대범으로 규정하고 있습니다

김승욱 언론은 2024년 여름 더위를 기록적이라고 계속 보도하고 있습니다. 실제로 많은 분들이 이번 여름이 덥다고 느끼는 것 같습니다. 구테흐스 유엔사무총장이 2023년 7월에 예측했던 "지구 열대화"가 신기하게 맞아떨어졌습니다. 어떻게 족집게 예측을 할 수 있었나요?

박석순 저도 신기하게 느꼈습니다. 2024년 여름이 기록상으로는 1930년대와 비교할 바 아니지만, 지난 몇십 년 동안 가장 더웠던 것은 사실입니다. 저는 해외전문가들이 보내온 자료와 유튜브 강의를 들으면서 그 이유를 알았습니다. 그리고 구테흐스가 왜 그런 충격적인 지구 열대화를 선언했는지도 짐작할 수 있었습니다.

원인은 지난 2022년 1월 15일에 뉴질랜드 북쪽 2,300km 태평양 해저에서 폭발한 화산(Tonga Volcano)에 있었습니다. 보통 화산이 폭발하면 대기에 황산화물이 증가하여 기온이 떨어집니다만 통가 화산은 해저에서 발생하여 수증기를 대기로 분출하여 기온을 상승시켰습니다. 특히 통가 화산은 약 1억 5천 톤의 수증기를 성층권에 유입시킨 것으로 확인되었습니다. 대류권의 수증기는 구름이 되고 비나 눈으로 내려 순환됩니다만 성층권의 수증기는 오래 머무르며 기온을 상승시키는 역할을 합니다. 성층권의 수증기 밀도 증가로 지구 기온이 상승하는 현상은 이

미 2010년에 학술논문으로 밝혀졌습니다.[1]

흥미로운 사실은 화산폭발과 기온 상승이 시차를 두고 나타났다는 것입니다. [그림 2-23]은 통가 화산폭발로 인한 대기권 수증기 밀

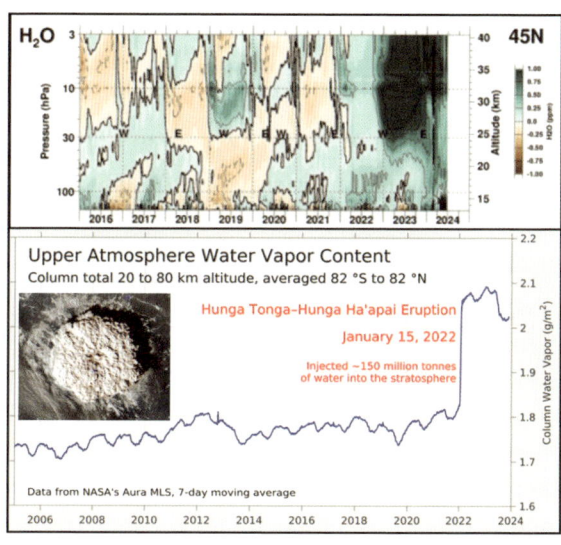

그림 2-23 통가 화산폭발로 인한 수증기 밀도 변화(상: 북반구 위도 45° 지점, 하: 남반구 위도 82°에서 북반구 위도 82°까지 고도 20~80km의 평균값)

도 변화를 보여줍니다. 위쪽 그래프는 북반구 위도 45°에서 관측된 수증기 밀도로 가로축은 시간이며 세로축은 고도입니다. 그래프에서 보듯이 화산폭발이 일어난 2022년 1월에는 성층권(고도 15~40km)의 수증기 밀도는 거의 변화를 보이지 않았습니다. 이후 약간의 증가가 있었고 1년 뒤 진한 녹색으로 표현된 것처럼 수증기 밀도에 이상 현상을 보이면서 온난화가 발생했습니다. 화산폭발은 2022년 1월에 있었고 성층권 수증기 증가는 2023년에 시작된, 1년가량 시차를 가진 온난화 현상이었습니다.

[그림 2-23]의 아래쪽 그래프는 남반구 위도 82°에서 북반구 위도

---

[1] Solomon et al, "Contributions of Stratospheric Water Vapor to Decadal Changes in the Rate of Global Warming", *Science* 2010.

82°까지 고도 20-80km 입체 공간을 평균한 수증기 밀도 변화를 보여줍니다. 통가 화산폭발 이후 수증기 밀도가 급증했으며 최근 다시 회복되는 상태를 확인할 수 있습니다. 왼쪽 사진은 위성에서 찍은 통가 화산폭발 당시 수증기 분출 사진입니다. 이 자료들은 미항공우주국(NASA)이 위성으로 관측하여 공개한 것입니다.

앞서 설명한 2023년에 시작된 엘니뇨가 기록적인 더위의 또 다른 원인입니다. 다시 말하면 엘니뇨 현상에 성층권 수증기로 인한 기온 상승이 더해지면서 2024년 여름의 무더위가 온 것입니다. 화산폭발은 땅속 깊은 곳으로부터 마그마가 분출하는 것이고 엘니뇨는 태평양에서 2~7년 주기로 발생하는 자연 현상입니다. 과거에도 있었고 앞으로도 계속될, 인간의 활동과는 전혀 무관한, 지구의 일상적 현상입니다.

제가 짐작하기에는 구테흐스 유엔사무총장과 그 참모들은 2022년 통가 화산폭발과 2023년 엘니뇨 현상으로 지구 기온이 크게 상승할 것이라는 과학적 이론을 사전에 알았던 것 같습니다. 그리고 그 원인을 화석연료에 뒤집어씌우려고 지구 열대화를 선언한 것이 확실해 보입니다.

유엔은 기후 지식을 교묘히 이용하여 족집게 예측을 했다고 하지만 우리나라 어느 기후과학자나 언론도 이를 바르게 알리려고 하지 않았다는 사실이 정말 안타깝습니다. 그나마 해외전문가들이 관측자료와 학술 논문 등을 보내줘서 알게 된 것이 다행입니다. 기다리면 이제 곧 지구가 회복될 것입니다. 지구에는 아무 일 없으니 걱정하지 마세요.

김승욱 유엔의 놀라운 족집게 예측입니다. 현재 유럽 전역에서 벌어지고 있는 농민 폭동 역시 기후 위기로 인한 환경 규제에서 시작된 것 아닌가요?

박석순 맞습니다. 질소비료를 사용하면 아산화질소(N_2O)라는 물질이 미량씩 부산물로 나옵니다. 그리고 소나 양을 기르는 축산에서 메탄가스(CH_4)가 배출됩니다. 아산화질소와 메탄가스는 온실가스이고, 지구 대기에서 10억 분의 1단위로 측정 가능할 정도의 극히 미량씩 증가하고 있습니다. 그래서 유럽연합(EU)에서 사용을 규제했고, 그로 인해 농민에게 심각한 피해가 나타나자 시위가 시작된 것입니다. 최근 규제를 완화했지만, 농민들은 "탄소 중립 미친 짓을 끝내라(End the Net-Zero Madness)!"를 외치며 유럽 전역에서 시위를 계속하고 있습니다.

김승욱 이러한 물질이 온실가스이고 지구 대기에 증가하고 있는 것이 사실인데, 만약 환경적으로 문제가 된다면 어떻게 해야 하나요?

박석순 아산화질소는 대기에서 반응하여 질소와 산소로 변합니다. 메탄가스는 물과 이산화탄소로 변합니다. 그래서 아무런 영향도 주지 않는다는 것이 과학으로 증명되었습니다. 증가하는 이산화탄소에 과잉 반응해 기후 위기 소동을 일으키는 것처럼 정치인의 과학적 무지로 인해 아산화질소와 메탄가스에 과민반응을 한 것입니다. 만약 비료를 사용하지 않으면, 세계 인류의 반은 굶어 죽습니다. 축산을 하지 않으면 고기를 먹지 못합니다. 지난 2022년 스리랑카에서 화학비료 사용을 금지하고 유기농을 하려다 폭동이 일어나 정권이 무너졌습니다. 같은 해 뉴질랜드에서 소와 양에서 나오는 메탄가스에 세금을 부과하려다 농민 시위가 발생해 총리가 사임하기도 했습니다. 지금 유럽 전역에서 같은 일이 벌어지고 있는 것입니다. 유럽연합 집행부는 선출되지도 않은 관료들이 과학적 근거도 없이 계속 통제 권력을 누리려 합니다. 그래서 유럽연합 국민의 분노가 폭발한 것입니다. 이 모든 사태의 시발점은 "존재하지도 않는 기후 위기"입니다.

김승욱 우리나라도 이런 규제가 시작될까 두렵습니다. 그런데 그동안 우리가 낸 기후환경요금과 기업의 탄소 저감 비용을 어디에 사용했습니까?

박석순 많은 부분이 태양광, 풍력 발전과 같은 저질 에너지 기술과 전기차 보조금으로 갔습니다. 태양광, 풍력, 전기차의 원자재와 제품의 상당 부분은 중국이 공급하고 있습니다. 그래서 중국에 좋은 일 한 것이라고 보면 됩니다. 일부는 국민과 기업의 자유와 재산을 박탈하기 위해 기후 공포를 조작한 기생적 집단에 가고, 또 일부는 연구비에 영혼을 판 과학자들에게도 갔습니다. 기후와는 전혀 상관없이 허공에 날렸다고 보면 됩니다. 그런데 또 다른 문제는 태양광이나 풍력 발전처럼 저질 에너지 기술로 인해 우리의 산과 바다 생태계가 파괴되고, 20~30년 후 시설의 수명이 다하면 엄청난 쓰레기가 발생할 수밖에 없다는 사실입니다.

2.6 우리의 대책과 해외 인터뷰 소개

김승욱 지금까지 내용을 종합해 보면 상당히 충격적입니다. 그렇다면 우리는 앞으로 어떻게 해야 하나요?

박석순 우선 미국의 보수단체가 하는 것처럼 "기후 위기는 없다"라는 사실을 국민 모두에게 알려야 합니다. 그리고 현재 전기요금에 부과하고 있는 기후환경요금을 폐지해야 합니다. 이는 과학적 근거가 전혀 없습니다. 기후는 인간의 영역이 아닌데 기후환경세를 내라는 것은 당신이 기후를 망쳤으니 죗값을 치르라는 것입니다. 기후 위기 허구성이 알려지면 RE100과 ESG는 정부 제도가 아니기 때문에 저절로 해결될 것입니다. 또 배출권 거래제도는 에너지 절약과 효율적인 사용을 장려하고 화석연료 사용을 줄이는 차원에서 접근하는 것이 바람직합니다. 제가 학교 연구처장을 하면서 알았는데, 대학도 배출권 거래제로 연간 수억 원에 달하는 돈을 내고 있습니다. 이 돈은 결국 학생 등록금에서 나가는 것입니다. 대학처럼 억울하게 당하는 곳부터 배출권 거래제를 폐지해야 합니다.

정부는 유엔기후변화협약에 맹목적으로 따르지 말고 국가 발전의 기회로 활용하는 전략을 세워야 합니다. 우리 대한민국은 원전 강국입니다. 그리고 화석연료 대부분을 해외 수입에 의존하므로 어차피 화석연료 사용을 줄여야 합니다. 국가 에너지 조합(Mix)을 원전 위주의 프랑스형으로 갈 필요가 있습니다.

IPCC는 조직을 유지하고 기후 기금을 받아내기 위해 사이비 과학과 컴퓨터 모델로 계속해서 지구가 더워진다면서 탄소 중립을 요구할 것입니다. 그리고 유엔기후변화협약에 참여하는 국가들은 자국의 이익을 최대화하려고 할 것입니다. 매년 개최되는 기후협약 당사국 회의(COP, Conference of the Parties)는 가면무도회와 같다는 것이 널리 알려져 있습니다. "당신네 나라가 탄소 중립해 주면 우리는 고맙지"라는 식이며 의미 없는 말이나 하다 온다는 것입니다. 그래서 "COP is just Blah-Blah-Blah(COP은 헛소리에 불과하다)"라는 말이 유행처럼 되어 있습니다.

주목해야 할 것은 유럽과 미국입니다. 현재 진행되고 있는 유럽의 농민 폭동이 어떤 결과로 끝날 것인지 예의 주시해야 합니다. 미국은 트럼프 대통령 후보를 비롯하여 부통령 후보로 지명된 밴스(J.D. Vance), 그리고 마이크 존슨(Mike Johnson) 하원의장 등 공화당 의원과 보수진영 국민 대부분이 기후 위기에 속지 않습니다. 결자해지(結者解之)라고 하듯이 유럽과 미국에서 시작된 기후 선동을 그쪽에서 먼저 끝내주길 바라는 것입니다. 우리는 해외 상황을 보면서 국익을 최대화할 수 있는 전략을 세우고 대응해야 합니다.

지구가 더워진다는 기후 위기 소동을 끝낼 또 다른 사실은 지금 태양의 활동이 떨어지는 소빙하기가 오고 있다는 것입니다. 지난 1600년대를 중심으로 나타난 전 세계적인 소빙하기가 다시 시작됐다고 태양을 연구하는 과학자들은 말하고 있습니다. 그 시기 우리 한반도에서도 여름에 서리와 우박이 내리고 곡식이 여물지 않아 경신 대기근, 을병 대기근을 겪었던 기록이 있습니다. 부록에 소개한 제 역서와 저서 그리고 해외 전문가들의 인터뷰를 보시면 더 많은 사실을 알 수 있습니다.

김승욱 정말 충격적이군요. 마지막으로 교수님께서 직접 해외 전문가들과 인터뷰 하신 내용에 관해 간략하게 소개해 주시면 감사하겠습니다.

박석순 제가 개인적으로 아는 다섯 분(유럽 3명, 북미 2명)과 인터뷰했습니다. 우선 캐나다의 그린피스 공동창립자 패트릭 무어 박사님은 2021년에 그의 저서 〈종말론적 환경주의〉를 번역하면서 개인적으로 알게 되었습니다. 이후 제가 기후와 환경에 관해 궁금한 점을 이메일로 묻고 유튜브 강의를 들으면서 많은 것을 배웠습니다. 무어 박사님이 주장하는 합리적 환경주의는 제가 추구하는 방향이기도 합니다. 저를 통해서 조선일보와 에포크타임스도 탈원전과 재생 에너지에 관해 인터뷰한 적이 있습니다. 네덜란드의 구스 버크하우트(Guus Berkhout) 교수님은 저를 클린텔 세계기후선언 한국 대사로 초대해 주신 분입니다. 기후와 에너지, 그리고 인류 문명사까지 다양한 지식을 가지셨습니다. 지금도 저에게 매일 여러 가지 관련 자료를 보내주시고 자주 이메일을 주고받습니다. 이탈리아의 프랑코 바타글리아(Franco Battaglia) 교수님은 저를 이탈리아 언론 "라 베리타(LaVerita)"와의 인터뷰에 초대해 주신 분입니다. 인터뷰 내용을 보면 아시겠지만, 기후와 에너지 분야에 해박한 지식을 가진 분입니다. 그리고 미국의 윌리순(Willie Soon) 박사님은 제가 세계기후선언 한국 대사로 활동하면서 알게 됐습니다. 태양과 지구의 기후에 관해 세계적인 석학으로 알려져 있습니다. 지난해 논문도 공저로 나갔고 이번에 텍사스 엘파소에서 만나서 앞으로 기후에너지 정책 분야에 어떤 변화가 있을지 많은 얘기를 나누었습니다. 그리고 영국의 크리스토퍼 몽크톤 자작(Christopher Monckton)은 제가 번역한 〈불편한 사실〉 원저 추천사를 쓴 분입니다. 제가 그 책을 번역한 것을 알고 그동안 이메일로 여러 질문에 답해주셨습니다. 영국의 기후에너지 정책에 관한 특이한 역사를 많이 알고 있어서 인터뷰를 요청했는데 친절히 응해 주셨습니다.

　인터뷰 순서는 유럽 세 분을 앞으로, 미국 그리고 캐나다를 뒤로 넣었습니다. 패트릭 무어 박사님과 인터뷰한 내용이 가장 길어서 맨 뒤에 배치했습니다. 다섯 분 모두 앞선 경험을 진솔하게 설명하고 있습니다. 꼭 읽어보시길 바랍니다. 우리 나라의 앞날과 후손들을 위해 어디에서도 구할 수 없는 소중한 지식과 지혜를 여기서 접할 수 있을 것입니다.

■ 〈월드뷰〉 2024년 6월호에 실린 내용을 수정·편집한 것으로 해외 전문가들과 이메일로 인터뷰한 내용을 번역하고 정리했다.

지구는 여러 행성과 함께 태양을 돌고 있다.
지구는 태양의 크기에 비해 작은 점에 불과하다.

제3장
해외 전문가들의 생각

3.1 가짜 기후 위기론이 진짜 경제 위기를 초래한다

구스 버크하우트 (Guus Berkhout, 네덜란드) / 세계 기후지성인 재단 창립자

구스 버크하우트는 네덜란드 델프트 공대(Delft University of Technology) 지구물리학 명예교수이자 네덜란드 왕립 과학 및 공학 아카데미 회원이다. 그는 2019년 과학 저널리스트 마르셀 크록(Marcel Crok)과 함께 세계 기후지성인 재단 '클린텔(Clintel)'을 설립하여 "기후 위기는 없다"라는 '세계기후선언(World Climate Declaration)'을 발표했고, 지금까지 60여 개국의 과학자와 관련 전문가 약 2,000명이 여기에 서명했다. 현재 노벨물리학상 수상자 이바르 예베르(Ivar Giaever) 박사와 존 클라우저(John Clauser) 박사를 비롯하여 국가별 29명의 세계적인 과학자들이 대사로 활동하고 있다. 홈페이지(www.clintel.org)에서 세계기후선언문, 각국 대사, 서명자 등을 확인할 수 있다. "기후 영화: 냉정한 진실 Climate The Movie: The Cold Truth" 유럽 시사회를 지난 3월에 개최했고, 지금까지 한국어를 포함한 전 세계 29개 언어로 자막을 달아 유튜브(YouTube), 럼블(Rumble), 오디시(Odysee), 비츄트(Bitchute) 등에 올려두고 있다.

박석순 교수님, 클린텔에 대해 말씀해 주실 수 있나요?

구스 버크하우트 클린텔은 기후 변화와 에너지 전환 분야에서 활동하는 독립 재단입니다. 2018년 말에 뉴스 미디어에서 홍보되는 일방적인 정보와 잘못된 결론에 대응하기 위해 세계 각지의 다양하고 중요한 기후 조직들의 힘을 모아 서로 긴밀하게 협력하려는 목적으로 네덜란드에서 시작

했습니다. 2019년 3월에 과학 저널리스트이자 베스트셀러 〈The State of the Climate〉의 저자 마르셀 크록(Marcel Crok)과 함께 정식 재단으로 설립했습니다.

클린텔의 미션은 "기후 지식을 세상에 전달하는 것"입니다. '세상'이라 함은 모든 기후과학자, 모든 에너지 엔지니어, 모든 정책 결정자, 모든 국가 및 국제 정치 지도자, 모든 비정부기구 구성원, 더 나아가 전 세계인을 의미합니다. 앞으로 클린텔은 사법적 판단과 일반 대중에게 특별한 관심을 기울일 것입니다. 다시 말씀드리자면 이러한 활동은 네덜란드와 유럽뿐만 아니라 전 세계를 대상으로 하고 있습니다.

그림 3-1 2024년 3월에 개봉된 다큐멘터리 기후 영화 "냉정한 진실"

클린텔의 관점은 "기후 위기는 없다"로 요약할 수 있습니다. 우리는 과학적 기후 현실주의자들이 동의하는 내용을 한 페이지로 요약한 세계기후선언(WCD)을 공식화했습니다. 간단히 말해서, WCD는 지구온난화는 사실이지만 위기는 아니며, 지구온난화의 주원인은 자연적인 요소이고, 대기에 이산화탄소가 많은 것은 축복이며, 기후 대책은 적응에 초점을 맞춰야 한다고 말합니다. 클린텔의 더 큰 꿈은 기후 변화의 원인과 결과뿐만 아니라 기후 정책이 에너지와 식량 시스템에 미치는 영향을 바르게 알고 이해하며 전파하여 세계의 복지증진에 기여하는 것입니다.

클린텔의 참여자는 기후 및 에너지 전문가와 긴밀한 네트워크를 구성하고 풍부한 운영 지식을 갖춘 강력한 조직으로 만들어 가고 있습니다. 클린텔은 전 세계 모든 국가와 긴밀한 접촉을 유지하기 위해 각 국가의 최신 개발 상황에 대한 직접적인 정보를 제공하는 대사를 임명했습니다. 한국은 지금 저를 인터뷰하는 박 교수님께서 대사로 활동하고 계시니까 잘 아시겠지요.

박석순 우리는 인류의 미래에 대해서 염려하는 뉴스를 많이 접하는데, 미래에 대해 걱정하시나요?

구스 버크하우트 아니요. 저는 매우 희망적입니다. 그 이유를 설명하겠습니다. 인류 역사를 보면 과거 수백 년 동안 지속됐던 미신은 계몽 시대(Age of Enlightenment)를 거치면서 합리적 사고로 대체됐습니다. 예를 들어, 합리적 사고를 통해 기상 이변은 신비한 신들의 손에 달린 것이 아니라 자연의 힘이 주는 복잡한 상호 작용에 의해 결정된다는 것이 분명해졌습니다. 또 다른 예는 원시 의술가들이 단계적으로 오늘날의 자격을 갖춘 의사가 된 것입니다. 그리고 마지막으로, 계몽주의 사상가들은 사회 모든 분야에서 지속적인 기술 발전을 촉진하기 시작했습니다. 그 결과 인류의 삶의 질이 크게 향상됐습니다.

놀랍게도 지금 21세기를 살아가는 우리는 언론을 통해 절망적이고 우울한 이야기만을 듣습니다. 그들에 의하면, 인간의 영향으로 세상이 멸망하고 있다고 합니다. 그러나 사실은 그 반대입니다. 그 예는 다음과 같습니다. 1) 지난 100년 동안 세계 인구는 1922년의 19억 명에서 2022년에는 80억 명으로 증가했고, 2) 기대수명은 40세에서 73세로 늘어났으며, 3) 자연재해로 인한 사망자가 90% 이상 감소했고, 4) 야생 동식물과 자연환경을 돌보는 사람이 인류 역사에서 이렇게 많은 적이 없었습니다. 이는 참으로 희망적인 현상이자 밝은 전망입니다.

기대수명은 삶의 질을 측정하는 가장 좋은 단일 척도입니다. 인류 문명의 원동력은 지혜입니다. 인간의 기대수명이 늘어나고 세계 인구가 증가한다는 것은 더 많은 두뇌와 창의력을 가져옵니다. 이는 사악한 맬서스 운동(인구 감축)과 세계경제포럼(WEF)의 파괴적인 '그레이트 리셋 이념(Great Reset ideology)'이 틀렸음을 보여주는 가장 좋은 증거입니다.

만약 우리가 합리적으로 생각하기를 멈춘다면, 진실한 과학과 교육에 대한 투자를 멈춘다면, 기술 개발에서 올바른 우선순위 설정을 멈춘다면, 그리고 농업 생산성 향상을 멈춘다면, 인류의 발전은 멈출 것입니다. 그것이 바로 우리가 맞서 싸우는 이유입니다.

박석순 기술에서 잘못 설정된 우선순위 예를 들려주실 수 있나요?

구스 버크하우트 기후 변화를 막기 위한 오늘날의 막대한 기술 투자는 역사적인 실수입니다. 지구의 기후 역사를 보면 기후 변화의 가장 중요한 주원인은 자연적인 요소이며, 특히 태양 복사와 구름 형성, 그리고 바다 해류의 조합이라는 것을 알 수 있습니다. 대기 이산화탄소를 줄여서 기후 변화를 막을 수 있다는 생각은 아둔할 뿐만 아니라 터무니없는 돈 낭비입니다.

우리가 해야 할 일은 1) 기후 변화를 피할 수 없는 자연 현상으로 받아들이고, 2) 진정한 과학으로 기후시스템을 더 잘 이해하고, 3) 댐을 건설하고 강을 정비하는 등 효과적인 적응 기술을 개발해 지속적인 변화에 적응하는 것입니다. 기후 재난은 땅에서 해결할 문제입니다. 이산화탄소를 줄여 하늘을 어떻게 해보려는 자체가 아둔하기 짝이 없습니다.

적응의 중요성과 잘못된 저탄소 정책을 설명하기 위해 홍수, 가뭄,

에너지 부족을 예로 들어 살펴보겠습니다.

* 2021년 서유럽의 대홍수. 수많은 인명 피해와 막대한 물적 피해는 행정적 무능력이 빚은 결과였습니다. 삼림 벌채, 아스팔트 포장, 많은 태양광 발전소가 실제 원인이었습니다. 물이 토양에 들어갈 수 없어 수위가 크게 상승하여 엄청난 홍수가 발생했습니다. 함께 휩쓸려온 쓰레기로 인해 피해는 엄청났습니다.

* 2023년 이탈리아 포 삼각주(Po delta) 가뭄. 가뭄은 행정적 무능력으로 인해 점점 더 많이 발생하고 있습니다. 오래된 물 관리 전략은 비가 많이 오면 물을 빠르게 배수하여 홍수를 완화하는 것을 목표로 하지만, 그 반대도 수행되어야 합니다. 기후 변화를 탓할 것이 아니라 땅을 잘 관리해야 한다는 의미입니다.

* 에너지 부족. 에너지 부족은 우크라이나-러시아 전쟁 때문이 아니라 전적으로 화석연료 투자를 금지한 무능한 정부 때문입니다. 네덜란드 속담에 "새 신발을 샀다고 해서 낡은 신발을 버리지 마십시오"라는 말이 있습니다. 풍력 터빈과 태양광 패널은 매우 비싸고 넓은 공간이 필요할 뿐 아니라 신뢰할 수 없는 에너지 공급원이므로 대규모 백업 발전소가 필요합니다. 따라서 지금의 에너지 인프라(낡은 신발) 교체나 저장 목적의 수소 사용은 완전히 잘못된 판단입니다. 수소는 큰 에너지 손실을 수반하기 때문에 재생에너지로의 전환을 더욱 어리석게 만듭니다. 현재 전 세계인이 사용하는 에너지 중에서 80%가 화석연료이고 단 2%만이 풍력과 태양광이라는 사실을 사람들은 잘 모르고 있습니다.

박석순 농업수출 세계 2위인 네덜란드 시민은 더 이상 정부를 신뢰하지 않아 농민 폭동이 일어나고 있습니다. 어떻게 이런 일이 일어날 수 있습니까?

그림 3-2 유럽 농민 폭동 발생 지역(상)과 클린텔 주관 2024년 "기후 영화: 냉정한 진실" 네덜란드 시사회(하)

구스 버크하우트 서방 국가의 정부가 추진하는 녹색 정책은 현실 세계나 정직한 과학, 그리고 상식과는 아무런 관련이 없습니다. 이산화탄소 위기는 조작된 것이며 서방 국가의 정부와 의회를 장악하고 있는 기후 위기론자들이 어둠 속에서 만든 시나리오에 의한 것입니다. 좀 더 고상하게 표현하자면 서방 국가의 위정자들은 순진하고, 이산화탄소의 역할이 얼마나 중요한지 알려고 하지 않습니다. 기후 변화는 이산화탄소와 상관없고, 무엇보다 이산화탄소는 매우 중요한 물질임을 알아야 합니다. 이산화탄소는 지구 모든 생명체의 원료이며, 대기 이산화탄소 증가는 자연 생태계와 인류에 큰 축복입니다. 네덜란드 국민과 다른 유럽인들도 이제 녹색 정책이 자신들을 빈곤으로 몰고 가는 것을 알게 됐습니다. 가짜 기후 위기가 진짜 경제 위기로 이어지고 있음을 우리는 보고 있습니다.

또한 가짜 질소 위기가 있습니다. 전투적인 네덜란드 녹색 운동은 농민들이 비료를 사용하면 인접한 청정 지역에 암모니아 재난을 발생시킨다며 사용 중단을 선동합니다. 가난한 농부들이 척박한 땅에 인공적으로 농토를 일구어 혁신적인 농법으로 농사를 짓고 있는데 이를 다시 자연으로 돌리라니 말이 되나요? 미래에 충분한 식량을 확보하기 위해서는 암모니아 비료가 필수 아닌가요? 가짜 질소 위기가 진짜 식량 위기로 이어지지 않기를 바랄 뿐입니다.

그림3-3 2024년 4월 네덜란드 농민 시위

네덜란드 농민들은 창의적입니다. 그리고 집약적 농업과 자연의 조화를 위해 자신들의 마음과 영혼을 기꺼이 바치고 있습니다. 하지만 그것은 상식을 갖춘 관리자와 협력하는 경우에만 가능합니다. 농민들이 옳습니다.

박석순 현재 유럽은 다시 가난해지고 있습니다. 이에 대한 해결책은 무엇이라고 생각하십니까?

구스 버크하우트 다음 몇 가지를 생각해 볼 수 있습니다. 우선 정부의 정책 결정 방법을 바꿔야 합니다. 오늘날의 정부 정책은 컴퓨터 모델에 의해 주도됩니다. 그러나 그 모델의 결과는 전적으로 모델 개발자가 모델에 입력한 내용에 따라 결정됩니다. 모델 개발자는 자금을 지원해 주는 자가 원하는 모든 것을 제공하는 방식으로 모델을 조작할 수 있습니다. 정치인들은 모델을 좋아합니다. 정부 연구기관에서는 "과학자들은 정부 정책에 유리한 방식으로 '과학적' 모델을 설정하라"라는 지침을 따릅니다. 그런 다음 그들은 그 결과가 과학적으로 타당하다고 노골적으로 주장합니다.

저의 조언은 정치 중심의 '과학적' 모델의 사용을 모두 금지하라는 것입니다. 그러한 거짓 모델은 우리를 미신의 어두운 시대로 밀어 넣습니다. 인류 역사를 되돌아보면 과학의 혁신은 항상 새롭고 더 나은 측정에 의해 시작되었음을 알 수 있습니다. 앞으로의 정부 정책은 관측 자료에 근거하여 세워져야 합니다.

그리고 오늘날 WEF, IMF, 세계은행, IPCC, UNFCCC, WHO, FAO 등과 같은 초국가적 조직 운영자들은 국내법보다 우선하는 글로벌 규정을 도입합니다. 걱정스러운 추세는 각국 정부에 무엇을 해야 할지 지시하는 소위 '세계 정부'를 설립하려는 것입니다. 그러나 개별 국가(종종 매우 다른 지역)는 각기 필요와 기회가 서로 매우 다릅니다. 이들 모두에는 맞춤형 접근 방식과 해결책이 필요합니다. 하나의 획일적인 글로벌 규제를 마련하는 것은 역효과를 낳을 것입니다. 게다가 그것은 서구 민주주의의 종말이 될 것입니다.

정부와 의회에서 더 이상 국민의 목소리가 나오지 않으면 민주주의는 실패합니다. 이는 비민주적이고 선출되지 않은 초국가적 조직에 의한 규제가 결코 국내법을 압도해서는 안 된다는 것을 의미합니다. 게다가 막대한 녹색 정책의 피해를 복구하려면 각 서방 국가들은 자국의 포트폴리오 내용을 속속들이 알고 있는 유능한 장관으로 구성된 국가 복구 내각이 필요합니다. 예상 결과가 어떻게 될 것인지 이미 알고 있는 부정한 자문위원회, 제안서를 작성하면서 후속 과제를 생각하는 상업 연구소들, 큰 보조금을 약탈하는 교활한 로비스트들로 이루어진 초국가적 기구의 장난은 앞으로 멀리해야 합니다.

결론적으로 잘못된 과학적 모델은 초국가적인 조직에 글로벌 에너지 및 식품 시스템을 실험할 수 있는 권한을 부여했습니다. 예상대로 결과는 처참합니다. 아직 확신이 없다면 독일을 자세히 살펴보십시오. 이

나라는 에너지 시스템에서 재생에너지의 비중이 전 세계적으로 가장 높습니다(약 34%). 그 결과, 에너지 공급을 신뢰할 수 없게 되었고, 에너지 가격도 감당할 수 없게 되었습니다. 기후나 우크라이나-러시아 전쟁을 비난하지 마십시오. 독일에서는 가짜 기후 위기가 진짜 에너지 위기를 일으켰습니다.

그리고 스리랑카도 자세히 살펴보세요. 이 나라는 초국가적 엘리트들의 설득을 받아 비료 사용을 금지하고 전통적인 유기농을 장려하는 것이 국가 농업 시스템을 지속가능하게 할 것으로 생각하고 이러한 정책을 선택했습니다. 그 결과, 국가의 식량 수출이 붕괴되었을 뿐만 아니라, 자국민에게 식량도 공급할 수 없게 되었습니다. 스리랑카에서는 가짜 지속가능성 위기가 진짜 식량 위기를 초래했습니다.

이런 극적인 현실에도 불구하고 글로벌 '그레이트 리셋' 곡예단의 공연은 계속되고 있습니다. 모든 인간 활동은 넷 제로(Net Zero)여야 한다고 합니다. Net Zero CO_2는 에너지용 화석연료 사용 없음, Net Zero NH_3는 농업용 비료 사용 없음, 다음은 무엇일까요? Net Zero CH_4, 가축 사육 없음이 될까요?

독일과 스리랑카는 가짜 위기 선동이 우리 미래에 어떤 일을 초래하게 될지 설득력 있는 증거를 제공합니다. 저는 모든 녹색 유토피아주의자가 세상에 끼치는 큰 해악을 비판적으로 평가할 것을 주문합니다.

3.2 유엔에 속지 말고 유럽의 전철을 따르지 마세요

프랑코 바타글리아 (Franco Battaglia, 이탈리아) / 클린텔-이탈리아 대변인

2019년 로마 군단의 기사들만큼이나 많은 이탈리아 과학자가 국가 최고 당국에 청원서를 보내 기후 위기가 없음을 알렸다. 그들은 청원서를 영역하여 웹에 게시하였고 이를 주목한 네덜란드 구스 버크하우트(Guus Berkhout) 교수는 지금의 클린텔 재단을 설립하여 이탈리아 청원서를 세계적으로 만들었다. 그 출발점이 된 이탈리아 과학자들의 중심에는 프랑코 바타글리아 교수가 있었다. 그는 이탈리아에서 화학으로 학위를 받고 미국에서 물리화학 박사 학위를 받은 후, 1987년에 이론 화학 교수가 됐다. 그는 독일의 막스 플랑크 연구소, 미국 뉴욕의 로체스터대학교, 뉴욕주립대학교(버펄로), 컬럼비아대학교 등에서 연구를 수행했고, 이탈리아 로마대학교, 바질리카타대학교, 모데나 대학교에서 교수로 재직했다. 〈Fundamentals in Chemical Physics, 1998〉, 〈Understanding Molecules: Lectures on Chemistry for Physicists and Engineers, 2018〉 등과 같은 세계적인 물리화학 교과서를 저술한 그는 현재 클린텔-이탈리아 대변인으로 활동하고 있으며 1999년부터 이탈리아 전국 일간지 〈Il Giornale〉와 2021년부터 〈La Verità〉를 통해 기후 위기 허구론을 알리고 있다. 2023년에는 노벨물리학상 수상자를 비롯한 29명의 인터뷰 기사를 정리하여 〈이산화탄소는 악마가 아니다(CO2. Il diavolo che non c'è)〉라는 책을 출간했다.

박석순 IPCC는 산업화 이후 배출되는 이산화탄소가 지구의 기온을 상승시켰다고 하는데 교수님은 왜 이를 거짓말이라고 주장하시는지요?

프랑코 바타글리아 일반적으로 알려진 지구의 기후 역사를 보면 IPCC의 주장이 거짓말인 것은 누구나 쉽게 알 수 있습니다. 실제로 지난 40만 년 동안 지구가 추운 빙기와 따뜻한 간빙기를 거쳤다는 사실은 천문학의 밀란코비치 이론과 지질학의 남극대륙 빙핵 조사를 통해 밝혀졌습니다(그

림 1-10과 그림 3-4). 빙기는 약 7만 년에서 12만 5천 년이고, 간빙기는 약 1만 년에서 1만 5천 년입니다. 두 시기의 기온 차이는 섭씨 10도가량 됩니다.

우리는 지금 '홀로세 온난기'로 불리는 간빙기에 살고 있으며, 이 시기는 약 1만 년 전에 시작됐습니다. 흥미로운 점은 마지막 빙기가 끝난 이후부터 현재까지의 홀로세 간빙기 기온이 10만 년, 20만 년, 30만 년, 그리고 40만 년 전 간빙기에서의 최고 기온보다 낮다는 것입니다.

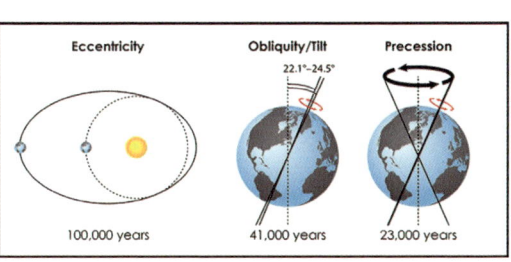

그림 3-4 밀란코비치 이론: 지구의 태양 공전 궤도 주기 10만 년, 자전축 기울기 주기 4만 1천년, 세차운동 주기 2만 3천년

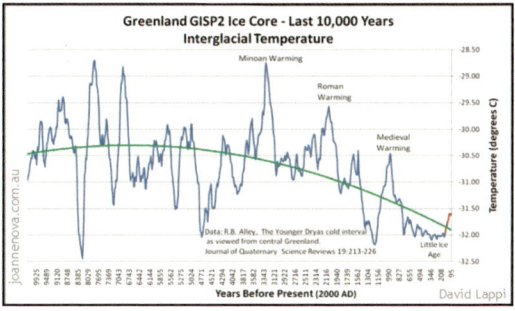

그림 3-5 지난 1만 년 동안의 기온 변화. 그리스, 로마, 중세 때가 지금보다 기온이 높았다.

지난 1만 년 동안 기후도 일정하지 않았고 따뜻하고 추운 시기가 있었는데, 이는 태양의 활동과 같은 여러 가지 자연의 다른 주기적인 현상으로 인한 것입니다. 따뜻한 시기로는 지금부터 가까운 중세 온난기, 로마 온난기(로마 시대), 미노안 온난기(그리스 시대) 등이 있습니다(그림 3-5). 지난 홀로세 온난기 1만 년 동안 가장 추운 시기는 1690년대를 정점으로 하는 소빙하기입니다. 따라서, 지구는 산업화가 시작된 1850년부터가 아니라 1690년부터 온난화 현상이 일어나고 있습니다. 1690년부터 1940년까지 분명한 온난화가 일어났지만,

이 시기에 인간은 화석연료를 거의 사용하지 않았습니다. 그뿐만 아니라 1940년부터 1980년까지는 오히려 지구 기온이 떨어졌습니다. 실제로 1960년대와 1970년대에는 냉각화가 심해서 새로운 빙하기가 시작될 수 있다는 공포가 언론을 장식했습니다. 하지만 이 시기는 베이비붐 시기였고 산업화도 급속히 진행됐으며 동시에 이산화탄소 배출도 증가했습니다. 따라서 이산화탄소 배출이 지구온난화를 일으켰다는 주장은 전혀 근거가 없습니다.

박석순 이산화탄소 배출이 지구온난화의 원인이 될 수 없다는 또 다른 증거가 있나요?

프랑코 바타글리아 예, 수없이 많습니다. 실제로 유엔 산하의 IPCC 조직이 설립된 1988년 이후에도 그런 증거가 나왔습니다. 교토의정서가 체결된 1997년 5월부터 지구온난화가 중단된 사실이 위성으로 밝혀졌습니다. 1998년 슈퍼 엘니뇨 현상으로 지구가 더워졌다가 다시 회복된 이후 2015년까지 거의 18년 동안 온난화가 중단됐습니다. 이를 기후학자들은 '온난화 정지 기간'이라고 합니다. 산업화 이후 화석연료 사용으로 인한 이산화탄소 전체 배출량의 25%가 이 시기에 배출됐습니다. 이는 이산화탄소가 지구온난화와 무관함을 입증하는 것입니다. 그 외에도 이산화탄소가 흡수하는 태양 에너지 파장이 대기 수증기와 겹치고, 지금과 같이 증가해도 온실효과로 인한 기후 변화는 측정조차 할 수 없는 미미한 수준임이 물리학적으로도 밝혀져 있습니다. 이런 증거가 차고 넘칩니다. 하지만 IPCC는 이를 무시합니다. 그 이유는 이산화탄소 배출이 온난화 원인이 아니라는 사실을 인정하면 그들의 조직이 존립할 필요성이 없어지기 때문입니다. 그래서 많은 과학자들은 IPCC가 폐쇄되지 않는 한 그들의 기후 선동은 절대로 사라지지 않을 것이라고 합니다.

박석순 유엔 IPCC는 세계 각국에 탄소 중립을 요구하고 이산화탄소를 줄이지 않으면 대재앙이 온다고 합니다. 여기에 대해 어떻게 생각하시나요?

프랑코 바타글리아 이산화탄소 배출량을 줄일 필요도 없지만 줄이는 것도 사실상 불가능합니다. IPCC의 이산화탄소 감축을 위한 과거의 모든 시도는 교토의정서를 비롯하여 다 실패했습니다. 유엔이 지구온난화를 문제 삼기 시작한 1990년 이후 이산화탄소 배출량은 60%가량 증가했습니다. 이산화탄소가 지구 대기에 늘어나면 지구는 더욱 푸르게 변화하고 식량 생산도 증가하기 때문에 줄일 이유가 없습니다.

박석순 지금 한국에서는 기업에 RE100을 요구하고 있습니다. 이에 대해서는 어떻게 생각하시나요?

프랑코 바타글리아 RE100은 한 마디로 시대착오적인 생각이자 문명을 거꾸로 돌리려는 시도입니다. 200년 전까지 인류는 RE100으로 살았습니다. 그때까지 사용했던 에너지는 100% 태양 에너지였고, 이 밖에 나무와 가축, 그리고 노예가 주요 에너지원이었습니다. 그런데 오늘날 태양 에너지의 사용은 10% 미만입니다. 스팀 엔진과 내연기관의 발명 이후 화석연료가 사용되기 시작했기 때문입니다. 고대 이집트, 그리스, 로마 등에서 90%의 사람들이 노예로 살았습니다. 영화 "바람과 함께 사라지다"는 3,000만 시민과 400만 노예가 살았던 산업화 이전의 미국을 다루고 있습니다. 그 시기 노예는 당연했던 사회 제도입니다. 그런데 열기관의 발명과 석탄, 석유, 천연가스의 사용 덕분에 오늘날 노예 제도가 필요 없게 된 것입니다. 우리는 화석연료 시대에 살고 있음에 모두 감사해야 합니다. 만약 RE100을 실천한다면 물가는 상승할 것이고, 우리 선조들이 겪었던 불편한 삶의 고난을 자초하게 될 것입니다. 그리고 그 고난은 가난한 자에게 더욱 심해질 것입니다.

박석순 RE100을 요구하는 자들은 석탄 발전소 폐쇄를 주장하고 있습니다. 어떻게 해야 하나요?

프랑코 바타글리아 지금 세계는 기후 위기가 아니라 에너지 위기를 자초하고 있습니다. 유럽 최고의 제조업 강국인 독일이 지난해 마이너스 성장을 했습니다. 원인은 에너지에 있습니다. 우크라이나 전쟁 때문이라고 하지만 실제는 그동안 원전과 석탄 발전소를 서둘러 폐쇄하고 재생에너지 비율을 높였기 때문입니다. 현재 독일은 재생에너지 비율이 총 전력 생산의 34%로 선진 산업국에서 가장 높습니다.

석탄 발전소는 인류 문명 발전에 크게 기여했습니다. 30년 전에는 인도 인구의 50%가 전기를 이용할 수 없었지만, 오늘날에는 100%가 전기를 이용하고 있습니다. 이는 석탄 발전소 덕분입니다. 지금도 전기를 이용할 수 없는 세계 인구는 7억 명이며, 그중 6억 명이 아프리카에 있습니다. 인류를 사랑하고 가난에서 구하는 차원에서 가장 먼저 해야 할 일이 그들에게 전기를 제공하는 것입니다. 세계 전기의 약 95%는 석탄, 천연가스, 수력 발전소 또는 원자력으로 생산됩니다. 이 기술들이 유일하게 신뢰할 수 있고 안정적인 전력을 공급할 수 있습니다. 수력은 현지 지형에 의존하고, 원자력은 고도의 기술을 요구합니다. 기술적으로 뒤떨어지거나 지형 조건상 한계가 있는 국가에 전력을 제공하기 위해서는 그 나라에 더 많은 석탄 발전소를 건설해야 합니다. 석탄 발전소에서 나오는 오염물질은 지금의 환경기술로 대부분 제거할 수 있고 이산화탄소는 지구 생태계를 위한 보약입니다.

박석순 유엔 사무총장 안토니우 구테흐스(Antonio Guterres)는 앞으로 태양광과 풍력 발전을 통해서 지구를 살리자고 합니다. 태양광과 풍력 발전에는 어떤 문제가 있나요?

프랑코 바타글리아 그 말을 믿지 마세요. 태양광과 풍력 발전 기술은 사기입니다. 30년 전에 화석연료는 우리가 필요로 하는 에너지의 85% 이상을 공급했습니다. 재생에너지를 촉진하기 위해 수십억 달러에 달하는 막대한 돈을 썼지만, 그동안의 모든 노력에도 불구하고 오늘날 화석연료는 여전히 85%를 차지합니다. 여기에는 기술적인 이유가 있습니다. 태양광 발전은 맑은 낮에만 전기를 생산합니다. 하루에 15시간은 태양광 발전이 작동하지 않습니다. 특히, 전력 수요가 가장 높은 저녁 7시경에도 작동하지 않습니다. 풍력도 마찬가지입니다. 바람이 세거나 약할 때는 작동하지 않습니다. 바람이 셀 경우는 날개가 부러지기 때문에 자동으로 중단하도록 설계되어 있습니다. 가끔은 강풍에 부러지기도 합니다. 그래서 전체 시간의 70%는 작동하지 않습니다.

그래서 태양광과 풍력 발전에는 반드시 수력, 석탄, 천연가스, 원자력과 같은 전통 발전소가 보조로 필요합니다. 아무리 태양광, 풍력 발전을 확대해도 전통 발전소를 폐쇄할 수 없습니다. 태양이 빛나거나 바람이 불 때라도 최소한의 전기를 얻기 위해 태양광과 풍력 발전을 건설하자는 주장은 경제적 자살행위입니다. 왜냐하면 비용이 엄청난 데다 정부 보조금 없이는 불가능하기 때문입니다. 예를 들어 태양광으로 1GW(기가와트)의 전력을 생산하기 위해 8GW 용량의 발전소를 건설해야 하며, 비용은 약 200억 달러입니다. 원자력으로 1GW 전력을 생산하는 비용은 약 30억 달러입니다. 원자력 발전소는 수명이 60년이지만 태양광 발전소는 20년입니다. 태양광과 풍력은 안정적인 에너지를 공급하지 못하고 최대 수요 시간을 만족시키지 못하는 사기성 전력 생산 기술입니다. 마지막으로, 태양광과 풍력 발전소가 일자리를 창출한다는 것도 완전한 거짓말입니다. 일자리는 에너지 생산보다 소비에서 더 많이 만들어집니다. 즉, 값싸고 풍부한 에너지가 공급될 때 이를 소비하는 곳에서 많은 일자리가 창출됩니다. 더 많은 에너지가 소비되면 더 많고 질 좋은 일자리가 만들어집니다.

박석순 마지막으로 한국인들에게 해주고 싶은 조언이 있다면 말씀해 주시기를 바랍니다.

프랑코 바타글리아 한국은 기후에너지 정책을 위해 유엔과 유럽에 대한 깊이 있는 이해가 필요합니다. 왜냐하면 지금의 기후 선동의 선두에는 유엔과 유럽연합(EU)이라는 국제조직이 있기 때문입니다. 여기에서 일하는 관료들은 산하 모든 국가와 사람들을 통제하길 원합니다. 그들은 선출되지 않았고 다시 선출될 기회도 없습니다. 그들은 자신들의 조직을 위해 더 많은 자금과 권력을 얻을 수 있는 명분이 필요할 뿐입니다. 여기에 가장 적합한 호재가 기후 대재앙이라는 공포와 산업과 생활에서 배출되는 이산화탄소입니다.

유엔은 전쟁을 방지하고 세계 평화를 유지하기 위해 설립되었습니다. 세계인을 가난, 질병, 인권 탄압

그림3-6 프랑코 바타글리아 저서 《이산화탄소는 악마가 아니다》

등으로부터 구해야 합니다. 하지만 그들은 지금 우크라이나와 러시아 전쟁, 이스라엘 중동 전쟁, 아프리카의 가난, 그 외 북한 등에서 억압받는 인권 등은 외면하고 지구에 기후 대재앙이 임박했다고 전 세계를 향해 외치고 있습니다. 이는 잘 사는 나라들로부터 기후 기금을 받아내고 조직의 권력을 강화하기 위함입니다.

지금 유럽 문명은 쇠락하고 국민은 가난해지고 있습니다. 그동안 가장 앞선 인류 문명을 자랑했고 산업화의 출발점이었던 유럽이 이렇게 된 것은 선진 문명의 자기 혐오증 때문입니다. 자기 혐오증에 특히 심하게 걸린 자들이 유럽의 녹색 좌파들이고 유럽연합(EU) 관료들입니다. 그들은 상상 속의 기후 재앙을 만들어 자신들을 부유하게 만들어 준 화석연료를 혐오하고 생명의 필수 물질인 이산화탄소를 악마화했습니다. 하지만 지금 유럽의 전 지역에서는 농민 폭동이 확산되고 있습니다. 농민들의 주장은 "미친 탄소 중립 정책을 중단하라(End the Net-Zero Madness)"는 것입니다. 식량은 모든 인간의 가장 기본적인 필수품이자 물가 상승의 핵심 요인이기 때문에 농민 폭동은 유럽을 자기 혐오증으로부터 깨어나게 할 계기가 될 것입니다.

한국은 유엔에 속지 말아야 합니다. 그리고 유럽의 전철을 밟지 말아야 합니다. 기후 위기는 만들어진 공포입니다. 지구에 인구가 증가하고 문명이 발달하면 당연히 이산화탄소가 증가합니다. 그리고 태양의 활동으로 더워지는 바다에서 더 많은 이산화탄소가 배출되고 있습니다. 증가하는 이산화탄소는 지구를 더욱 푸르게 하고, 늘어난 인구를 먹여 살리도록 더 많은 식량을 생산하게 해줍니다. 이것이 생태계의 동물과 식물의 선순환 관계입니다. 하나님의 위대함에 감사해야 합니다.

사용해야 할 에너지원은 각 나라의 지리적 조건에 따라 다릅니다. 한국의 지리적 조건은 태양광, 풍력에 적합하지 않습니다. 이들은 적합한 지리적 조건을 가진 나라에서도 너무 비싸고 불안정한 에너지원입니다. 앞서간 나라들이 다 망했습니다. 여름에 강우가 집중되고 산이 많은 한국에는 수력 발전이 유일하고 신뢰할 수 있는 재생에너지입니다. 다행히 한국은 세계 최고 수준의 원자력 발전 기술을 가졌습니다. 원자력 기술을 국가 에너지 기반으로 하고 수입에 의존하는 화석연료 사용을 줄여나가야 합니다. 값싸고 풍부한 에너지가 부강한 나라를 만들고 더 많은 에너지를 사용하는 나라가 더 많은 일자리를 창출합니다. 에너지를 많이 사용하는 나라에 사는 국민이 더 질 좋은 삶을 삽니다. 더 많은 에너지를 사용하는 나라가 되길 바랍니다.

3.3 나는 대처 수상과 함께 사이비 과학에 속았다

크리스토퍼 몽크톤 (Christopher Monckton, 영국) / 마거릿 대처 수상 특별 고문

크리스토퍼 몽크톤 자작(Third Viscount Monckton of Brenchley)은 1982년부터 1986년까지 마가렛 대처 영국 제71대 수상의 특별 고문이었다. 당시 그는 이산화탄소로 인한 지구온난화를 조사해야 한다고 수상에게 조언했다. 하지만 몽크톤 자작은 후에 이것이 사이비 과학임을 알고 남극대륙을 제외한 지구촌 모든 대륙 사람들에게 연설, 강의, 대학 세미나 등을 하면서 전 세계를 누비고 다녔다. 그는 미국 의회에서 4번이나 증언했고, 발리, 본, 코펜하겐, 칸쿤, 더반, 리오, 카타르에서 열린 유엔 회의에서 연설했다. 케임브리지 유니어 소사이어티에서 기후 변화에 관해 학부생들에게 강의한 내용이 장편영화 "종말? 없다(Apocalypse? NO)"로 개봉됐다. 그 영화의 주요 메시지는 이산화탄소가 사회적 비용이 아니라 사회적 이익을 갖는다는 것이다..

박석순 몽크톤 자작, 대처 수상 정부에서 당신의 역할은 무엇이었습니까?

크리스토퍼 몽크톤 저는 대처 수상의 특별 고문 여섯 명 중 한 명으로 여러 가지 문제를 다루었습니다. 군함의 선체 설계, 총선 투표의 컴퓨터 모델링, 과세 및 혜택 시스템의 상호 작용, 면역결핍 바이러스(HIV)의 전염병 역학 등도 제 소관이었습니다. 그 외 철도 네트워크 분석, 주택 수요 분석, 런던의 노숙자 분석, 인간 배아 실험, 다가오는 대륙 간 탄도 미사일에 대한 방어의 실용성 평가 등에 관한 일도 있었습니다. 저는 대처 수상에게 기후 변화에 대해 조언하고 이 문제를 심각하게 고려해야 한다고 경고하기도 했습니다. 그래서 그녀는 실제로 이를 연구하기 위한 '해들리 예측

센터(Hadley Centre for Forecasting)'를 설립했습니다.

박석순 마거릿 대처 수상은 1989년 11월 유엔 총회 연설에서 "대기로 배출되는 이산화탄소량이 크게 증가하고 있다. 매년 증가하는 양은 30억 톤이며 산업혁명 이후 배출된 이산화탄소의 절반은 여전히 대기에 남아 있다. 동시에 우리는 이산화탄소를 대기에서 제거할 수 있는 열대 우림이 대규모로 파괴되고 있는 것을 목격하고 있다"라며 세계를 향해 이산화탄소로 인한 지구온난화를 경고했습니다. 어떻게 그녀가 다른 정치인들보다 먼저 지구온난화에 관심을 갖게 되었습니까?

크리스토퍼 몽크톤 많은 사람이 미국의 부통령이었던 앨 고어(Al Gore)가 대기 중 이산화탄소 농도의 증가로 인한 기후 변화 위험성에 대해 경고한 세계 최초의 주요 정치인이라고 생각합니다. 특히 앨 고어가 2006년에 발표한 저서와 다큐멘터리 영화 "불편한 진실", 그리고 2007년에 IPCC와 공동 수상한 노벨평화상 때문에 대부분 그렇게 알고 있습니다. 하지만 앨 고어의 "불편한 진실"이 나오기 17년 전 지구온난화를 전 세계에 알린 정치인은 마거릿 대처 수상이었습니다.

이산화탄소 배출로 인한 지구온난화 문제를 처음 제기한 사람은 1984년에 미국 항공우주국(NASA)의 제임스 한센(James Hansen) 박사였습니다. 옥스퍼드 대학교에서 화학을 전공했던 마거릿 대처 수상은 여기에 특별한 관심을 가졌습니다. 제가 '다우닝가 10번지(수상

그림 3-7 1989년 유엔 총회, 마거릿 대처 수상의 연설

관저)'에서 활동했던 시기에는 지구온난화가 논의되었지만, 그때는 실질적으로 정치적 이슈가 되지 않았습니다. 마거릿 대처를 위해 연설문을 쓴 사람은 저의 후임자인 조지 가이스(George Guise)였습니다. 그 연설에서 마거릿 대처는 지금 행동하지 않으면 10년마다 최대 섭씨 1도의 지구온난화가 발생할 수 있다고 했습니다.

박석순 그녀는 은퇴 후 유엔 총회 연설과 지구온난화와 관련된 활동에 대해 후회한다고 했습니다. 그리고 그녀는 인간에 의한 지구온난화는 사이비 과학이라고 했습니다. 이게 사실인가요? 그녀가 지구온난화에 대한 과거의 경고에 대해 후회한 이유는 무엇인가요?

크리스토퍼 몽크톤 네, 사실입니다. 그녀는 이전의 입장을 철회했습니다. 그녀와 저는 과학적 진실을 깨닫고 잘못을 후회했습니다. 그녀는 2002년에 출간한 회고록 〈국가 경영 (Statecraft: Strategies for a Changing World)〉에 다음과 같이 기술하고 있습니다. "종말론자들이 오늘날 가장 좋아하는 주제는 기후 변화다. 그들에게는 이것이 몇 가지 매력을 가지고 있다. 이는 기후 변화가 아주 모호하기 때문에 과학으로 틀렸다는 것을 쉽게 입증하기 어렵다는 것이다. 기후를 바꾸기 위한 계획은 분명 지구적 규모에서만 고려될 수 있으므로, 이는 전 세계적이고 초국가적 사회주의화에 놀라운 명분을 제공한다." 그녀는 기후 변화를 통제하려는 시도가 사회주의 세계화의 형태로 이어질 것을 우려했습니다. 그녀는 이 회고록에서 2001년 미국 부시 대통령이 교토의정서를 거부한 것은 잘한 결정이라고 했습니다.

박석순 영국에서 '지구온난화 정책 재단(GWPF, Global Warming Policy Foundation)'을 설립한 나이젤 로슨(Lord Nigel Lawson) 경은 대처 수상 시절에 어떤 역할을 했나요? 재단을 설립한 배경에 관해 설명해 주시길 바랍니다.

크리스토퍼 몽크톤 나이젤 로슨 경은 대처 수상 내각에서 에너지부 장관, 재무부 장관 등을 지내면서 집권 기간 내내 국정 운영을 함께 했습니다. 그는 대처 수상과 함께 "지구와 인류의 지속 가능한 미래를 위해 화석연료를 버리고 하루빨리 자연에서 공짜로 주어지는 태양광과 풍력으로 가야 한다"라며 지구온난화 이론에 흠뻑 빠져 있었습니다. 그리고 당시 영국 정부를 애먹이고 있었던 탄광노조 파업이 미래에는 사라질 것으로 기대하고 있었습니다.

하지만 지구온난화의 진짜 원인은 태양의 활동이고 이산화탄소는 지구 생태계에 유익함을 알게 된 그는 IPCC 폐쇄를 강력히 주장하게 됐습니다. 그는 지구가 따뜻해지는 것은 인류의 삶에 좋은 것인데 이를 재앙으로 규정한 교토의정서는 접근 방법 자체가 잘못됐음을 지적했고, "기후 변화가 종교 조직을 대체하여 이에 의문을 제기하면 신성 모독으로 여겨지고 있다"라며 기후 선동가들의 인간적 비열함을 비난했습니다.

그가 지구온난화 정책 재단(GWPF)을 설립하게 된 계기가 된 것은 2009년 영국 이스트앵글리아대학교 기후연구소의 이메일이 해킹되는 '제1차 기후 게이트' 사건이었습니다. 과학자들이 돈과 권력을 위해 지구에서 일어나는 기온 자료를 조작하고 거짓말 한 이 사건이 그에게는 큰 충격이었습니다. 그는 이 재단을 통해 지구온난화 이론은 사이비 과학임을 영국과 전 세계에 알리는 운동을 열심히 해오다 지난해 4월 작고하셨습니다. 하지만 그가 설립한 GWPF는 지금도 베니 페이저(Benny Peiser) 박사를 중심으로 기후 위기 허구성을 알리는 활동을 열심히 하고 있습니다.

박석순 마거릿 대처, 나이젤 로슨, 그리고 당신, 세 사람 모두 지구 온난화 이론에 빠졌다가 후에 거짓임을 알게 됐습니다. 영국에서 가장 성공적인 대처 수상 집권 시절에 중심 역할을 했던 분들이 속게 된 가장 큰 이유는 무엇이었습니까?

크리스토퍼 몽크톤 이산화탄소라는 물질 때문입니다. 이산화탄소가 온실가스라는 사실은 누구도 부인할 수 없고, 산업 문명의 핵심 원동력인 화석연료 사용으로 배출됩니다. 또 지구 대기에는 이산화탄소가 계속 증가하고 있고 당시 지구는 온난화가 일어나고 있었습니다. 더구나 정치인은 국가를 이끌어가기 위해서 불확실한 미래를 추측해야 합니다. 그래서 우리는 더욱 쉽게 속아 넘어갔습니다. 태양광과 풍력 발전 기술이 미래에 더욱 발전하면 화석연료를 대체할 수 있을 것이라는 막연한 기대감도 작용했습니다. 하지만 훌륭한 과학자들을 통해 이산화탄소의 온실효과는 태양과 구름에 비하면 미미한 것이며, 이산화탄소는 지구 생태계에 매우 유익한 물질이라는 수많은 증거를 보게 됐습니다. 진짜 과학을 통해 존경받을 만한 미래 추측이라고 생각했던 것이 부끄러운 미신으로 변했습니다. 실제로는 미신 그 이상이었습니다. 국가의 앞날을 망칠 일을 한 것입니다.

박석순 당신이 이탈리아 언론과의 인터뷰에서 "기후 선동 뒤에는 공산주의 세력이 있다"라고 주장하는 것을 봤습니다. 저도 가끔 그런 자료들을 본 적은 있습니다만 좀 더 구체적으로 말씀해 주세요.

크리스토퍼 몽크톤 영국에서 대처 집권 시대였던 1984년부터 1985년까지 탄광 광부 파업이 있었습니다. 그 광부 파업의 배후에는 공산주의자들이 있었습니다. 우리는 광부 파업을 격파했습니다. 이후 공산주의자들은 환경 운동에 침투하기 시작했습니다. 특히 기후 선동은 자본주의 핵심 요소인 저렴한 에너지원을 파괴하는 것이기 때문에 그들에게는 호재입니다. 멸종 저항(Extinction Rebellion), 그린피스(Greenpeace), 세계자연기금(WWF: World Wide Fund for Nature), 석유를 멈춰라(Just Stop Oil) 등과 같은 단체들이 지난 수십 년 동안 세계 곳곳에 있는 수많은 환경 문제 중에서 유독 존재하지도 않는 기후 공포 선동에 집중하는 점에 주목해야 합니다. 기후 공포 선동이 자본주의 경제의 중심축을 부러뜨릴 수 있기 때문입니다. 이러한 사실은 미국으로 망명한 루마니아 비밀 정보국을 총괄했던 이온 미하이 파세파(Ion Mihai Pacepa) 장군에 의해 구체적으로 알려졌습니다. 그는 안타깝게도 2021년 미국에서 코로나로 사망했습니다.

박석순 말씀하신 대로 영국에는 기후 선동 단체가 유난히 많은 것 같습니다. 그 영향으로 인해 영국은 기후 위기 허구성을 알리는 GWPF와 같은 훌륭한 단체가 있음에도 불구하고 유럽에서 대표적 탈탄소 정책 피해국으로 알려져 있습니다. 무엇이 원인인지, 또 피해 상황은 어떤지 알려주시길 바랍니다.

크리스토퍼 몽크톤 영국은 산업혁명이 시작된 나라입니다. 환경기술이 발달하기 전에 진행된 급속한 산업화로 런던 콜레라 사건(1852년), 런던 스모그 사건(1952년) 등 수많은 환경 재난을 경험했습니다. 그래서 영국 국민은 환경문제에 상당히 민감합니다. 또 다른 원인은 영국 BBC TV가 세계적인 기후 선동 프로그램을 만들어 방송하기 때문입니다. 그래서 기후 선동 단체가 런던에서 많은 활동을 하고 있습니다. 영국에서 만들어진 방송은 호주, 캐나다, 미국 등 모든 영어권으로 전파됩니다. 과학에 무지한 정치인들은 국민의 여론을 살피고 국가 경제에 자해적 정책을 시행하게 됩니다.

영국은 지난 1990년 이후로 이산화탄소 배출량을 6억 4백만 톤에서 2022년에는 3억 5천만 톤 미만으로 거의 절반을 줄였습니다. 1인당 배출량으로 따지면 1990년 10톤에서 2022년 5톤 미만이 됐습니다. 이렇게 줄였더니 영국의 산업과 일자리는 반 토막이 됐습니다. 영국 제조업의 GDP 비중은 1990년 16% 이상이었는데 지금은 약 8%로 떨어졌으며 제조업 일자리는 약 496만개에서 260만개로 줄어들었습니다.

산업과 일자리에 치명적인 피해가 온 이유는 온실가스를 감축하기 위해서는 에너지 대전환이 필요했기 때문입니다. 영국은 기후 선동가들 때문에 저렴하고 안정적인 석탄, 석유, 천연가스를 비싸고 신뢰할 수 없으며 불안정한 신재생에너지로 대체하여 세계에서 에너지 가격이 가장 비싼 국가 중 하나가 됐습니다. 영국의 제조업은 비싼 에너지 가격 때문에 경쟁에서 살아남을 수가 없습니다. 영국 정치인들은 기후 선동가들 때문에 경제적 자살에 성공했습니다.

박석순 올해 4월 영국의 마틴 더킨(Martin Durkin) 감독이 제작한 "기후 영화: 냉정한 진실(Climate: The Movie, The Cold Truth)"이라는 다큐멘터리 영화는 그가 2007년 영국 TV 채널4에 방영한 "지구온난화는 거대한 사기극(The Great Global Warming Swindle)"의 속편에 해당하는 것으로 알려져 있습니다. 이 영화의 전편이 2007년 영국 학교에서 앨 고어의 다큐멘터리 "불편한 진실" 상영을 막았다고 하는데 당시 어떤 사건이 있었는지요?

크리스토퍼 몽크톤 마틴 더킨 감독이 만든 두 편의 다큐멘터리 영화가 기후 변화에 관한 진실을 알리는 매우 중요한 역할을 했습니다. 전편은 2007년 3월 8일에 영국 TV 채널4를 통해 방송됐습니다. 이 영화로 인해 많은 영국 국민이 지구온난화의 원인은 인간에 의한 이산화탄소가 아니

그림 3-8 2007년 10월, 앨 고어의 "불편한 진실"의 거짓을 밝힌 런던 고등법원 판결 보도

고 태양의 활동이라는 사실을 알게 됐습니다.

2006년에 나온 앨 고어의 "불편한 진실"은 수많은 과학적 모순이 있음에도 불구하고 영국 정부는 학교에서 상영하려고 했습니다. 그러자 런던의 한 트럭 운전사가 영국 정부를 상대로 소송을 제기했습니다. 그는 두 명의 자녀가 학교에 다니고 있었는데 자녀들에게 그 영화를 보여주길 원하지 않았습니다. 나는 그를 도와 "정치적으로 일방적인 주장을 담은 '불편한 진실'을 영국의 중등학교에서 상영하도록 한 정부의 조치는 잘못"이라며 향후 이를 학교에 배포하는 것을 금지해 달라고 법원에 요청했습니다. 판결을 맡은 런던 고등법원은 "불편한 진실"에 담긴 앨 고어의 주장에 관한 과학적 진실을 조사하게 되었고, 정부는 모든 학교에 77페이지의 시정 지침을 보내라는 명령을 받았습니다.

앨 고어의 "불편한 진실"에는 수많은 거짓말이 들어있습니다. 지금까지 많은 사람들이 속고 있는 것이 이산화탄소가 지구의 기후 역사에서 기온 상승을 일으켰다는 것입니다. 지구의 기온이 먼저 상승하고 바다에서 빠져나온 이산화탄소로 인해 대기 농도가 증가했는데, 원인과 결과를 뒤집어 전 세계인을 속인 것입니다. 그는 부끄럽게도 그것으로 노벨평화상을 수상했습니다.

이번 영화 "냉정한 진실"은 미국 감독과 함께 아주 잘 만들었고 전 세계 많은 분이 시청할 수 있도록 유튜브에 공개했습니다. 아직 보지 않은 분들은 꼭 보길 바랍니다.

박석순 저는 당신이 추천사를 쓴 그레고리 라이트스톤의 저서 〈불편한 사실: 앨 고어가 몰랐던 지구의 기후과학(어문학사, 2021)〉을 한국어로 번역했습니다. 그 책은 이산화탄소와 지구온난화에 관한 저의 모든 생각을 바꿔놓았습니다. 당신은 그 책의 추천사에서 지금의 많은 기후과학자를 예수 그리스도 종교 재판의 본디오 빌라도(Pontius Pilate)에 비유하고 있습니다. 어떤 점에서 그렇게 비유했나요?

크리스토퍼 몽크톤 예수 그리스도는 그 재판에서 자신의 사명을 다음과 같이 선포했습니다. "내가 이를 위하여 태어났으며 이를 위하여 세상에 왔나니 곧 진리에 대하여 증언하려 함이로라." 이는 곧 종교인의 사명입니다. 그리고 모든 과학자의 고귀한 사명도 여기에 표현되어 있습니다. 다시 말하면 종교인과 과학자의 사명은 정확하게 일치합니다.

이 재판에서 본디오 빌라도가 피고인에게 한 말은 모든 과학의 진정한 숙제로 남아 있는 "진실은 무엇인가?"("진리가 무엇이냐?")라는 위대한 질문입니다. 빌라도는 자기 바로 앞에 그 질문에 답해줄 위대한 인물이 있었지만 어리석게도 그는 그 자리를 떠나버렸습니다. 오늘날 아주 많은 기후과학자가 본디오 빌라도처럼 이 고귀한 사명을 포기하거나 못 본 척하고 있습니다. 지배층 엘리트들도 그 책에 정리해 둔 기후과학에 관한 수많은 불편한 사실들을 마주하고 그와 비슷하게 행동하고 있습니다.

3.4 지구의 기후 변화, 태양이 원동력이다

윌리 순 (Willie Soon, 미국) / 환경연구지구과학센터 설립자

윌리 순 박사는 미국 스미스니언 재단(Smithsonian Institution)이 1973년 하버드대학교에 설립한 세계적인 천체물리학 연구소인 하버드 스미스니언 센터(Harvard-Smithsonian Center for Astrophysics)에서 31년 동안 수많은 연구 논문을 발표해 온 태양 활동과 지구의 기후 관계 분야의 세계적인 권위자다. 그는 2022년 하버드 스미스니언 센터를 떠나 자신이 2018년 유엔 IPCC의 기후 위기 선동을 바로 잡기 위해 설립한 환경연구지구과학센터(CERES: Center for Environmental Research and Earth Science)를 이끌고 있다. 2024년 1월, 그는 미국의 저명한 보수 뉴스 앵커 터커 칼슨(Tucker Carlson)과 기후 변화에 관한 인터뷰로 세계적인 주목을 받았다. 또 3월에 개봉한 다큐멘터리 "기후 영화: 냉정한 진실(Climate: The Movie, The Cold Truth)"에서 그가 발표한 논문은 20세기 지구온난화 현상의 실체와 원인에 대한 오해를 바로잡는 결정적 역할을 했다.

박석순 세계 최고의 기후과학자로 알려진 미국 매사추세츠 공대(MIT)의 리처드 린젠(Richard Lindzen) 교수는 "이산화탄소가 지구의 기후를 조절한다고 믿는 것은 마술을 믿는 것과 아주 유사하다"라고 말한 적이 있습니다. 이 말이 정확한 표현인가요? 어떻게 생각하십니까?

윌리 순 네, 저도 그 말에 100% 동의합니다. 저는 30년 넘게 기후 변화의 원인이 되는 다양한 요인들을 연구해 왔습니다. 그리고 우리는 지구의 기후 변화 원인에 대해 아주 분명한 답을 가지고 있습니다. 그것은 이산화

탄소 증가는 지구의 기후에는 아무런 영향을 주지 않고 지구 전체를 녹색화할 뿐이라는 사실입니다. 이산화탄소가 온실가스인 것은 사실이지만, 지구의 기후시스템을 절대로 조절할 수 없습니다. 허리케인(태풍)이나 토네이도(회오리바람)의 강도나 빈도에도 영향을 미치지 않습니다. 또 북극곰의 개체 수와도 무관합니다. 북극곰은 1973년의 사냥 금지 조약 덕분에 실제로 증가하고 있습니다. 멸종 위기에 처한 야생생물은 이산화탄소와는 상관없이 우리가 어떻게 보호하느냐에 달려 있습니다. 더구나 이산화탄소 증가로 해양 산성화가 일어난다거나 산호초가 죽는다는 것은 완전한 거짓말입니다. 이산화탄소는 식물의 광합성 원료로 지구 모든 생명의 원천이지 기후 조절 물질이 아닙니다. 저는 린젠 교수님의 다음 명언도 이산화탄소에 관해 아주 잘 표현했다고 생각합니다.

> 미래 세기의 역사가들이 분명 의아하게 생각할 것은 "어떻게 아주 결함투성이인 논리가 약삭빠르고 끈질긴 선동에 가려져 강력한 이익집단의 연합체를 만들었고, 그들은 또 어떻게 인간의 산업 활동에서 나오는 이산화탄소를 지구를 피괴하는 위험한 독성물질로 거의 모든 세상 사람에게 확신시킬 수 있었는가"라는 사실이다.

박석순 그렇다면 왜 지구에 기후 변화가 일어나고 있으며, 무엇이 원인입니까?

윌리 순 이 질문에는 "바보야, 그것은 태양이지(It's the Sun, stupid)"라는 문구가 매우 간단하고 정확한 답이 될 수 있습니다. 지구 에너지의 99.98%는 태양에서 옵니다. 나머지 0.02%가 화산이나 지열과 같은 지구 에너지입니다. 태양의 에너지는 일정하지 않고 자체 활동에 따라 변화하며 이는 흑점으로 지구에서도 관측할 수 있습니다. 태양 활동의 변화로 인해 지구에 도달하는 에너지가 달라진다는 사실은 이미 200년 넘게 학계에 알려져 있습니다. 윌리엄 허셜(William Herschel)이라는 영국의 천문학자는 19세기 초 태양의 흑점 수와 밀 가격 사이의 상관관계를 발견했습니다. 흑점이 많은 시기에는 밀 가격이 낮고, 흑점이 거의 없는 시기에는 그 반대였습니다. 태양의 흑점 수에 따라 농산물 가격이 달라진다는 사실은 태양의 활동이 지구에 상당한 영향을 준다는 것을 의미합니다. 20세기에 와서 관측 기술이 발달하면서 이러한 사실은 과학적으로 더욱 명확해졌습니다.

태양 에너지는 대기권의 구름 덮개 면적에 따라 지표면에 도달하는 양이 달라집니다. 지구의 하늘은 항상 구름이 60~70% 정도를 덮고 있습니다. 구름은 태양 빛을 다시 우주로 반사하기 때문에 비율이 높으면 지표면 도달 에너지가 감소하여 지구 기온은 떨어집니다. 지난 1980년대 중반부터 지구의 기온이 상승했을 때 구름 덮개 면적 비율이 64%에서 61%까지 떨어진 사실이 이를 말해줍니다. 과학자들은 이 중요한 증거의 진짜 원인을 찾기 위해 열심히 노력하고 있으며, 이것은 태양 활동과 관련이 있습니다.

해류도 기후 변화의 또 다른 요인입니다. 지구는 둥글고 기울어졌기 때문에 지표면에 도달하는 태양 에너지의 양은 위도에 따라 상당한 차이를 보입니다. 극지방에는 적게, 적도 부근에는 많이 도달합니다. 해류와 바람은 적도에 도달한 많은 태양 에너지를 극지방으로 보냅니다. 해류는 해역에 따라 주기적으로 이동하면서 인접한 육지의 기후를 변화시킵니다. 60~80년 주기로 큰 폭의 기온 차를 보이는 북대서양 해류 부근의 아이슬란드와 스발바르 등의 기후 변화가 이를 말해줍니다. 해수면의 온도가 오르내리는 엘니뇨와 라니냐 현상도 지구의 기온을 상당 수준 변화시키지만, 2년에서 7년 정도의 불규칙한 주기로 일어나기 때문에 기후 변화라고 할 수 없습니다. 기후 변화는 적어도 30년 또는 수십에서 수백 년에 걸친 장기간 날씨 특성의 길고 느린 변화를 말합니다.

 정리하면 기후 변화는 태양의 활동, 구름에 의한 대류권의 에너지 변화, 해류 등으로 일어납니다. 그 외 지구의 화산 활동이나 지면의 식생 변화 등도 원인이 될 수 있습니다. 하지만 지구 대기의 0.04%에 불과한 초미량 가스인 이산화탄소의 미약한 온실효과는 기후 변화와 전혀 무관합니다.

박석순 2022년 노벨물리학상 수상자인 존 클라우저 박사는 2023년 6월 서울에서 열린 '퀀텀 코리아(Quantum KOREA) 2023'에서 'IPCC는 위험한 거짓말을 퍼뜨리는 최악의 정보원 중 하나'라고 말했습니다. 박사님은 이에 동의하십니까? 동의하신다면 왜 그렇게 생각하십니까?

월리 순 네, 저는 절대적으로 동의합니다. 존 클라우저 박사는 양자얽힘 현상을 실험적으로 확인한 것으로 인류에게 깊고 심오한 업적을 남겨 노벨물리학상을 받았습니다. 클라우저 박사님이 '퀀텀 코리아(Quantum KOREA) 2023' 기조 강연에서 하신 말씀은 매우 분명하고 정확합니다. 그분의 말씀에 어떤 잘못도 찾을 수 없으며 그분의 두려움 없는 용감성을 저는 겸손한 마음으로 존경합니다. 한편으로는 그분이 지난해 6월 한국에서

그림 3-9 월리 순 박사(좌)와 터커 칼슨(우)의 인터뷰

기후 변화와 무관한 양자역학 기조 강연에서 그런 말씀을 하신 것은 당시 IPCC 의장인 이회성 박사가 한국인이고 3월에 충격적인 IPCC 보고서가 나왔기 때문으로 짐작됩니다. 서울에서 한 그 말씀은 현재 세계적인 파급효과를 주고 있으며, 이후 양자역학 분야보다 기후 변화에서 더 중요한 역할을 하고 계십니다. 이번 "기후 영화: 냉정한 진실"에서도 큰 역할을 했습니다.

사실 1988년 IPCC 설립 당시 목적은 과학적이었고, 의장도 처음에는 스웨덴 기상학자 버트 볼린(Bert Bolin, 1988~1997년 재직)과 영국의 화학자 로버트 왓슨(Robert Watson, 1997~2002년 재직)과 같은 과학자였습니다. 하지만 3대(2002년 이후)부터는 의장도 과학자가 아니고 조직도 정치화됐습니다. 지금 IPCC는 태양, 구름, 바다 등과 같은 기후 변화의 과학적 요인을 완전히 무시하고 있습니다. IPCC가 반과학적으로 변한 이유는 만약 대기 이산화탄소가 기후 변화에 전혀 역할을 하지 않거나 역할이 미약하다면 유엔 조직으로서 존재할 이유가 없기 때문입니다.

박석순 2023년 3월에 발표된 유엔 IPCC 종합보고서는 중세 온난기와 소빙하기를 무시하고 20세기의 급격한 기온 상승을 가정하고 있습니다. 지구의 기후 역사는 중세 온난기와 소빙하기의 존재를 인정하고 있습니까? 그 이유는 무엇입니까? 한반도의 기후 역사를 실제로 보여주는 조선왕조실록 또한 소빙하기와 관련된 기상 이변을 기록하고 있습니다.

월리 순 중세 온난기와 소빙하기가 존재했다는 역사적 사실은 분명합니다. 중세 온난기에는 바이킹이 그린란드에 정착하여 농사를 지으며 살았고, 러시아, 노르웨이, 북부 잉글랜드 지방에 이르는 북위 55도까지 포도를 재배하고 와인을 제조했다는 역사적 증거가 있습니다. 그리고 지금은 겨울에 얼지 않는 영국 템즈강이 소빙하기 때는 여러 번 반복해서 얼었는데 당시 얼었던 템즈강 그림이 현재 런던 박물관에 걸려 있습니다. 그 외 유럽과 미국에서 소빙하기 때 있었던 극심한 추위에 관한 역사적 증거들이 많이 있습니다.

저는 동료들과 2003년에 중세 온난기와 소빙하기 증거에 관한 논문을 발표한 적이 있습니다. 그 시기에 실제로 있었던 극단적인 기후 사건들을 확인하고 학계에 보고했습니다. 우리가 발표한 논문은 "지금 우리가 겪고 있는 기후는 지난 천년 중 가장 따뜻하지도 않고 특별히 극단적인 기상 이변이 나타나는 시기도 아니다"라는 결론을 내렸습니다.

한국 과학자들은 조선왕조실록(AD 1392~1853)뿐만 아니라 삼국사기(BC 57~AD 938), 고려사(AD 918~1392) 등을 근거로 날씨에 관한 좋은 역사 자료를 학계에 보고하고 있습니다. 지난 1천 년 넘게 발생했던 황사(토우) 자료는 해외 학자들의 관심을 끌고 있습니다. 특히 소빙하기의 실존을 보여주는 조선왕조실록의 사료는 원인이 태양의 활동이고 전 세계적인 현상임을 분명히 하는 것입니다.

유엔 IPCC는 중세 온난기와 소빙하기에 관한 수많은 증거가 있음에도 불구하고 이를 무시했습니다. 이는 IPCC가 스스로 반과학적임을 자백하고 조직의 유지를 위해 세계를 상대로 뻔뻔한 거짓말을 하는 것입니다. 한국의 과학자들은 조선왕조실록의 소빙하기 증거를 세계에 널리 알려야 합니다.

박석순 "기후 영화: 냉정한 진실"에서 박사님께서 밝힌 논문은 IPCC가 지난 세기 동안 보도한 기온 상승이 도시화로 인해 과장됐다고 지적합니다. 논문의 요점은 무엇이며, 과장을 주장하는 이유는 무엇입니까?

윌리 순 도시화로 인한 기온 상승은 "기후 영화: 냉정한 진실"에서 주목받는 내용 중 하나입니다. 도시는 콘크리트 빌딩과 아스팔트 도로 등으로 인해 주변 지역보다 기온이 크게 상승합니다. 그 논문의 요점은 지난 20세기 기온 상승의 상당 부분은 도시화로 인한 것이라는 사실을 입증한 것입니다.

IPCC는 산업화로 인해 지구온난화가 일어났다는 사실을 보여주기 위해 1850년 이후 세계 각국의 기상 관측소의 기온 추이를 분석하고, 도시화 영향을 10% 정도로 가정하여 지구 평균 기온이 100년에 섭씨 0.89도 증가했다는 결론을 내렸습니다. 우리 논문은 기온 추이 분석에 사용된 세계 각국 기상 관측소에서 도시화 영향이 없는 시골 관측소만 분리하여 추이를 분석했습니다. 그 결과 도시화의 영향이 30~40%에 달했으며 지구가 100년에 섭씨 0.55도 증가한 것으로 나타났습니다. 더욱 놀라운 사실은 지구의 기온이 1940년대까지 상승했다가 다시 1970년대까지 떨어졌고, 이후 상승하여 지금은 1940년대보다 약간 높은 수준이라는 점입니다. 또 시골 관측소의 기온 추이는 바다의 상선이나 군함에서 관측된 기온이나 나무 나이테 분석에서 나온 추이와도 같았습니다.

이 논문은 지구온난화에 관한 IPCC의 주장은 과장됐음을 지적했을 뿐만 아니라 그동안 IPCC가 답하지 못했던 1900년대 초의 지구온난화와 1970년대 심각한 냉각화의 문제를 다시 한번 제기하고 있습니다. 산업화로 인한 이산화탄소 배출은 제2차 세계대전 이후에 본격적으로 시작되었는데, 지구온난화와 냉각화 추이는 이에 부합하지 않습니다. 지구온난화의 원인은 IPCC가 주장하는 이산화탄소가 아니라 태양이라는 것이죠.

박석순 지금 태양의 활동이 떨어지고 있고 앞으로 소빙하기가 온다고 주장하는 책도 여러 권 나와 있습니다. 소빙하기 도래가 사실일까요? 가까운 미래에 날씨가 추워지나요?

윌리 순 태양의 활동이 떨어지고 있으며 소빙하기의 도래를 주장하는 전문가들이 많이 있습니다. 지난 1600년대에 있었던 '마운더 극소기(Maunder Minimum)' 수준의 소빙하기가 2030년대부터 2050년대 사이에 도래한다고 천체물리학자들이 예측하고 '에디 또는 호이트 극소기(Eddy or Hoyt Minimum)'라고 부르기도 합니다.

그런데 지난 몇십 년 동안 인류는 이산화탄소를 악마화하느라 아주 가까운 미래에 다가올 혹한에 대한 대비를 전혀 않고 있습니다. 전 세계적으로 추위로 인한 사망자 수는 연평균 460만 명에 달하지만, 폭염으로 인한 사망자 수는 약 50만 명 정도에 불과합니다. 추위 때 사망자 수가 더위 때보다 9배나 많다는 것입니다. 그뿐만 아니라 빙하기가 오면 식량 생산성이 크게 떨어지게 됩니다. 1970년대 지구 냉각화가 임했을 때 당시 과학자들은 식량 생산 저하를 가장 크게 우려했습니다. 결론적으로 소빙하기 도래의 가능성은 결코 배제할 수 없으며 지금 대비해야 합니다.

박석순 현재 대다수의 한국인은 유엔 IPCC의 주장을 믿고 있습니다. 마지막으로 한국인들에게 전하고 싶은 메시지가 있으면 알려주세요.

윌리 순 유엔 IPCC를 믿지 마세요. 앞서 설명했듯이 IPCC 보고서는 비과학적이고 모순투성입니다. "기후 영화: 냉정한 진실"을 모두 한번 보시길 바랍니다. 제가 전하고 싶은 모든 메시지가 그 영화에 들어있습니다.

그리고 많은 분께 시청을 권해주십시오. 특히 자라나는 청소년들이 기후 공포와 악몽에서 깨어나 희망차고 긍정적인 미래를 설계할 수 있도록 해주세요. 이 영화는 모든 한국인이 잘못된 기후 선동에서 벗어나 풍요롭고 부강한 나라를 만들어 가는 데 큰 도움이 될 것입니다.

박석순 트럼프 대통령이 다시 집권하면 미국의 기후에너지 정책은 어떻게 될 것 같나요?

윌리 순 한마디로 Game Over(더 이상 기후 선동은 없다)라고 보면 됩니다. 왜냐하면 바이든 행정부에서 많은 연구비와 예산이 기후 위기 구실을 만들어내는데 사용되었습니다. 하지만 트럼프 행정부에서는 더 이상 예산이 지급되지 않을 것입니다. 그리고 기후 위기가 없음을 알리기 위해 교육과 홍보에 적극적으로 나설 것입니다. 이미 예고했듯이 취임 즉시 미국은 파리기후변화협약에서 탈퇴할 것입니다.

그림 3-10 2024년 7월 텍사스 엘파소, 윌리 순 박사와 박석순 교수의 추가 인터뷰

3.5 녹색 좌파, 탈원전, 기후 위기를 비판한다

패트릭 무어 (Patrick Moore, 캐나다) / 그린피스 공동 창립자

패트릭 무어 박사는 그린피스(Greenpeace) 창립자 중 한 명이다. 1974년 캐나다 브리티시 컬럼비아대에서 생태학박사 학위를 받았다. 대학원생이었던 1971년 그린피스를 공동 창설하고 9년 동안 캐나다 그린피스 회장을 지냈다. 1979~1986년 그린피스 국제이사를 역임하면서 정책과 방향을 주도해 그린피스를 세계적인 환경단체로 육성했다. 1991년 '그린 스피릿 스트레티지'를 설립해 에너지, 기후 변화, 생물 다양성, 유전자변형 식품, 산림, 어업, 식량, 자원 등에 관한 환경정책을 연구·자문해 왔다. 미국 노스캐롤라이나주립대학교는 2005년 그에게 명예박사 학위를 수여했다. 2006~2012년 원전 지원을 위한 미국 '청정안전에너지 연맹' 공동 위원장으로 활동했으며, 2013년 황금쌀 보급을 위한 비영리단체 '골든 라이스 추진회'를 설립했다. 2014년 캐나다 '공공정책선도센터'의 '생태·에너지·번영' 위원장, 2015년 미국 '이산화탄소연맹' 창립 이사장에 취임했다. 2009년 핵 과학·역사상을 수상했다.

박석순 박사님은 그린피스 창립자임에도 환경단체의 '기업화'와 '공포 마케팅'을 비판하며 그린피스를 떠난 것으로 알고 있습니다. 15년간 일군 그린피스를 떠날 때 무슨 일이 있었나요?

패트릭 무어 제가 그린피스를 떠난 이유는 명확합니다. 환경 운동에 돈과 권력이 있다는 사실을 정치적 좌파들이 알게 되면서 그린피스는 그들에게 장악됐습니다. 그린피스는 원래 과학에 기초한 환경단체였지만 북미·유럽의 좌파 성향 정치 활동가에 의해 정치 기금 모금 단체로 변질됐습니다. 그린피스는 모든 것을 파멸시키는 핵전쟁으로부터 인류 문명을 보호

하려는 강력한 인도주의적 기본 철학으로 출범했습니다. 달리 표현하면, 우리는 지구의 다른 생물종들과 함께 인간을 돌보길 원했습니다. '그린피스(Greenpeace)'라는 명칭의 녹색(Green)은 환경을 의미하고, 평화(Peace)는 인간을 의미합니다. 시간이 지나면서 "평화(Peace)"에 대한 인식은 대부분 사라지고, "녹색(Green)"만이 행동 강령인 것처럼 여겨졌습니다. 녹색 좌파들은 이제 "인간은 지구의 적, 자연의 적"이라 단정하고 있습니다. 저는 인간이 유일한 악마 같은 생물종이라는 주장을 받아들일 수 없습니다. 이는 다른 생물종, 바퀴벌레, 모기, 병균조차도 모두 선하지만, 인간만은 악하게 태어났다는 "원죄설(Cardinal Sins)"과 아주 흡사한 것입니다.

녹색 좌파들은 지구에 인간이 지나치게 많고, 인구가 감소하면 세상이 훨씬 좋아질 것으로 생각하게 되었습니다. 하지만 이런 말을 하는 사람들 자신은 스스로 자원해서 가장 먼저 세상을 떠나겠다고 하지는 않습니다. 그런 사람들은 자신이 다른 사람들보다 우월한 듯이 행동합니다. 이런 식의 자만과 교만은 원죄 가운데 최악입니다.

그들은 스스로 "녹색(Green·친환경)"이라고 주장하지만, 환경보다는 권력에 굶주린 좌파 정치인에 불과합니다. 오늘날 좌파 정치인들은 자신들이 한 약속을 기술적으로는 달성할 수 없기 때문에 문명 파괴적인 정책을 채택하고 있습니다. 태양과 바람으로 어떻게 현대 문명이 필요로 하는 에너지를 공급할 수 있나요? 이것은 속임수입니다. 영국을 비롯한 유럽 여러 나라에서 서서히 나타나는 에너지 위기만 보더라도 그들 스스로 초래한 자업자득입니다. 천연자원 개발은 하지 않고, 원자력 에너지는 반대하면서 화석연료 사용은 안 된다는 것이 대표적인 문명 파괴적인 녹색 좌파 정책입니다. 저는 이런 녹색 좌파의 속임수가 싫어서 그린피스를 떠나 선정적이고 잘못된 정보와 공포에 대항하는 과학(사실에 기초한)과 논리(대안을 세우는)에 바탕을 둔 합리적 환경주의자가 되려고 노력해 왔습니다.

박석순 그린피스는 여전히 세계에서 가장 영향력을 가진 환경단체 중 하나입니다. 그린피스를 필두로 한 전 세계 수많은 환경단체가 잘하고 있는 것과 못하고 있는 것은 무엇이라고 생각하나요?

패트릭 무어 그린피스의 캠페인은 환경을 위한 운동이라기보다 정치 운동에 더 가깝습니다. 그들은 주로 일반 대중들에게 두려움을 조장하고 죄책감을 심어, 자신들에게 돈을 보낼 수 있도록 터무니

그림3-11 그린피스 창립자들의 해상 시위. 윗줄 왼쪽에서 두 번째가 패트릭 무어

없는 낭설과 이야기를 꾸며내는 데 주안점을 두고 있습니다. 그린피스는 주로 유엔(UN), 세계경제포럼(WEF) 등에서 일하는 다른 정치 공작원들과 함께 비공개로 활동하며, 이들은 모두 근본적으로 정치적인 목적이 있습니다. 유엔 IPCC는 과학적 기구가 아닙니다. 이는 세계기상기구(WMO)와 유엔환경계획(UNEP)으로 구성된 정치적 기구입니다. IPCC는 기후 위기 낭설을 뒷받침할 수 있는 정보를 제공하기 위해 과학자들을 고용합니다. 화석연료, 원자력 에너지, 이산화탄소, 플라스틱 등에 반대하는 그린피스의 캠페인은 우리 스스로 문명 발전을 저지하고 경제를 파괴하지 않는 한 세상은 종말을 맞이할 것이라고 사람들을 속이도록 설계돼 있습

니다. 그들은 지금 인류 문명과 환경의 미래에 부정적인 영향을 미치고 있습니다.

박석순 저는 박사님께서 저술하신 〈종말론적 환경주의: 보이지 않는 가짜 재앙과 종말의 위협〉을 번역한 것을 매우 자랑스럽게 생각하고 있습니다. 한국 독자들을 위해 환경 종말론에 관한 생각을 설명해 주세요.

패트릭 무어 그것은 주로 정치적 권력과 돈에 관한 것입니다. 사람들은 사실이 아닌 이야기로 종말을 예견하는 이들에게 항상 잘 속아 넘어갔습니다. 아즈텍(Aztecs) 시대 사람들은 처녀들을 화산에 던졌고, 유럽과 미국에선 200년 동안 여성들을 마녀라고 불태우면서 "이렇게 하면 사악한 사람들로부터 세상을 구할 것"이라고 했습니다. 이러한 행위는 "군중 심리", "집단 사고", "숭배 행위" 등으로 불려 왔습니다. 인간은 사회적 동물이며 위계질서가 있어서 공포나 통제를 이용해 높은 지위를 쟁취하기가 아주 쉽습니다.

세상이 종말에 이르고 있다는 예측은 수천 년 동안 계속되었습니다. 그러나 단 한 번도 그 예측이 실현된 적은 없습니다. 그런데 왜 지금 우리가 종말에 관한 예측을 믿어야 합니까? 미래는 알 수 없고, 위험하고 힘든 결정으로 가득하기 때문에 인간은 태생적으로 미래를 두려워합니다. 저는 이러한 종말론적 운동에는 자기 혐오적 요소가 있다고 봅니다. 젊은 세대는 인간이 가치 없는 존재이며 지구를 파괴하고 있다고 배우고 있습니다. 이렇게 함으로써 그들이 죄책감을 느끼게 하고 자신을 부끄럽게 생각하도록 만듭니다. 오늘날에는 기후를 이용하여 종말론을 만들어내고 있습니다. 저는 사람들에게 지금의 기후가 그들이 들어온 것처럼 부정적이지 않다는 것을 보여주는 데 전념하고 있습니다.

박석순 박사님 책의 원제는 〈보이지 않는 가짜 재앙과 종말의 위협〉입니다. 말씀대로 환경에 대한 우려가 "가짜 재앙"이라면 왜 이런 선동을 계속하나요?

패트릭 무어 사람들에게 세상이 곧 멸망하진 않을 것이니 마음껏 삶을 누리라고 말하면 정치 권력이나 돈이 생기지 않습니다. 종말론자들이 세상을 향해 자신 있게 종말을 주장했다면 그것을 증명하는 것도 그들의 몫입니다. 나는 책에서 이러한 가짜 재앙은 조작된 것임을 증명했고, 그들이 지금까지 종말을 증명하지 못하고 있다는 것도 보여주었습니다. 그들은 이산화탄소나 방사선 같이 눈에 보이지는 않지만 존재하는 것, 북극곰이나 산호초 등 아주 멀리 있는 것들을 이용해 가상의 이야기를 만들어 낼 뿐입니다. 유전자변형 식품(GMO)의 경우를 보세요. 그들은 GMO에 우리 몸에 해로운 것이 들어있다고 합니다. 하지만 그들은 무엇이 어떻게 나쁜지 보여주지 못합니다. 모든 물질은 이름과 화학식이 있는데 그것은 이름이나 화학식조차도 없고 눈에 보이지도 않습니다. 그러므로 GMO에는 해로운 것이 존재하지 않는다는 겁니다.

박석순 박사님 책을 번역하면서 플라스틱에 관한 생각을 완전히 달리하게 됐습니다. 현대인은 플라스틱 문명을 누리면서 플라스틱 혐오증에 걸려 있습니다. 독자들이 플라스틱 모순에서 벗어날 수 있도록 한 말씀 부탁드립니다.

패트릭 무어 플라스틱은 독성물질이 아닙니다. 그래서 음식물이 오염되지 않도록 플라스틱으로 음식을 포장하거나 그 속에 담는 것입니다. 플라스틱이 바다로 간다고 해서 독성물질이 되지 않습니다. 플라스틱을 반대하는 자들은 두 부류로 나누어집니다. 한쪽은 플라스틱은 절대 분해되지 않을 것이라고 하고, 다른 쪽은 플라스틱이 빠르게 미세플라스틱으로 분해될 것이라고 합니다. 당연히 이런 것들은 눈으로 쉽게 볼 수 없기 때문에 아무도 이것을 직접 관찰하거나 검증할 수 없습니다. 하지만 인간의 소화계는 음식물과 플라스틱 혹은 미세한 모래 입자의 차이를 정확히 구분할 수 있습니다. 인체는 모래 입자가 아무리 미세해도 혈관으로 빨아들이지 않습니다.

바다에 떠다니는 플라스틱은 떠다니는 작은 암초나 나무와 같습니다. 플라스틱은 해양 생물들이 알을 낳고, 서식하며, 표면에 붙어있는 것을 먹을 수 있는 장소를 제공합니다. 오염물질은 일반적으로 독성이 있거나 생명체에 해를 줍니다. 플라스틱은 그저 길가에 버려진 쓰레기와 같습니다. 플라스틱은 어떤 것도 해치지 않습니다. 다만 한 가지 예외가 있다면 버려진 어망들입니다. 이유는 어망이 플라스틱이기 때문이 아니라 물고기를 잡도록 만들어진 모양 때문입니다. 환경을 위해서는 어업계와 협력해 재활용, 폐기물 에너지화 등을 통해 손상된 어망을 바다에 버리지 않도록 하거나 안전하게 폐기하도록 해야 합니다.

박석순 지구 대기에 이산화탄소가 계속 증가하고 있고 지구온난화 현상은 나타나고 있습니다. 이 현상을 이용하여 화석연료 사용으로 기후 대재앙이 임박했다고 공포감을 조성하고 있습니다. 이산화탄소와 지구온난화를 어떻게 설명해야 하나요?

패트릭 무어 현재 지구온난화를 믿지 않는 사람은 거의 없습니다. 기록에 의하면 인류가 화석연료를 사용하기 150여 년 전인 1600년대 이후 지구가 온난화돼 왔다는 사실은 분명합니다. 1600년대는 소빙하기의 절정으로 매우 추웠기 때문에 흉작과 기아가 발생했습니다. 그 이전의 서기 1000년 무렵은 바이킹족이 그린란드에서 농사를 짓던 중세 온난기였습니다. 그 이전의 서기 500년경은 추운 암흑기(Dark Age)였으며, 그 이전의 로마 온난기는 오늘날보다 더 따뜻했고 해수면은 오늘날보다 1~2m나 더 높았습니다. 1950년 무렵까지만 해도 화석연료 사용과 이산화탄소 배출량은 오늘날과 비교해 매우 적었습니다. 기온의 이러한 주기적 변동 원인도 최근에 와서 밝혀지고 있습니다만 이산화탄소가 그 원인이 아닌 것은 확실합니다.

이산화탄소는 보이지 않기 때문에 아무도 어떤 작용을 하고 있는지 실제로 볼 수 없습니다. 이것을 이용하여 이익을 취하는 자들이 있습니다. 정치인과 관료들로부터 보수를 받는 과학자들, 특종 뉴스를 찾는 언론, 돈벌이하는 기후 운동가들이 그들과 협력하게 됩니다. 다수의 일반 대중은 정작 이산화탄소가 어떤 작용을 하는지 실제 볼 수 없음에도 이런 이야기를 믿고 있습니다. 진짜 과학을 아는 사람들은 소수에 불과합니다. 지금 안타까운 현실은 진실은 소수만 알고 다수는 가짜를 믿고 있다는 사실입니다.

아이러니한 것은 세계 많은 국가에서 화석연료 사용을 반대하지 않는다는 사실입니다. 중국, 인도, 러시아는 세계 인구의 40%를 차지하고 있지만, 이들 국가에서는 화석연료 사용이 계속 증가하고 있습니다. 여기에 브라질, 인도네시아와 대부분의 아프리카 국가까지 합치면 세계 전체 인구의 대부분은 지구온난화와 이산화탄소에 관해서 모릅니다. 그들은 기후가 인간의 능력 밖이라는 것을 본능적으로 알고 있습니다. 또 다른 심각한 아이러니는 캐나다, 스웨덴, 독일, 영국과 같이 가장 추운 기후 지역의 여러 나라가 온난화에 대해 제일 걱정을 많이 하고 있다는 것입니다. 참고로 캐나다의 연평균 기온은 영하 5.35℃입니다. 정말 더운 열대지방에 사는 사람들은 지구온난화를 걱정하지 않습니다.

박석순 그런데 왜 이산화탄소를 지구온난화의 원인으로 몰아세우고 악마화하나요?

패트릭 무어 이산화탄소는 지구 모든 생명체의 기본입니다. 이산화탄소를 악마화하는 것은 터무니없는 짓입니다. 인간에 의한 이산화탄소 배출이 늘어났음에도 불구하고 오늘날 대기 중 이산화탄소 농도는 생명체가 존재했던 대부분의 시기보다 낮습니다. 인간이 화석연료를 사용함으로써 증가한 이산화탄소는 식물 성장에 거름을 주는 시비 효과로 나타나면서 "지구의 녹색화"를 일으켰습니다.

기후 위기론자들은 1850년대 이후의 기후에 관해서만 논의하려고 합니다. 그들은 그 이전 시기를 "산업화 이전 시대"라고 부릅니다. 이 "산업화 이전 시대"는 지구에 생명체가 존재하고, 빙하기, 불가마 시기, 그리고 소행성 충돌로 인한 것이거나 그 외의 다른 요인으로 인한 대멸종 등을 포함해 수많은 기후 변화가 있었던 30억 년도 더 됩니다.

오늘날의 지구는 약 260만 년 전에 시작된 홍적세(Pleistocene Ice Age) 빙하기에 있습니다. 우리는 현재 홍적세 빙하기에 나타난 최소 40번의 주요 빙기 현상에 따르는 최소 40번 간빙기 가운데 한 시기에 있습니다. 즉, 가장 최근의 빙기 현상은 2만 년 전에 절정에 달했던 것이며, 이는 빙기의 끝이 아니었습니다. 기후 위기론자들이 이를 부인하건 말건 우리는 여전히 홍적세 빙하기에 살고 있습니다.

지금의 기후 공포에서 대단한 아이러니는 오늘날의 지구는 홍적세 빙하기가 시작되기 전 2억 5천만 년 동안보다 더 춥다는 것입니다. 그리고 지금의 이산화탄소는 지구 역사의 95%가 넘는 기간보다 농도가 더 낮습니다. 다시 말하면 추운 시기에 살면서 더워질 것을 두려워하고, 이산화탄소가 부족한 시기에 살면서 증가하는 이산화탄소가 재앙의 원인이라고 여깁니다. 하지만 일반 사람들은 이러한 거짓 공포를 그대로 받아들이고 있습니다. 왜냐하면 "지구는 생명체가 살기에는 조만간 너무 뜨거워질 것이고, 이산화탄소 농도는 지구 역사에서 나타난 것보다 더 높아질 것"이라고 거짓말을 하면서 이득을 취하는 자들에게 속고 있기 때문입니다.

혹시 전 세계 거의 모든 온실 작물 재배 농가에서 최대 60%가량 작물 수확량을 늘이기 위해 온실에 주입할 이산화탄소를 구매한다는 사실을 알고 계십니까? 나는 한국의 상공을 비행하면서 골짜기마다 수많은 온실이 있는 것을 보고 인상 깊었습니다. 내가 사는 캐나다 브리티시컬럼비아주처럼 한국도 산이 많고 평평하고 비옥한 농지가 적습니다. 나는 한국의 온실 재배 농가들이 오늘날 대기 중 이산화탄소 농도의 2~3배까지 온실에 주입하고 있을 것이라 확신합니다. 이는 자연 대기 조건에서 성장하는 거의 모든 식물이 이산화탄소에 굶주려있고, 이 때문에 식물의 빠른 성장이 제한되고 있는 것입니다. 이러한 사실들을 좀 더 자세히 이해하고 싶다면 제 책 〈종말론적 환경주의〉 "제3장 모든 생명의 원천이 파멸의 악마로 변했다"를 참고하시기 바랍니다.

박석순 파리기후협약을 필두로 이제 "탄소 중립"은 세계적인 어젠다(agenda)가 되었습니다. 일반인들은 석탄 발전이나 내연기관차가 뿜어내는 매연으로부터 건강을 지키기 위해 화석연료를 줄여나가야 한다고 말합니다. 여기에 관해서는 어떻게 얘기해야 하나요?

패트릭 무어 "탄소 중립(Net-Zero)"이라는 단어는 정치적 용어이지, 과학적 용어가 아닙니다. 이산화탄소를 "탄소"라고 부르는 것은 기본적으로 잘못된 것입니다. 탄소는 다이아몬드, 흑연, 검댕 등을 구성하는 원소입니다. 이산화탄소는 탄소와 산소를 함유하는 분자이자 눈에 보이지 않는 가스이며 식물의 주요한 먹이입니다.

염화나트륨(NaCl, 식용 소금)에 염소(Cl: chlorine)가 들어있다고 해서 염화나트륨(NaCl)을 염소(chlorine)라고 부르는 것은 잘못된 표현입니다. 원소(원자)들이 서로 결합하여 다른 화합물(분자)을 형성하게 되면 언제나 그 화합물은 본래 구성된 원소들과는 매우 다른 속성을 갖게 됩니다. 탄소중립 역시 과학자가 아닌 운동가들이 만들어낸 정치적 용어입니다. 예를 들면, 이 운동의 최상위 리더들은 앨 고어, 레오나르도 디카프리오(Leonardo DiCaprio), 그레타 툰베리(Greta Thunberg)와 같은 사람들인데, 이들은 과학자가 아닙니다. 신기한 것은 일부 바보 같은 과학자들이 그 용어의 의미를 따져 보지도 않고 이들의 선동에 앞장서고 있다는 사실입니다.

엔진에서 배출되는 매연은 이산화탄소가 아닌 다른 물질입니다. 이산화탄소는 눈에 보이지도 않고 냄새도 없습니다. 먼지도 이산화탄소가 아닙니다. 매연은 검댕으로, 현대 기술력으로 관리될 수 있습니다. 오늘날의 석탄 발전소는 20년 전에 건설된 것보다 훨씬 깨끗합니다.

박석순 박사님이 생각하는 가장 합리적인 '에너지 계획'은 무엇입니까?

패트릭 무어 나라마다, 가용 자원에 따라 다릅니다. 예를 들어 수력은 가장 저렴하고 안정적이지만, 지형이 평평하고 비가 거의 내리지 않는 사우디아라비아 같은 나라에서는 사용할 수 없습니다. 저는 화석연료에 대한 의존도를 줄이는 것을 선호합니다. 이유는 화석연료가 이산화탄소를 배출하기 때문이 아니라, 화석연료 없이는 작동할 수 없는 기술에 이 귀중

하고 한정된 화석 에너지를 계속 사용할 수 있도록 오래 보존해야 하기 때문입니다.

　원자력과 수력은 건물의 냉난방, 온수, 전기제품, 공장의 전기 모터, 철강 제조, 시멘트 생산 등과 같이 고정된 상태에서 작동하는 모든 기능에서 화석연료를 대체할 수 있습니다. 열차도 전기화될 수 있으며 유조선, 화물선, 해군 함정과 같은 대형 선박도 원자력을 사용할 수 있습니다. 다만 운송 중장비와 항공 운항 등 일부 운송 기술은 전기로 작동하기 어렵거나 불가능합니다. 기존 원자력 에너지 기술력 자체만으로도 최소한 화석연료 50%를 비용 효율적으로 대체할 수 있습니다.

박석순　한국에는 탈원전을 주장하는 정치인들이 많이 있습니다. 박사님은 한국의 원자력 발전에 관해 어떻게 생각하나요?

패트릭 무어　나는 한국의 원자력 발전소를 방문한 적이 있습니다. 그리고 내 책에도 한국 남동부의 신고리 원자력 발전소 사진을 넣었습니다. 한국은 원자력 기술도 뛰어날 뿐 아니라 발전소 건물도 내부 벽과 바닥을 대리석으로 마감하고 매우 현대적이고 친근감 있게 건설하여 이를 설명하고 싶었기 때문입니다. 그냥 콘크리트만으로도 충분하다고 여기는 다른 나라에서는 흔치 않은 건물이라 감명받았습니다. 한국은 전력의 30%를 원자력으로 생산하고 있습니다만 앞으로 더욱 증가시켜야 합니다.

　가짜 "기후 위기"와 마찬가지로 부유한 국가에서는 원자력에 반대하는 것이 유행처럼 되었습니다. 특히 좌파 정부에서는 더욱 그렇습니다. 이는 매우 역설적이며 자기 파괴적입니다. 원자력은 전 세계적으로 화석연료를 대체할 수 있는 유일한 기술이기 때문입니다. 원자력 에너지는 수십 년 동안 가장 안전한 전기 생산 기술이었기 때문에 이를 반대하는 것은 매우 불합리한 생각입니다. 나는 한국에서 원자력 발전으로 단 한 명의 죽음도 없었다고 알고 있습니다.

한국에서 원전을 반대하는 것은 "바보 멍청이"라고 할 수밖에 없습니다. 이는 전형적

그림3-12 2012년 한국 방문 시 원전을 배경으로 찍은 패트릭 무어 박사(왼쪽에서 두 번째)

인 제 저서 제목과 같은 〈보이지 않는 가짜 재앙과 종말의 위협(Fake Invisible Catastrophe and Threat of Doom)〉입니다. 원자력은 에너지의 미래이며 중국, 인도, 러시아는 모두 원자력 기술을 적극적으로 추진하고 있습니다. 한국은 원자력 에너지 기술을 자랑스러워해야 합니다.

박석순 원전을 반대하는 이유는 사고와 핵폐기물 때문인 것 같습니다. 특히 일본 후쿠시마 원전 사태로 인해 많은 국민이 두려워하고 있습니다. 우리 국민을 어떻게 설득해야 하나요?

패트릭 무어 앞서 언급한 바와 같이, 원자력은 가장 안전하고 신뢰할 수 있는 에너지원 중 하나입니다. 체르노빌 사건이 원자력 발전 기술 역사상 시민들의 죽음을 초래한 유일한 사고였습니다. 세계보건기구(WHO)는 이 사고로 인해 86명이 사망했으며 이들 대부분이 사고 발생 후 열흘간 원자로 노심의 강렬한 화재를 진압하고 있었던 것으로 파악하고 있습니다. 체르노빌과 같은 형태의 원자로는 매우 나쁜 설계였으며 절대로 다시 건설되지 않을 것입니다.

후쿠시마 사고에서 방사능으로 사망한 사람은 한 명도 없었습니다. 자연 지진에 의해 발생한 쓰나미로 인해 약 2만 명이 사망했습니다. 일

본 후쿠시마에 있는 첫 4기의 원전 설계에는 몇몇 심각한 오류가 있었습니다. 그들은 2011년에 발생했던 것과 같은 거대한 쓰나미가 해안으로 밀려올 수 있다는 사실을 과거 쓰나미 기록으로부터 깨닫고 원자로를 더 높은 지대에 설치했어야 합니다. 그들은 쓰나미가 덮친 해안 인접 원자로 앞에서 비상용 예비 발전기가 미끄러지는 것을 중단시킨 후에 원자로 노심 냉각을 위해 발전기를 가동시켰습니다. 그들은 쓰나미 여파로 발생한 수소 폭발을 쉽게 막을 수 있었음에도 그렇게 하지 못했습니다. 하지만, 이 모든 실수에도 불구하고 후쿠시마 방사능으로 사망한 사람은 없었습니다.

핵폐기물로 인한 반대는 정치적 선동 때문입니다. 원자로의 첫 번째 사이클에서 사용된 연료에는 우라늄으로부터 회수할 수 있는 에너지의 95% 이상이 여전히 남아 있습니다. 이것은 폐기물이 아닙니다. 이는 앞으로 수백 년, 아마도 수천 년 사용될 연료입니다.

박석순 한국은 2030년까지 2018년 대비 40% 수준으로 줄이는 NDC(국가 온실가스 감축목표)를 발표했습니다. 달성할 수 있을까요?

패트릭 무어 유엔 IPCC가 하는 것들은 과학적으로나 기술적으로 실현이 가능하다고 증명된 바가 없는 정치적 목적으로 만들어집니다. 그렇게 많은 양의 화석연료를 이렇게 짧은 시간에 단계적으로 없앤다는 계획은 거의 희망 사항이나 꿈과 다름없습니다. 기후 선동가들은 우선 모두가 그런 멍청한 정책을 받아들여야 한다고 생각합니다. 그런 후에 현실에서 그것을 성취할 방법을 찾으려고 노력합니다. 현실 세계란 자연의 물리법칙에 어긋나지 않는 과학과 기술에 의해 밝혀진 사실을 기반으로 하고 있습니다. 한국의 원전은 오늘날 세계 에너지 공급의 80%를 차지하는 화석연료를 대체할 수 있는 신뢰할 수 있고 비용 효율적인 유일한 기술입니다.

박석순 저도 박사님의 의견에 모두 동의합니다. 그런데 탄소 중립이 거스를 수 없는 흐름이 됐습니다. 좋든 싫든 방향타가 그렇게 잡혔습니다. 그래서 태양광이나 풍력과 같은 재생에너지 확대를 위해 노력하고 있는데 여기에 대해선 어떻게 생각하시나요?

패트릭 무어 탄소 중립은 사회경제적 자살입니다. 어느 방향이든 영원히 한쪽으로만 가도록 정해진 것은 아닙니다. 방향을 정정할 수는 있겠지만, 때로는 너무 늦어 암초를 피할 수 없게 됩니다. 하루라도 빨리 제정신이 들기를 바랄 뿐입니다. 거짓 풍선은 바늘구멍에도 터집니다. 기후 위기론은 진실이 알려지면 끝날 수밖에 없습니다.

태양광과 풍력 발전은 아주 비쌀 뿐만 아니라 발전량 변동이 심해 신뢰할 수 없습니다. 넓은 땅이 필요할 뿐 아니라 발전 설비를 위해 원자재 채굴, 운송 및 건설 등에 막대한 양의 화석연료가 사용됩니다. 햇빛이 있고 바람이 불 때만 가동되기 때문에 원자력, 수력, 가스 등 안정적으로 발전 가능한 보조 발전소가 필요하며, 자연재해에 쉽게 노출되고 수명도 길지 않습니다. 많은 지역에서 그러한 설비를 건설하고도 유지관리에 든 비용만큼의 에너지를 제때 생산하지 못하고 있습니다. 안정적으로 전기를 공급할 수 있는 에너지를 주 에너지원으로 사용하면 굳이 태양광이나 풍력이 필요 없습니다.

많은 사람이 이러한 기술력으로 국가 전체에 전기를 공급할 수 있다고 생각하도록 세뇌됐습니다. 이 기술들로 국가 전체가 유지될 수 있다고 생각하는 것은 거의 정신 질환이나 다름없습니다. 저는 풍력과 태양에너지가 경제를 좀 먹는 기생충이라고 생각합니다. 소수의 태양광과 풍력 에너지 공급자들은 "친환경"이라는 핑계로 정부 보조금과 세금 감면에 의존하면서 돈벌이를 하고 있지만, 수많은 사람이 사회경제적 희생을 감수해야 합니다. 이는 주식 시장의 "폰지 사기극(Ponzi scheme)"과 비슷합니다. 과학에 무지한 좌파 정치인들이 여기에 걸려들어 자기 나라를 가난하게 만들고 있습니다.

박석순 2023년 3월에 나온 유엔 IPCC 제6차 기후보고서에 따르면 2025년까지 온실가스 배출량이 줄어들지 않으면 지구는 회복 불가능 상태로 간다고 합니다. 지금 증가하는 배출량이 감소할 수 있을까요?

패트릭 무어 배출량은 절대로 줄어들지 않습니다. 그러나 지구는 회복 불가능이 아니라 더욱 푸르고 건강하게 변할 것이며 식량 생산도 증가할 것입니다. 나는 2015년 파리에서 열린 당사국 회의(COP)에 참석했습니다. 그때 약 200개 이상의 언론 매체가 수신하는 방송에서 2025년까지 전 세계 이산화탄소 배출량이 2015년보다 더 증가할 것이라며 공개적으로 100,000달러 베팅을 제안했습니다. 한 명도 베팅하지 않았고, "녹색 좌파(Green Leftist)"들조차 응하지 않았습니다. 그들도 원자력 에너지가 이른 시일 안에 대량 보급되지 않는 한 화석연료 사용의 증가를 줄일 수 없다는 것을 알고 있었습니다.

나는 10년 뒤 전 세계 이산화탄소 배출량은 오늘보다 더 많으리라는 것에, 다시 10년 뒤에는 더 많으리라는 것에 베팅을 하고자 합니다. 나는 더 많은 이산화탄소는 인류 문명과 환경 모두에 전적으로 유익하다는 것을 잘 알고 있습니다. 나는 미국 버지니아주 알링턴에 있는 '이산화탄소 연맹(CO2 Coalition)' 이사로 활동하는 것을 자랑스럽게 생각합니다.

■ 2022년 노벨물리학상 수상자 존 클라우저(John Clauser) 박사가 2024년 7월 7일 미국 텍사스 엘파소 DDP 미팅에서 강의한 "기후 위기는 없다(There is no climate emergency)"를 정리한 것이다. 비전문가들의 이해를 돕기 위해 함께 강의를 들은 윌리 순 박사의 보충 설명과 관련 그림을 추가했다.

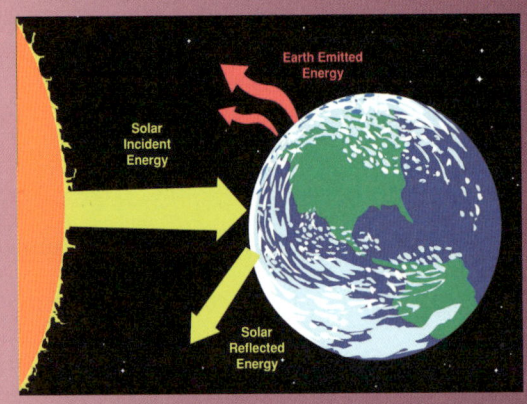

태양으로부터 복사 에너지(가시광선 + 자외선)가 지구로 들어와 반사 또는 열(적외선)로 변하여 다시 우주로 나간다.

제4장
진짜 과학으로 보는 지구온난화

존 클라우저 (2022년 노벨물리학상 수상자)

존 클라우저 박사는 미국 칼텍(Caltech, 캘리포니아 공대)에서 1964년에 물리학 학사 학위를 받고, 컬럼비아대학교에서 1966년에 물리학 석사, 1969년에 물리학 박사 학위를 받았다. 1969년부터 1975년까지 캘리포니아대학교 버클리 캠퍼스와 로렌스 버클리 국립연구소에서 박사후 연구원으로 일했고 이후 1997년까지 연구물리학자(Research Physicist)로 양자얽힘(Quantum Entanglement), 원자간섭(Atom Interferometry) 등에 관해 연구했다. 그는 지난 20세기 양자역학(Quantum Mechanics)의 기초를 세우는데 큰 업적을 남긴 물리학자로 알려져 있다. 2010년 울프상(Wolf Prize in Physics), 2022년 노벨물리학상을 수상했다. 2023년부터 미국 '이산화탄소연맹(CO2 Coalition)' 이사로 활동하고 있다.

존 클라우저 박사는 유엔 IPCC 교토의정서(1997년)에 미국 정부가 반대할 것을 요구하는 오리건 청원서(Oregon Petition)[1]에 서명했다. 1999년 미국 정부에 제출한 이 청원서에는 미국의 과학자 3만 1,487명이 서명했고 2001년 조지 부시(George Bush) 대통령의 교토의정서 거부에 중요한 역할을 했다. 영국 마가렛 대처(Margaret Thatcher) 수상은 자신의 회고록 〈국가 경영(Statecraft, 2002년)〉에서 부시 대통령이 교토의정서를 거부한 것은 아주 훌륭한 결정이라고 평가했다. [그림 4-1]은 당시 존

---

1) https://en.wikipedia.org/wiki/Oregon_Petition.

클라우저 박사가 서명한 문서다. 서명한 문서에 들어있는 오리건 청원서의 요지를 번역하면 다음과 같다.

우리는 미국 정부가 1997년 12월 일본 교토에서 채택된 지구온난화 협정과 그 밖의 유사한 제안들을 거부할 것을 촉구합니다. 온실가스 규제는 환경을 해칠 것이고, 과학기술의 발전을 저해할 것이며, 인류의 건강과 복지를 해칠 것입니다. 인간이 이산화탄소, 메탄, 또는 기타 온실가스를 방출하는 것이 지구 대기의 치명적인 가열과 지구의 기후를 파괴하는 원인이 되거나 그럴 것이라는 확실한 과학적 증거는 없습니다. 게다가, 대기의 이산화탄소 증가가 지구 자연계의 식물과 동물 환경에 많은 유익한 영향을 준다는 상당한 과학적 증거가 있습니다.

그림4-1 존 클라우저 박사가 서명한 오리건 청원서

4.1 강의 개요

존 클라우저 박사의 강의 "기후 위기는 없다"는 "Ⅰ. 기후 변화는 허구다(Climate change is a myth!)"와 "Ⅱ. 구름의 온도 조절 기작이 지구의 기후를 조절한다, 온실가스가 아니다(A Cloud Thermostat Controls the Earth's Climate, Not Greenhouse gasses!)"의 두 부분으로 구성되어 있다.

첫 번째 부분은 지구가 온실가스 증가로 더워지고 있다는 온난화를 규명하기 위해서는 기온 관측치와 모델을 이용하는 것보다 지구 대기에 유입·유출되는 에너지의 차이 (불균형)로 판단해야 한다고 지적했다. 그는 자신의 방법에

그림 4-2 2024년 7월 7일 텍사스 엘파소 DDP 미팅에서 강의하는 존 클라우저 박사

따라 지구의 에너지 불균형을 계산하면 "기후 위기는 없다"라며, IPCC가 부정직하게 의도적으로 오류를 범해서 존재하지도 않는 기후 대재앙을 만들어냈다고 비판했다.

두 번째 부분은 지구의 기후와 기온을 조절하고 안정화시키는 구름의 강력한 기능을 소개했다. 그는 IPCC가 주장하는 온실가스의 가열 효과는 구름의 온도 조절 기능에 함몰되어 어떤 역할도 할 수 없음을 관측 자료로 설명했다. 또 IPCC 보고서에 제시된 지구의 에너지 흐름도에 자체 모순이 있음도 지적했다.

4.2 첫 번째 강의: 지구의 에너지 불균형

IPCC와 관련자들은 관측 자료와 컴퓨터 모델을 이용하여 지구의 기후를 조절하는 주요 과정과 변수를 측정하는 중요한 임무를 유엔으로부터 부여받았다. 하지만 그들의 모든 노력은 아주 심하게 실패했다. 정말 나쁜 것은 그들이 부정직하게 그리고 의도적으로 오류를 범해서 기후 위기라는 가짜 재앙을 만들어냈다는 사실이다.

IPCC 보고서에 나오는 지구의 에너지 흐름과 컴퓨터 모델 예측을 분석해 보면 수많은 오류가 있다. 그중에서 가장 큰 오류는 온실가스가 지구의 기온을 조절한다는 터무니없는 결론이다. 이것은 한마디로 거대한 사기극이다. 화석연료 사용 중단을 위해 데이터를 조작하는 작업에 참여한 과학자들은 극도로 부패했다.

기온 관측치와 예측의 문제점

전 세계에 퍼져 있는 온도계 기록을 기반으로 한 "기온 이상치(기온의 증가 또는 감소 정도)" 측정은 지구온난화를 판단하기에는 매우 나쁜 지표다. 왜냐하면 관측 기온을 신뢰할 수 없기 때문이다. 기온 측정은 대부분 육지에서 이루어진다. 그러나 육지는 지구 표면의 30%만을 차지한다. 육지에서 한 지점의 기온은 하루 동안에도 그리고 계절에 따라서도 크게 변한다. [그림 4-3]은 지난 120년 동안 약 3,000개 지점에서 관측된 기온의 계절적 변화를 보여준다. 이 그림에서 보듯이 같은 지점도 연중 변화가 매우 심하다. 이런 데이터를 평균한 값이 노란색 원으로 표시한 선이다. 이 노란색 원으로 표시한 데이터로 지구의 기온이 어떻게 변해왔는지를 추정하는 자체가 과학이라 할 수 없다.

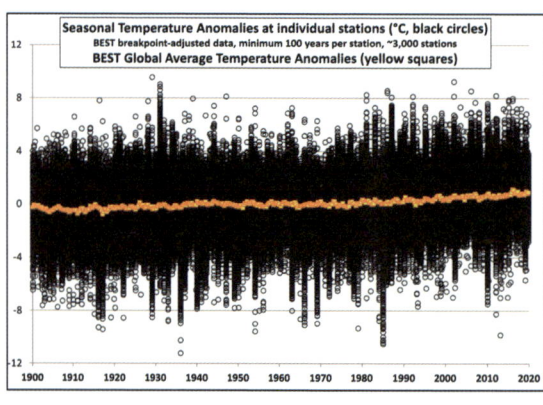

그림 4-3 약 3,000개의 관측 지점에서 측정된 기온의 변화

또 지구 전체를 추

정하기에는 측정치가 적어도 너무 적다. 다시 말하면 아주 심하게 과소 표본 추출됐다. 이는 인구 1천만 명의 생각을 1백 명에게 물어보는 여론 조사 수준에도 미치지 못한다. 바다는 더욱 심하다. 지난 120~125년 동안 전 세계 바다 데이터 측정도 이렇게 해왔다. 얼마나 많은 곳에서 지구의 기온을 측정해야 지구에서 일어나는 기온 변화를 확인할 수 있겠나?

그뿐만 아니라 육지의 기상 관측소는 도시화로 인한 열섬 현상의 영향을 받는다. [그림 4-4]에서 보듯이 도심은 교외보다 2~3℃, 크게는 5℃ 이상 기온이 높은 열섬 현상이 나타난다. 이유는 도로와 건물이 아스팔트와 콘크리트로 이루어져 있고 에너지 사용이 많기 때문이다. 그런데 과거 도시 외곽에 세워진 기상 관측소 역시 도시가 확장됨에 따라 도심의 일부가 되면서 열섬 현상의 영향을 받게 된다. 다시 말하면 도시화로 인한 기온 상승을 지구가 더워진 것으로 착각할 수 있다.

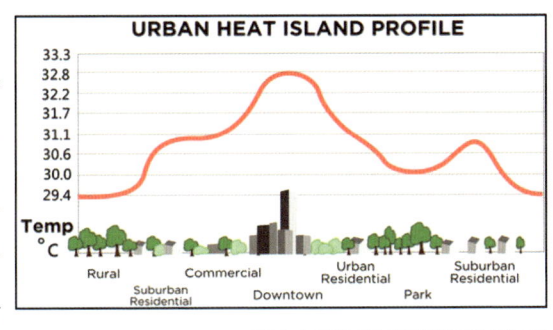

그림 4-4 도시의 열섬 현상에 따른 기온 상승 곡선

최근 발표된 연구 결과에 따르면 IPCC가 주장하는 지난 1850년 이후 기온 상승의 상당 부분이 도시화로 인한 것임이 밝혀졌다.[2]

---

2) Soon et al, "The Detection and Attribution of Northern Hemisphere Land Surface Warming (1850–2018) in Terms of Human and Natural Factors: Challenges of Inadequate Data", *Climate*, 11-9(2023), 179; https://doi.org/10.3390/cli11090179.

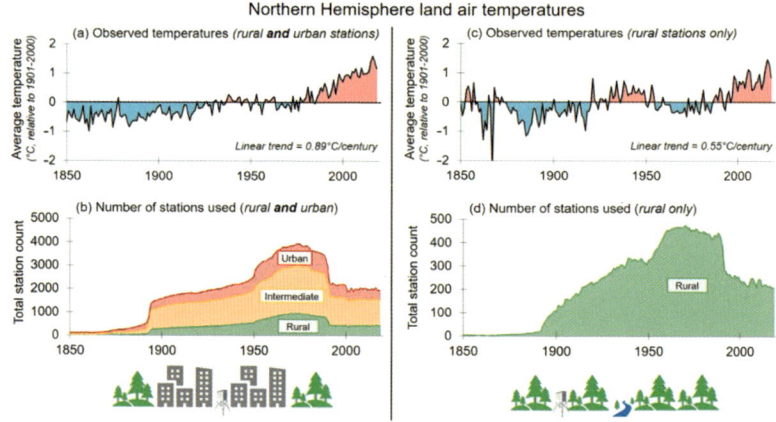

그림 4-5 북반구 관측소와 기록된 기온의 변화

[그림 4-5]는 1850년부터 2018년까지 북반구 육지의 공식 관측소 수와 기록된 기온 변화다. 그래프 (a)는 모든 관측소의 기온 변화고 (b)는 관측소의 수를 나타내고 있다. 그래프 (b)의 관측소 수를 보면 1890년 경부터 세계 각국에서 공식적인 관측소를 세우기 시작했고 많은 곳이 도시화(Urban) 또는 준도시화(Intermediate) 되었음을 알 수 있다. 그래프 (a)를 보면 1980년 후반부터 2018년까지 기온이 크게 상승하고 있음을 알 수 있다.

그래프 (c)와 (d)는 각각 도시화의 영향이 없는 시골(Rural)에서의 기온 변화와 관측소의 수를 나타내고 있다. 도시화를 제외한 기온을 나타내는 그래프 (c)는 (a)와는 상당히 다른 기온 변화 추세를 보여주고 있다. 20세기 전반부의 기온 상승과 1960년대와 1970년대에 있었던 지구 냉각화 현상을 잘 보여주고 있다. 그리고 지금의 온난화 현상은 20세기 전반부에 있었던 기온 상승이 다소 심화 반복된 듯한 느낌을 주고 있

다. 이는 당시 언론에 보도된 기후변화 기사와도 매우 잘 일치하고 있다.[3]

이러한 이유로, 지구 온난화를 기온 관측치로 예측했을 경우 여러

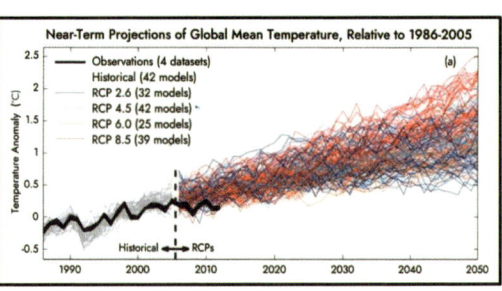

그림 4-6 지구의 기온 변화 예측치와 실측치(IPCC 5차 보고서)

가지 문제가 발생하고 있다. [그림 4-6]은 IPCC 5차 보고서에서 컴퓨터 모델로 예측한 지구의 평균 기온과 관측치를 비교한 것이다. 이 그림에서 검은색 굵은 선은 관측치이고 색깔이 있는 실선은 예측치다. 관측치와 예측치는 지나간 과거에도 전혀 맞지 않는다. 그런데 어떻게 미래 예측을 믿을 수 있겠는가. IPCC 모델에는 심각한 결함이 있다. 전혀 신뢰할 수 없다. IPCC는 세계를 향해 위험한 거짓말을 퍼뜨리는 최악의 정보원 중 하나다.

지구의 에너지 불균형

지구온난화 여부를 파악하기 위해서는 지구로 들어오는 태양 에너지와 다시 반사되거나 열로 변하여 우주로 나가는 에너지를 비교하는 에너지 불균형 확인이 좋은 방법이다. 이를 나타내는 지표가 지구에 들어온 에너지가 다시 우주로 나가는 비율을 나타내는 알베도(Albedo)다. IPCC도 여기에 동의한다. 하지만 그들은 자신들의 혼란스러움과 거짓

---

3) 박석순·데이비드 크레이그, 《기후 위기 종말론: 인류사 최대 사기극을 폭로한다》, 어문학사, 2023.

이 뻔히 보이는 에너지 불균형 수치를 내놓고 있다.

[그림 4-7]은 IPCC 제6차 기후보고서 과학 부문(AR6 WG1 Page 934)에 나오는 지구의 에너지 흐름도다. 각 에너지 흐름량은 위성 및 기타 측정 기기로 관측된 것으로 21세기 초의 기후 조건을 나타내고 있다. 숫자는 지구의 평균화된 에너지 흐름 구성 요소의 크기에 대한 최상의 추정치이며, 단위는 제곱미터당 와트(W/m²)이며 괄호 안 수치는 95% 신뢰 수준에서 5% 불확실성 범위다.

이 흐름도에서 대기권 상층부에 들어오는 가시광선과 자외선은 340W/m²(오차 ±0.5)이고, 반사되는 양은 100W/m²(오차 ±1.5)이며, 적외선(IR)으로 나가는 열복사는 239W/m²(오차 ±2.5)이다. 따라서 들어오는 것(340)과 나가는 것(100+239)의 차이인 1W/m² 에너지 불균형이 나타나고 있다. 지구에 들어와서 다시 나가지 않은 1W/m² 에너지 불균형 중 일부(0.7W/m², 오차 ±0.2)는 바다를 가열하는 것으로 표시하고 있다(그림 왼쪽 아

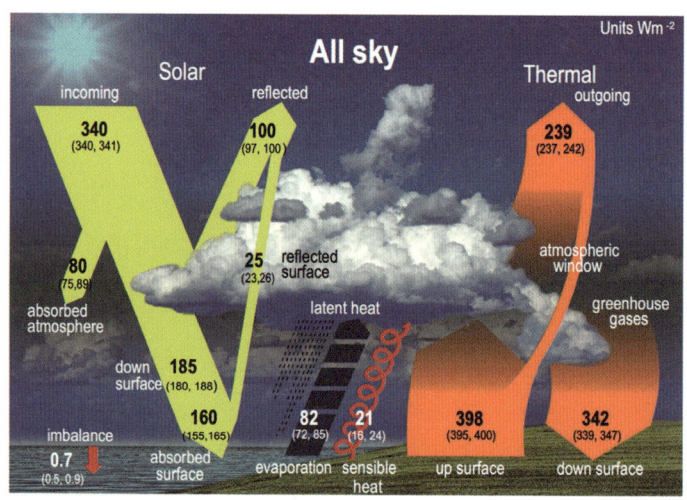

그림 4-7 21세기 초 지구 에너지 흐름도 (IPCC 6차 보고서 과학 부문)

래). 또 지표면에 도달한 에너지 $160W/m^2$(오차 ±5.0)는 잠열(Latent Heat, 물의 증발에 소모)로 $82W/m^2$(오차 ±6.5), 현열(Sensible Heat, 기온 상승에 소모)로 $21W/m^2$(오차 ±4.0)가 사용되는 것으로 제시되어 있다.

[그림 4-7]에 제시되어 있듯이 관측된 모든 수치는 상당한 오차가 있으므로, 이를 명시하고 있다. 관측 기기의 오차와 자연의 변이는 피할 수 없기 때문이다. 하지만 IPCC 보고서에는 $1W/m^2$ 에너지 불균형이 있다면서도 이상하게 여기에 관한 오차는 언급이 없다. IPCC가 제시한 에너지 불균형 $1W/m^2$의 오차를 지구에 들어오는 에너지 흐름, 반사되는 에너지 흐름, 그리고 열로 나가는 에너지 흐름에서 나타난 오차를 이용하여 산출할 수 있다. 에너지 불균형의 오차를 표준 통계 제곱 평방근(Root Mean Square) 규칙을 사용하여 구하면 $±3W/m^2$이다(그림 4-8).

이렇게 구한 오차범위 $±3W/m^2$는 IPCC가 주장하는 전체 에너지 불균형 $1W/m^2$의 3배가 되고, [그림 4-7]에 좌측 아래에 명시한 바다 가열 불균형 $0.7W/m^2$의 4배가 넘는다. IPCC가 주장하는 두 에너지 불균형은 모두 오차보다 크게 낮은 수준이다. 에너지 불균형 수치는 오차로 인해 의미 없는 수치가 될 것이다. 따라서 IPCC는 에너지 불균형이나 지구온난화가 일어난다고 주장할 수 없다. 하지만 IPCC는 이러한 사실을 외면하고 얼버무리며 지구온난화라고 거짓말(Fudge)을 하고 있

Energy Flow	Mean (W/m²)	Error (W/m²)
Solar Incoming	340	+/- 0.5
Solar Reflected	(100)	+/- 1.5
Thermal Outgoing	(239)	+/- 2.5
Balance	1	+/-3

그림 4-8 대기 상층부에서 유입·유출되는 에너지양과 오차

다. IPCC가 에너지 불균형 $1W/m^2$만 제시하고 그 값의 오차에 관해서는 아무런 언급이 없는 이유를 짐작하게 한다.

4.3 두 번째 강의: 구름 온도 조절 기작

IPCC의 두 번째 중요한 임무는 지구의 기후를 조절하는 대기의 지배적인 과정을 규명하는 것이다. IPCC와 관련자들은 지구의 지배적인 기후 조절 과정을 완전히 잘못 이해하고 있다. IPCC는 (존재하지도 않는) 지구온난화의 지배적인 원인으로 대기 중의 온실가스를 희생양으로 삼고 있다. 이는 크게 잘못된 것이다. 지구 기후의 지배적인 조절 과정은 "구름의 온도 조절 기작(Cloud Thermostat Mechanism)"이다.

구름의 온도 조절 기작은 주택에 있는 실내 온도 조절 장치의 작동과 정확하게 같다. 구름이 햇빛을 가릴 때는 주택의 가열 장치가 꺼진 상태다. 구름이 사라지면 가열 장치는 켜진 상태가 된다. 또 구름이 차지하는 비율이 높아지면 해수면에 도달하는 태양광이 줄어들어 바닷물 증발량이 감소한다. 구름 비율이 낮아지면 태양광이 늘어 다시 더 많은 바닷물이 증발하여 구름이 만들어진다.

지구는 이처럼 물의 증발과 구름 형성을 통해 자동으로 온도 조절이 이루어진다. [그림 4-7]에서 지구 표면에 도달한 태양 에너지($160W/m^2$)의 가장 큰 부분($82W/m^2$)이 물이 증발하는 잠열에 사용되고 있다는 사실이 이를 짐작하게 해준다. 그리고 구름의 온도 조절 기작은 지구의 기온과 기후 안정성에 대해 매우 강력한 제어 기능을 제공한다. 이산화탄소나 메탄가스 등으로 인한 온실효과는 이 구름의 온도 조절 능력에 의해 완전히 함몰된다. 결과적으로, 지구의 기후는 온실가스의 급격한 증가와 폭발적인 화산 활동과 같은 엄청난 교란에도 강력하게 안정적이다.

지구 기온과 구름의 역할

지구 하늘의 2/3가량은 구름이 덮고 있다. 그리고 지구의 표면은 70%가 바다다. 바다에 내리쬐는 73%의 태양 에너지는 물의 증발에 사용되고 그렇게 해서 구름이 만들어진다. 다시 말하면 지구에 도달한 태양 에너지의 많은 부분은 구름을 만드는 데 소비된다. 여기까지는 IPCC도 같은 주장을 하고 있다.

구름의 형태는 매우 다양하지만 모든 구름의 색은 거의 완벽하게 흰색이다. 그래서 구름 위로 내리쬐는 태양광의 80~90%는 다시 우주로 반사된다. 구름이 끼고 비가 내리는 날에는 불을 켜지 않으면 책을 읽을 수 없을 정도로 어두운 이유는 지구로 들어오는 태양광 대부분이 다시 우주로 반사되었기 때문이다. IPCC는 이 중요한 사실을 의도적으로 외면하고 있다.

IPCC는 구름의 온도 조절 기능을 무시할 뿐만 아니라, 숫자를 조작하고 에너지 추정치를 의도적으로 만들어냈다. 수많은 정밀 관측에 따르면 구름에 의한 태양광 반사율이 0.8~0.9(80~90%)다. 그러나 IPCC는 구름의 태양광 반사율 전체 값을 0.36으로 설정하고 있다. 실제 측정값과 약 2배 이상 차이가 난다. 이것은 분명히 매우 잘못된 거짓이다. 참고로 흰색 종이의 햇빛 반사율은 0.99, 녹색과 갈색으로 된 육지와 진한 푸른색 바다도 약 0.16이나 된다. IPCC가 구름의 태양 반사율을 일

부러 낮게 설정한 이유는 대기 이산화탄소가 지구온난화를 일으킬 수 있다는 거짓 결론을 유도하기 위함이다.

구름과 지구의 에너지 불균형

구름의 온도 조절 기작을 지구의 에너지 불균형에 적용하면 IPCC의 지구온난화 주장은 더욱 설득력을 잃게 된다. 구름에 의해 반사된 에너지의 변화로 인해 실제로 나타나는 에너지 불균형은 18~55W/m^2(태양 상수의 연간 변화 정도를 포함하면 40~77W/m^2)이며, 강한 지속적인 변동이 관찰된다. 따라서 구름이 햇빛 에너지 반사를 조절하여 최소 18W/m^2의 가용 에너지 범위로 지구의 에너지 불균형을 제어할 수 있다. 이 강도는 IPCC가 주장하는 바다 가열 에너지 불균형 0.7W/m^2의 최소 26배나 되고 오차 범위 ±0.2W/m^2를 고려하면 36배가 된다. 최대 태양 상수 변동을 추가하면 최대 가용 에너지 범위는 77W/m^2로 늘어난다. 이는 IPCC 바다 가열 에너지 불균형 0.7W/m^2보다 110배 이상 크고, 오차 범위 ±0.2W/m^2를 고려하면 154배나 된다.

IPCC가 주장하는 바다 가열 에너지 불균형 0.7(±0.2)W/m^2는 구름의 온도 조절로 인한 가용 에너지 범위 약 18~77W/m^2에 의해 완전히 함몰되어 버린다. 이러한 에너지 불균형이 무작위이지 않고 준주기적으로 나타나는 것이 위성으로 관찰된다. 실제로 이것은 지구의 기후와 기온을 조절하고 안정화시키는 중요한 피드백 메커니즘이다. 이는 구름 온도 조절 기작에 의한 역동적인 에너지 불균형이 지구에 지속적인 에너지 축적이 일어날 수 없게 하는 것을 의미한다.

이 결론은 IPCC가 30년 넘게 해온 주장과 명백히 상반된다. IPCC가 지구온난화의 원인이라고 주장한 에너지 불균형은 거짓이다. 온실가스로 인한 지구온난화는 일어나지 않는다. 그래서 기후 위기는 없다. 그런데 IPCC는 부정직하게 그리고 의도적으로 이러한 현상을 무시하고 "지구온난화 없음"을 "지구온난화 진행"으로 바꿨다. 구름의 온도 조절 기작이 온실가스의 영향을 완전히 왜소화시키기 때문에 의도적으로 무시한 것이다. 그 외에도 이 IPCC의 에너지 흐름에는 여러 가지 오류를 내포하고 있다. 이러한 의도적인 오류들은 심각한 과학의 부패를 보여주는 명백한 증거다.

미국의 경우 국가 기관도 예산확보를 위해 과학의 부패에 동참하고 있다. 국립해양대기청(NOAA)도 IPCC의 기후 위기 도그마를 따르고 있다. 그런데 그들이 내놓은 관측 자료는 자신들의 기후 위기 주장과는 반대다. 허리케인, 토네이도, 폭염, 가뭄, 산불 등은 강해지는 것이 아니라 약해지고 있으며 증가하는 것이 아니라 감소하고 있다. 특히 대기 이산화탄소 증가 시나리오에 기반한 모델 기반 예측과 완전히 반대로 가고 있다.

4.4 요약 및 결론

IPCC와 협력자들은 관측된 데이터와 컴퓨터 모델을 기반으로 지구에 온난화가 진행된다고 주장하지만 이것은 날조된 거짓이다. 관측 데이터와 컴퓨터 모델 모두 심각한 결함이 있다. 컴퓨터 모델에 들어있는 물리학에 심각한 문제가 있고 예측도 전혀 신뢰할 수 없다.

바다는 지구 표면의 70%를 구성하고 바다에 입사하는 햇빛 에너지의 73%는 지구를 따뜻하게 하지 않는다. 대신 구름을 만들어 소비된다. 물의 증발과 구름 형성이 지배적인 태양 에너지 사용 메커니즘이다. IPCC는 최소한 0.8이어야 할 구름의 햇빛 반사율을 0.36으로 결정했다. IPCC와 NOAA는 에너지 불균형으로 인해 위험 수준의 극한 기상 현상이 이미 증가했다고 주장한다. 하지만 NOAA의 관측 자료는 자신들의 주장과는 상반된다.

나는 전 세계인들에게 좋은 소식을 전한다. IPCC와 기후 선동가들이 무슨 말을 하더라도 진짜 기후 위기는 없다! 지구는 위험하지 않다! IPCC (그리고 NOAA) 주장은 부정직한 사기다. 수조 달러의 돈이 낭비되고 있다. 기후 위기는 수조 달러가 걸려 있는 엄청난 사기극이다.

4.5 정책 입안자들을 위한 제언

기후 위기는 없다! 하지만 지금 전 세계 많은 인류에게 괜찮은 생활 수준을 제공하기 어렵게 하는 매우 현실적인 에너지 부족 위기가 있다. 잘못된 기후 과학과 이에 대한 정부의 혼란스럽고 잘못된 대응으로 에너지 위기가 불필요하게 악화되고 있다.

정부와 기업들은 현재 지구 대기의 온실가스인 이산화탄소와 메탄가스를 제한하기 위하여 수조 달러를 불필요하게 지출하고 있다. 이산화탄소와 메탄가스는 오염물질이 아니다. 그것들은 모든 오염물질 목록에서 즉시 삭제되어야 한다. 이 간단한 조치 하나만으로도 수조 달러의 돈을 절약할 수 있다! 그것들이 기후에 미치는 영향은 무시할 수 있는 수준이다. 게다가, 대기 이산화탄소는 실제로 지구 생태계와 인류의 식량 생산에 유익한 자원이다.

IPCC는 "탄소 중립" 정책으로 온실가스가 대기에 배출되는 것을 막기 위해 수조 달러 지출을 의무화하고 있다. 이 정책은 간단히 종료되어야 한다! 나는 이산화탄소 배출을 제한하려는 모든 노력을 즉각 중단할 것을 권고한다! 환경과 에너지를 비롯한 많은 국가 정책에서 탄소 배출 한도, 탄소 배출권, 탄소 격리, 탄소 발자국, 탄소 배출 제로 목표, 탄소세, 반탄소 정책, 화석연료 제한 등을 없애면 수조 달러를 절약할 수 있다.

전기차, 태양광, 풍력, 기타 발전 등에 대한 정부 보조금은 모두 사라져야 한다. 화석연료는 사용하기에 완벽하게 좋다. IPCC가 제안하는 기후 안정화를 위해 이산화탄소를 포획하는 등과 같은 각종 지구공학 프로젝트를 즉시 취소해야 한다. 이러한 프로젝트에 연간 수십억 달러가 낭비될 수 있다.

결론적으로 IPCC의 반탄소 정책(Anti-carbon policies)은 전면 수정돼야 한다. 고인이 된 에버렛 더크센(Everett Dirksen) 상원의원이 1969년 베트남 전쟁과 아폴로 달 착륙 계획에 대해 말한 것처럼 "여기 1조 달러, 저기 1조 달러"라고 하다 보면, 이는 곧 당신 주머니의 진짜 돈을 이야기하게 될 것이다. 수조 달러를 헛되이 낭비하지 말아야 한다.

"트럼프 정부의 새로운 기후에너지 정책은 국민 주머니의 진짜 돈 수조 달러를 헛되이 낭비하지 않기 위하여 존 클라우저 박사의 제안을 그대로 따르고 있다."

■ 세계를 향해 임박한 기후 대재앙을 선포한 유엔 IPCC 6차 기후보고서의 부정직함을 파헤친다. 기후 모델에 적용된 지구 기후 역사와 위성 실측 데이터의 조작을 폭로하고, 실측 데이터를 근거로 지구온난화의 진짜 원인을 밝힌다.

20km 상공에서 지구를 돌며 구름과 에너지 유입과 유출을 관측하는 미항공우주국(NASA)의 CERES 위성

제5장
조작된 기후보고서와 지구온난화 원인

지구온난화 현상을 과학적으로 규명하기 위해 1988년 설립된 IPCC는 1992년 유엔기후변화협약을 계기로 정치화되기 시작했다. 그 결과 IPCC가 발표하는 보고서는 횟수를 더해가면서 점점 공포의 수위를 높여갔다. 가장 충격적인 공포는 2023년 3월 20일에 발표한 제6차 종합보고서에서 나왔다. 늦어도 2025년까지 온실가스 배출이 줄어들지 않으면 지구의 기후는 영원히 회복 불가 상태가 되고 인류는 대재앙을 맞이하게 된다는 결론을 내린 것이다. 지금도 지구에는 매년 8천만 명에 가까운 인구가 증가하고 개발도상국과 저개발국의 화석연료 사용이 계속 늘어나는 것을 고려할 때 2025년까지 온실가스 배출이 줄어드는 것은 절대로 불가능하다.

제6차 종합보고서가 나오자 다시 한번 기후 선동이 시작됐다. 아이러니하게도 화석연료 사용이 급증하는 중국, 인도, 기타 개발도상국은 아무 반응이 없는데, 그동안 부지런히 온실가스 배출을 줄여왔던 선진 산업국들이 기후 재앙 선동과 탄소 중립 요구에 더욱 목소리를 높였다. 우리나라 역시 이 보고서가 나온 후 언론과 기후 선동꾼들이 대재앙이 임박했다며 정부와 국민을 극단적 공포로 몰아넣고 있다. 하지만 이 보고서에는 과학의 부패로 인한 수많은 부정직한 조작이 들어있다.

5.1 지구의 기후 역사 조작

유엔 제6차 기후보고서에서 가장 먼저 눈에 띄는 것은 지구의 기후 역사 조작이다. [그림 5-1]은 세계를 향해 충격적인 종말론을 선포한 IPCC 6차 보고서에 들어있는 기후 역사 그래프다. 우선 1850년부터 2020년까지의 지구표면 온도변화를 표시한 이 그림의 우측 그래프를 보자. 이 시기에는 제1장에서 비판한 두 번의 기후 게이트가 있었다. 1960년대와 1970년대에 있었던 지구 냉각화를 속이기 위해 "기온 하

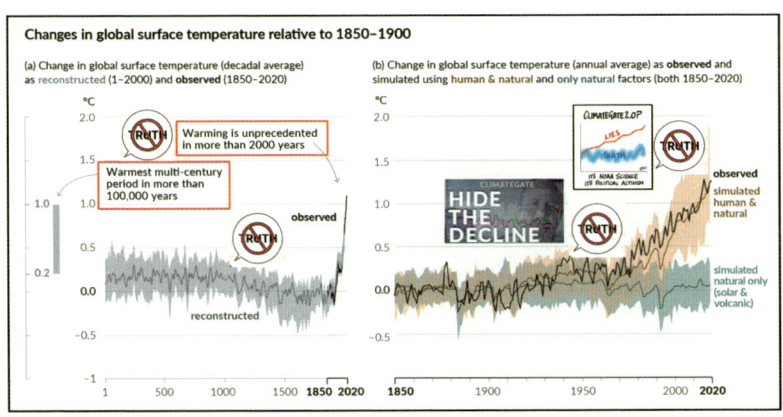

그림 5-1 IPCC 제6차 보고서의 거짓된 기후 역사

강을 숨겨라(Hide the decline)"라고 했던 제1차 기후 게이트와 1997년 5월부터 18년간 지속된 지구온난화 중지(Global warming hiatus)를 상승으로 바꾼 제2차 기후 게이트가 있었지만, IPCC는 이를 무시하고 조작된 상태 그대로 사용하고 있다.

그리고 좌측 그래프에서도 과거 2,000여 년 동안의 하키 스틱을 채택하고 있다. 하키 스틱은 인간에 의한 기온 상승을 만들어내기 위해 역사적 증거가 확실한 중세 온난기와 소빙하기를 삭제한 그래프다. 좌측 그래프는 지구의 기온이 지난 10만 년 동안 가장 따뜻했던 시기도 1850년부터 1900년을 기준으로 최대 1℃를 넘지 않았다고 명시하고 있다.

하지만 좀 더 역사를 거슬러 올라가서 보면, 이 또한 지구의 기후 역사 증거 자료와 맞지 않는 명백한 거짓말이다. [그림 5-2]는 그린란드 빙핵에서 측정된 온도인데, 인류가 정착 생활을 한 지난 1만 년 동안의 기온 변화를 나타낸다. 이 그림에서 보듯이 지금의 기온보다 1~2℃ 정도 더 높은 시기가 중세 온난기, 로마 온난기, 미노안 온난기(그리스 시대) 등 9번이나 더 있었다. 또한 제1장의 [그림 1-10]에서는 12만 년 전의 에미안(Eemian) 온난기가 지금보다 8℃가 높았다는 사실이 명시되어 있는데, [그림 5-1]에서는 이 시기를 제시하지 않았다. 8℃나 높았던 에미안 온난기를 도저히 부인할 수가 없었던 것 같다. 현생 인류가 지구에 출현한 것을 50만 년 전으로 추정하는데 왜 10만 년 전으로 제한했는지 이해할 수 없다. 그 이전의 지구의 기후 변화도 남극대륙과 그린란드 빙하를 이용하여 과학적으로 밝혀져 있고, 그 시기 이산화탄소 농도는 300ppm 이하였다.

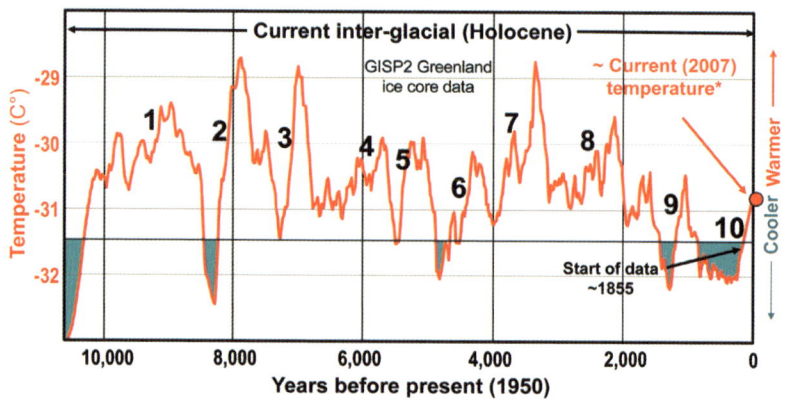

그림 5-2 그린란드 빙핵으로 관측된 지난 1만년 동안의
지구의 기온 변화(Y축은 그린란드 빙상 표면의 온도)

5.2 지구의 에너지 흐름 조작

제4장에서 존 클라우저 박사가 지적한 바와 같이 지구온난화 여부를 판단하기 위해서는 지구로 들어오는 태양 에너지와 반사되거나 열로 변하여 우주로 나가는 에너지를 비교하는 에너지 불균형 확인이 가장 좋은 방법이다. 미국 우주항공국(NASA: National Aeronautics and Space Administration)은 이를 위하여 1997년 11월에 지면으로부터 약 20km 고도(대기 상층부: Top of Atmosphere)에 인공위성을 올려 에너지 흐름을 관측하는 CERES(Clouds and Earth's Radiant Energy System) 프로젝트를 지금까지 시행하고 있다.

CERES 프로젝트에서는 지구로 유입되는 태양 에너지(Incoming Solar Energy), 구름과 에어로졸 등에 의해 반사되는 태양 에너지(Reflected Solar

Energy), 지구로부터 우주로 방출되는 열 에너지(Outgoing Thermal Energy) 등을 측정하고 있다. IPCC 6차 보고서에 나오는 지구의 에너지 흐름도인 [그림 4-7](144쪽)은 CERES 프로젝트와 같은 위성 관측 데이터를 근거로 하고 있다. 지구온난화 여부를 결정하는 순 에너지 흐름(Net Energy Flux)은 태양으로부터 지구에 들어오는 에너지(Incoming)와 반사되고 나가는 에너지(Reflected + Outgoing)의 차이를 나타내는 수치다. 들어오는 에너지와 반사되는 에너지는 짧은 파장(Shortwave, 자외선과 가시광선)이고 열로 방출되거나 남아 있는 에너지는 긴 파장(Longwave, 적외선)이다.

IPCC 보고서에 사용된 기후 모델도 지구에 유입 또는 유출되는 에너지를 계산하고 이를 CERES에서 관측된 수치와 비교하여 모델의 정확성을 확인한다. 그런데 2024년 7월 26일 미국의 네드 니콜로브(Ned Nikolov) 박사와 칼 젤러(Karl Zeller) 박사는 IPCC가 제6차 기후보고서 과학 부문(AR 6, WG1)에서 중요한 위성 데이터를 잘못 표현하고 있음을 폭로했다.[1] 보고서 작성자가 기후 모델 예측값과 위성 관측값을 비교하면서 관측값에 의도적으로 –1을 곱하여 추세를 뒤집었음을 세상에 알렸다. 지구에서 일어나는 현상을 바르게 알려야 할 과학자가 어처구니없는 일을 저지른 것이다..

[그림 5-3]은 IPCC 제6차 기후보고서 과학 부문(AR 6, WG1)에 나오는 Figure 7.3이다. 그림에서 (a)와 (b) 그래프의 붉은 선은 각각 여러 기후 모델이 예측한 지구 대기의 구름이나 에어로졸 등에 의해 반사된 태

---

[1] Nikolov & Zeller: Misrepresentation of Critical Satellite Data by IPCC https://tallbloke.wordpress.com/2024/07/26/nikolov-zeller-misrepresentation-of-critical-satellite-data-by-ipcc/

양 에너지 흐름(Solar Energy Flux) 평균과 열로 방출된 에너지 흐름(Thermal Energy Flux) 평균이다. 그리고 그래프 (c)는 지구에 남게 되는 순 에너지 흐름(Net Energy Flux) 평균이다. 각 그림에서 검은 실선은 CERES 프로젝트에서 관측한 수치다.

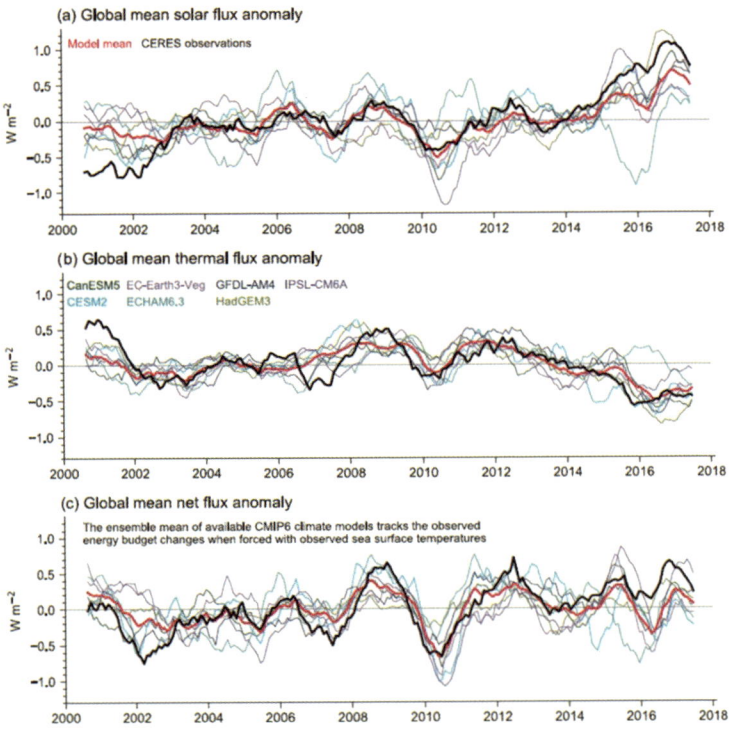

그림 5-3 IPCC 제6차 기후보고서가 제시한 지구 대기 상층부의 에너지 흐름

니콜로브와 젤러는 IPCC가 제시한 CERES 관측치[그림 5-3]의, (a)와 (b)는 [그림 5-4]와 [그림 5-5]의 위쪽 그래프처럼 되어야 한다고 지적한다. CERES 관측치 관련 다른 논문도 [그림 5-4]와 [그림 5-5]와 같은 방향으로 표현하고 있다.[2] 그런데 IPCC는 모델 예측값에 부합할 수 있도록 의도적으로 숫자 −1을 곱하여 추세를 뒤집은 것이다. 니콜로브

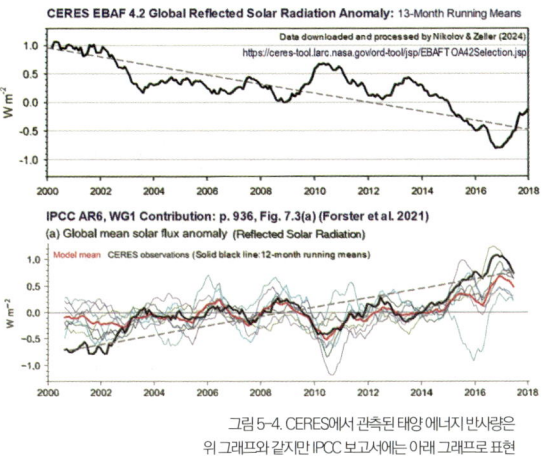

그림 5-4. CERES에서 관측된 태양 에너지 반사량은 위 그래프와 같지만 IPCC 보고서에는 아래 그래프로 표현

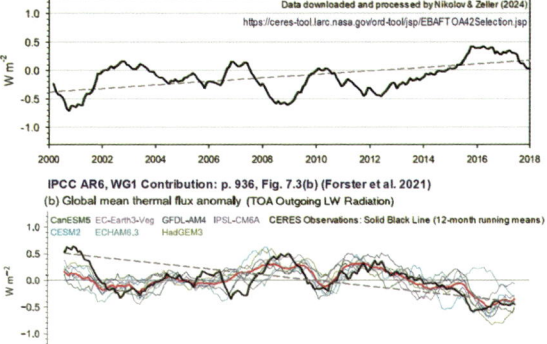

그림 5-5 CERES에서 관측된 열로 방출되는 에너지는 위 그래프와 같지만 IPCC 보고서에는 아래 그래프로 표현

와 젤러는 IPCC 보고서의 해당 부분(Chapter 7)을 작성한 영국 브리스톨 대학교 매튜 팔머(Matthew Palmer) 교수와 리드대학교 크리스 스미스(Chris

---

2) Dübal, H. and Vahrenholt, F. (2021), "Radiative Energy Flux Variation from 2001–2020," Atmosphere, 12(10), 1297; https://doi.org/10.3390/atmos12101297

Smith) 박사에게 연락하여 IPCC가 이러한 문제점을 알고 있음을 확인했다. 그리고 이들은 작성자에게 추세를 뒤집은 이유에 관한 소명 질의서를 보냈지만 합당한 답을 받지 못했다는 점도 밝혔다. 그림 [5-6]은 니콜로브와 젤러가 IPCC 보고서가 데이터 추세를 뒤집었음을 폭로하는 그래프(그림 5-4)를 배경으로 찍은 사진이다.

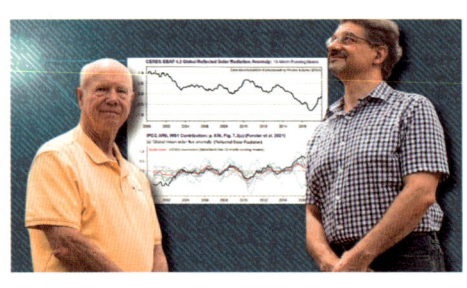

그림 5-6 IPCC가 데이터 추세를 뒤집었음을 폭로하는 젤러 박사(왼쪽)과 니콜로브 박사(오른쪽)

[그림 5-3]에서 그래프 (c)는 태양으로부터 유입되는 에너지(Incoming Solar)에서 반사되는 에너지(Reflected Solar)와 열로 방출되는 에너지(Thermal Flux)를 빼고 남은 에너지(Net Flux)를 나타낸 것이다. 그런데 IPCC 보고서에서 추세를 뒤집은 CERES 데이터로는 그래프 (c)의 수치가 산출되지 않음도 니콜로브와 젤러는 지적하고 있다. 이러한 문제점들은 IPCC 보고서 작성자들이 모델 예측값과 CERES 실측값 비교에서 의도적으로 조작했음을 자백하는 것이나 다름없다.

5.3 IPCC 기후 모델의 정확성

[그림 5-7]은 IPCC 보고서에서 온실가스 배출 시나리오에 따른 지구 기온 상승 정도를 나타내는 개요도다. 이 그림에서 보듯이 2030년 대 초에 기온 상승은 1.5℃에 도달할 것이라며 대규모 온실가스 감축(Large Reduction of Emissions)을 요구하고 있다. 이러한 예측과 감축 요구는

기후 모델의 정확성이 보장된다는 조건에서만 가능하다. 그리고 그 정확성은 기후 모델 예측값과 CERES 실측값의 비교를 통해 검증된다.

먼저 이 개요도 자체에도 보고서 작성자의 의도적 거짓이 포함되어 있음을 알 수 있다. 왼쪽 위에 기술한 산업화 이후 증가한 온도 상승분 1.1℃가 거의 모두 인간 활동에 의한 것이라고 한 점이나 아래에 제시한 1950년부터 2020년까지의 기온 상승 곡선이라고 한 것은 거짓인데, 여기에는 명백한 증거가 있다. 왜냐하면 1945년 이전까지 전 세계적으로 화석연료 사용이 많지 않았지만 기온 상승이 분명히 있었고, 아래 그래프에는 1960년대와 1970년대의 지구냉각기와 1998년 이후 지구온난화 중단기를 모두 삭제했기 때문이다.

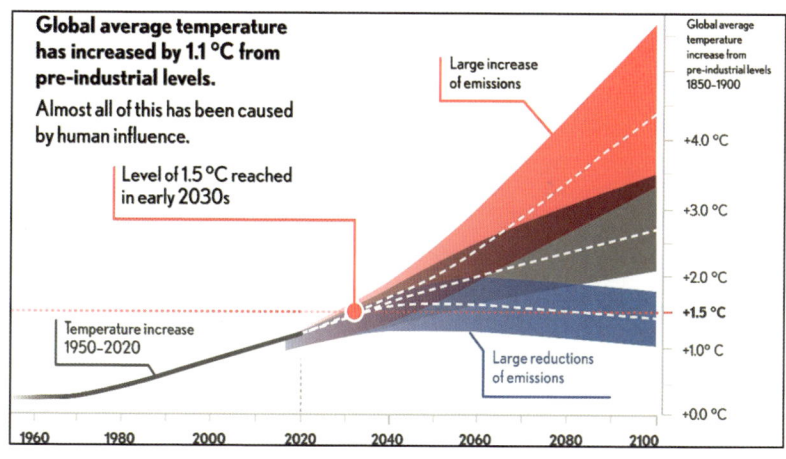

그림 5-7 IPCC 6차 기후보고서가 온실가스 배출 시나리오에 따른 미래 기온 상승 곡선

진짜 중요한 오류는 사용된 기후 모델의 부정확성에 있다. 니콜로브와 젤러는 IPCC가 사용한 기후 모델의 정확성은 신뢰할 수 있는 범위를 크게 벗어나 있음을 폭로 기사에서 밝히고 있다. 실측값의 추세를

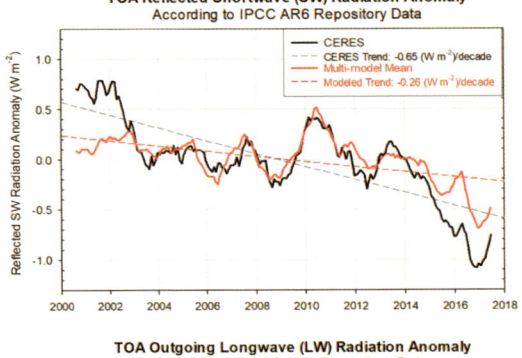

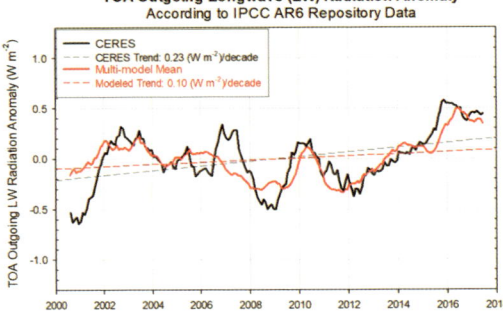

그림 5-8 IPCC 6차 보고서의 기후 모델 예측치와 실측치 비교

뒤집어 모델 예측값과 비교한 것도 어처구니없지만, 뒤집은 상태에서도 모델의 정확성은 너무나 형편없음을 지적하고 있다. 다시 말하면 데이터 조작도 문제지만 모델 자체도 쓸모없는 수준이라는 것이다.

[그림 5-8]의 두 그래프는 니콜로브와 젤러가 모델의 정확성을 검증하기 위해 추세를 뒤집은 상태에서 모델값과 실측값을 비교한 것이다. 두 그래프는 IPCC 보고서가 제시한 [그림 5-3]의 그래프 (a)와 (b)를 모델 예측값 평균과 실측값만으로 좀 더 크게 그리고 기울기를 산출한 것이다. 이 그림에서 보듯이 두 그래프 모두 모델 예측값과 실측값이 큰 차이를 보인다. [그림 5-8]의 위쪽 그래프에서 보듯이 반사된 태양 에너지(Shortwave)는 모델 예측값의 기울기가 −0.26(붉은색)인데 비해 실측값은 두 배가 넘는 −0.65(검은색)를 나타내고 있다. 그리고 아래쪽 그래프에서 보듯이 방출된 열(적외선: Longwave)은 모델 예측값의 기울기가 0.10(붉은색)인데 비해 실측값은 두 배가 넘는 0.23(검은색)이다.

두 그래프에서 볼 수 있는 동일한 특징은 실측치는 큰 기울기(-0.65, +0.23)를, 모델 예측치는 작은 기울기(-0.26, +0.10)를 나타내고 있다는 점이다. 이처럼 모델 예측치의 기울기가 실측치 기울기의 반에도 미치지 못하는 사실은 IPCC가 지구에서 나타나고 있는 구름의 태양 에너지 반사와 대기열 우주 방출을 무시하려는 의도를 노골적으로 보여주고 있다. 이

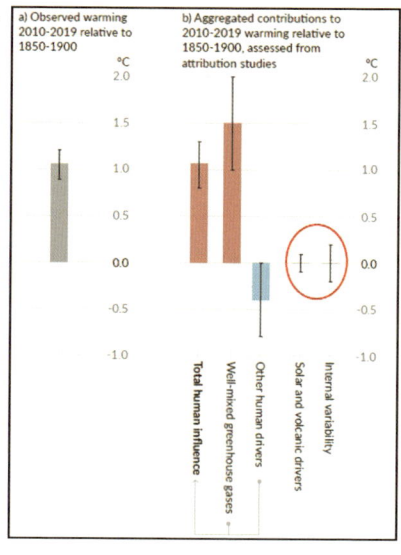

그림 5-9 IPCC 6차 보고서에 제시된 의도적 오류

렇게 하면 이 기간 기온 변화의 주원인을 구름 반사율이 아닌 온실효과로 바꿀 수 있기 때문이다. 이는 보고서를 작성한 과학자들이 부정직하게 지구의 온도 조절 기능을 조작하여 IPCC가 원하는 결론을 얻으려는 의도를 자백하는 것이나 다름없다. 이렇게 만들어진 기후 모델은 당연히 온실가스가 지구온난화를 유발하는 것처럼 된다.

[그림 5-9]의 막대 그래프는 IPCC 제6차 보고서에 2010년부터 2019년까지의 기온 상승 원인을 1850년부터 1900년까지의 기온에 대비하여 표현한 것이다. 그래프의 둥근 원으로 표시된 곳에서 보듯이 IPCC는 태양이나 화산(Solar and Volcanic drivers) 내부 변이(Internal Variability) 등이 아무런 영향을 미치지 못했고 온실가스(붉은 막대부분)만 영향을 미쳤다고 주장하고 있다. 하지만 왼쪽 그래프의 CERES 실측 데이터는 IPCC 주장과는 완전히 상반된다. 2010년부터 2019년까지의

기온 상승은 구름 반사력의 감소가 원인임을 CERES 실측 데이터가 분명하게 보여주고 있다. IPCC는 CERES 실측 데이터가 무엇을 말해주는지 알면서도 거짓말을 한 것이다. IPCC는 이처럼 지구에서 일어나는 에너지 흐름의 진실을 의도적으로 외면하고 엉터리 기후 모델로 세계를 향해 임박한 가짜 대재앙을 선포한 것이다.

5.4 지구온난화의 진짜 원인

니콜로브와 젤러는 IPCC가 CERES 실측 데이터의 추세를 뒤집었고, 제시한 기후 모델의 정확성은 형편없을 뿐만 아니라, 온실가스가 지구온난화 원인이라는 주장은 터무니없음을 입증했다. 그리고 그들은 지금까지 관측된 CERES 데이터를 이용하여 이 시기에 나타난 지구온난화의 진짜 원인을 밝히고 있다.

[그림 5-10]의 위쪽 그래프는 2000년부터 2024년까지 CERES에서 관측된 지구에 흡수된 태양 에너지(Shortwave) 이상치

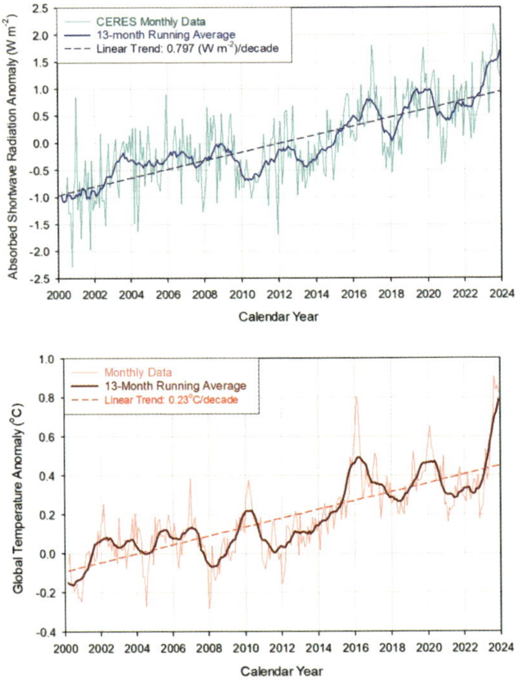

그림 5-10 CERES에서 관측된 지구 흡수 태양 복사 에너지(상)와 기온 변화(하)

(Anomaly: 이 기간 평균치에서 벗어난 양)이다. 이는 지구 대기 상층부에 도달한 태양 에너지에서 다시 반사된 에너지를 제외한 양이다. 푸른색 실선은 13

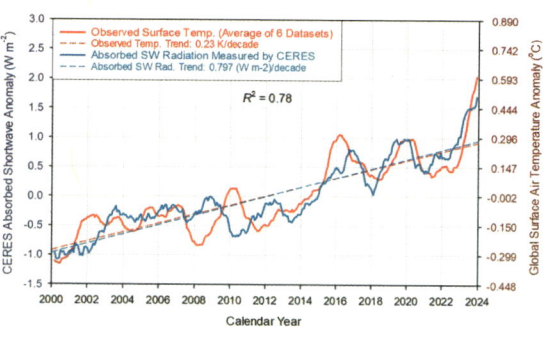

그림 5-11 CERES로 관측된 지구 흡수 태양 복사 에너지와 지구 온도 이상치 비교

개월 이동 평균이다. 이 그림에서 보듯이 약 25년 동안 상승과 하락을 반복하면서 기울기 0.797(Wm^{-2}/Decade)로 가파르게 상승하고 있다. [그림 5-10]의 아래쪽 그래프는 2000년부터 2024년까지 지구에서 관측된 6개 데이터 세트(HadCRUT5, GISTEMP4, NOAA GlobalTemp, BEST, RSS 및 NOAA STAR)의 기온을 월별 평균한 값이다. 붉은색 실선은 13개월 이동 평균이다. 그림에서 보듯이 약 25년 동안 상승과 하락을 반복하면서 기울기 0.23(℃/Decade)으로 가파르게 상승하고 있다.

니콜로브와 젤러는 [그림 5-10]의 상하 두 그래프에 제시된 각각의 이동 평균선을 합하여 [그림 5-11]에서 비교했다. 이 그림에서 붉은색 선은 기온을, 푸른색 선은 지구에 흡수된 태양 에너지를 나타내는 것으로 두 데이터는 높은 상관관계를 보인다(상관계수, R^2=0.78). 그리고 지구 기온은 흡수된 태양 복사량보다 0개월에서 9개월 사이에서 지연 반영되고 있음을 보여주고 있다. [그림 5-11]은 지구에 흡수된 태양 에너지가 지구온난화를 주도하고 있음을 분명하게 보여주고 있다. 기온의 상승 추세뿐만 아니라 연도별 오르내리는 폭에 이르기까지 시각적으로

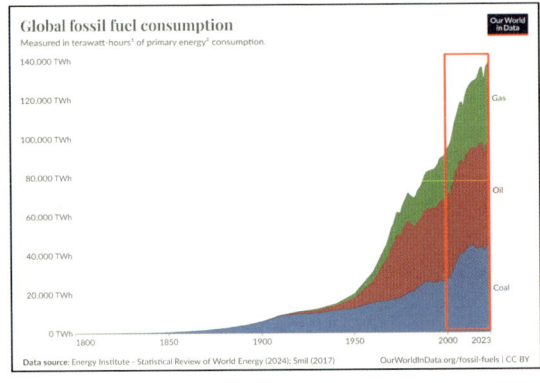

그림 5-12 전 세계 화석연료 사용량 변화

쉽게 짐작할 수 있게 해준다. 니콜로브와 젤러의 위성 관측 자료에 근거한 에너지 불균형과 기온 상승에 관한 연구 결과는 2024년 8월 논문으로 발표됐다.[3]

지구 대기에서 관측된 2000년의 이산화탄소 농도는 369ppm이고 2024년에는 425ppm에 도달했다. 이 기간 동안 대기 이산화탄소 농도 증가분은 약 56ppm으로 15%나 된다. [그림 5-10]은 이처럼 많은 이산화탄소 증가가 지구 기온에 어떤 영향도 주지 않았음을 명백하게 보여주고 있다. [그림 5-12]는 산업화 이전 1800년부터 2023년까지 화석연료 사용량 변화를 보여주는 그래프로 2000년 이후 지금까지 사용량은 전체 사용 총량의 30~40% 정도(붉은 선 안쪽)를 차지하고 있음을 나타내고 있다. 이 시기 사용된 많은 화석연료가 지구 기온에는 아무런 영향도 주지 못했음을 [그림 5-11]은 잘 보여주고 있다.

그동안 세계적인 과학자들은 지구의 기온 결정에는 태양으로부터 대기 상층부에 도달하는 에너지가 첫 번째 요인이고, 지면 가까이 흡수되

---

[3] Ned Nikolov and Karl Zeller, "Roles of Earth's Albedo Variations and Top-of-the-Atmosphere Energy Imbalance in Recent Warming: New Insights from Satellite and Surface Observations," *Geomatics*, 311-341(2024), 4. https://doi.org/10.3390/geomatics4030017

는 태양 복사량을 결정하는 구름의 역할이 두 번째 요인이라고 누차 강조해 왔다. 그리고 지금 지구 대기에 증가하는 이산화탄소는 지구의 기온에 어떤 역할도 할 수 없음을 주장해 왔다. [그림 5-11]은 이들의 주장이 옳았음을 지구 대기 상층부에서 위성으로 관측된 수치로 입증해 주고 있다.

니콜로브와 젤러의 CERES 데이터 분석에서 찾을 수 있는 또 다른 중요한 사실은 그동안 기후 선동가들이 즐겨 사용해온 [그림 5-13]에 들어있는 거짓이다. 이 그림을 보면 지구의 기온은 1980년대 후반부터 계속 상승하고 있고 태양의 활동은 1990년대 이후 떨어지고 있다. 기후 선동가들은 이 그래프로 지금의 기온 상승은 태양의 활동이 아니라 증가하는 이산화탄소의 온실효과 때문이라고 주장한다. 그래서 이 그래프는 과학 지식을 가진 거의 모든 사람이 증가하는 이산화탄소가 지구온난화의 원인임을 인정하도록 만들었다.

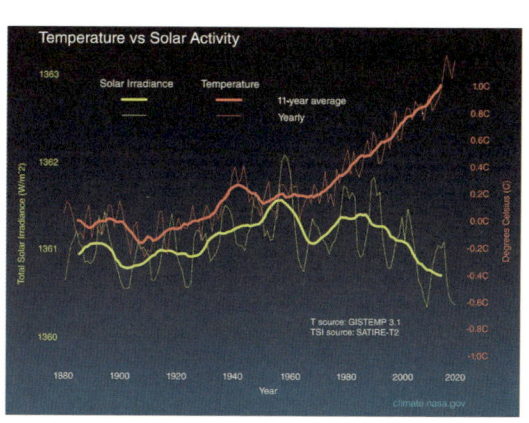

그림 5-13 기후 선동가들이 이용하는 잘못된 지구 기온과 태양 활동 비교

하지만 여기에는 거짓이 숨어있다. 태양의 활동이 약간($1W/m^2$) 떨어지고 있는 것은 사실이지만 [그림 5-10]의 위쪽 그래프에서 보듯이 지구에 흡수되는 태양 복사 에너지는 급속히 증가하고 있다. 다시 말하면 이 기간 구름의 태양 복사 반사력이 떨어져 지구에 흡수되는 태양 에너

지는 증가하고 그로 인해 기온은 상승할 수밖에 없었다. [그림 5-13]에 있는 또 다른 오류는 1997년 5월부터 2015년까지 계속된 지구온난화 중단 현상이 삭제된 GISTEMP 기온 데이터만을 보여주고 있다는 사실이다. 결론적으로 니콜로브와 젤러의 CERES 데이터 분석은 그동안 기후 선동가들이 즐겨 사용해왔던 [그림 5-13]은 신뢰성 없는 허상에 불과함을 밝혀주고 있다.

5.5 요약 및 결론

IPCC 제6차 종합보고서에 충격받은 유엔 사무총장 안토니우 쿠테흐스는 2023년 9월 20일에 개최된 제78차 유엔기후목표 정상회의에서 "인류가 기후 위기로 인해 지옥으로 가는 문을 열었다"라고 선언했다. 그의 발언은 전 세계를 기후 공포에 빠지게 했다. 하지만 6차 보고서는 수많은 오류로 인해 발간 즉시 비판이 제기됐다. 클린텔은 2023년 5월 〈IPCC에 대한 냉철한 기후 비평(The Frozen Climate Views of the IPCC)〉이라는 책으로 그 오류를 상세히 지적한 바 있다.[4]

2024년 7월에 나온 니콜로브와 젤러의 CERES 관측 데이터 조작과 기후 모델 부정확성 폭로는 IPCC의 존재마저 위협하게 됐다. 지금 전 세계가 주목해야 할 것은 기후 위기가 아니라 IPCC의 존폐 위기다. IPCC는 유엔으로부터 지구 기후변화의 과학적 규명과 대책에 관한 중요한 임무를 부여받았지만 보고서 작성자들은 부정직하고 의도적인 오

---

4) Marcel Crok & Andy May, *The Frozen Climate Views of the IPCC: An Analysis of AR6*, Andy May Petrophysicist, 2023.

류를 범했다. 조작한 실측 데이터와 거짓투성이 기후 모델로는 지구와 인류의 미래를 논할 자격이 없다.

니콜로브와 젤러는 위성에서 실측된 데이터를 근거로 지구의 기온은 무엇이 결정하는지 보여줬고 기후 선동가들의 우상을 무너뜨렸다. 지금까지 보여준 분석 자료에서 분명히 확인할 수 있는 사실은 지구의 기온에는 태양의 활동과 구름의 영향이 함께 작용하고 있으며 온실가스는 아무런 영향도 주지 못한다는 것이다. 지구 대기 상층부에서 위성으로 실측된 태양 복사, 구름 반사, 열 방출 등과 같은 에너지 흐름 데이터는 유엔이 세계를 통제하기 위해 만들어낸 기후 공포가 터무니없는 거짓임을 입증하고 있다. 이제 우리는 유엔이 주장하는 기후 위기와 탄소 중립을 과감히 버리고 제4장에 기술한 존 클라우저 박사의 진짜 과학과 조언을 따라야 한다. 아울러 IPCC를 폐쇄해야 한다. 그렇게 되면 세계인들은 기후 대재앙 공포에서 벗어나 평화로운 삶을 살아갈 수 있고, 그동안 약탈당한 자유와 재산을 되찾게 될 것이다.

■ 영국 논픽션 작가 데이비드 크레이그와 함께 쓰고 번역한 글이다. 2023년 3월부터 2024년 5월까지 에포크타임스코리아(www.epochtimes.kr)에 게재한 칼럼들을 다듬어 주제별로 묶었다.

지구온난화 이론이 사회주의 세계화에 놀라운 명분을 제공함을 경고한 마가렛 대처 제71대 영국 수상

제6장
기후 위기와 탄소 중립을 비판한다

데이비드 크레이그 (David Craig) / 영국 시사 논픽션 작가

유럽연합, 영국 정부, 대학 재단, 금융 서비스, 비대해진 자선 사업 등의 부정직함, 무능, 어리석음, 탐욕, 낭비를 폭로하는 등 세계적인 논쟁 이슈에 관해 "Rip-off!: The Scandalous Inside Story of the Management Consulting Money Machine (2005)", "Squandered: how Gordon Brown is wasting over one trillion pounds of our money (2008)", "There is no climate crisis (2021)"등 10여 편의 시사 논픽션을 저술했다.

6.1 안토니우 구테흐스의 기후 망언

유엔사무총장, 새 IPCC 의장, 노벨상 수상자, 누가 진실을 말하나?

2023년 6월과 7월에는 기후 변화에 관한 매우 흥미로운 뉴스가 연속 발표됐다. 유엔 사무총장 안토니우 구테흐스(Antonio Guterres)는 2023년 7월 27일, "지구온난화 시대는 끝났다. 지구가 끓는 시대가 시작됐다"라고 선언했다. 그리고 며칠 뒤, IPCC 새 의장으로 선출된 짐 스키(Jim Skea) 영국 임페리얼 칼리지 교수는 종말론적 메시지는 일반 대중을 "공포로 마비시킬" 뿐이고 지구를 구하는 행동을 촉구하는 동기를 부

여하지 못하게 한다는 경고를 했다. 그는 또 파리기후변화협약에서 마지노선으로 명시한 산업혁명 이전보다 1.5℃ 상승을 넘는다 해도 "인류 멸망을 초래할 위협은 아니다"라며 구테흐스와 대립각을 세웠다.

이보다 앞서 6월 26일 한국에서 개최된 "퀀텀 코리아(Quantum KOREA) 2023" 개막식 기조 강연에서 2022년 노벨물리학상 수상자 존 클라우저(John Clauser) 박사는

신임 IPCC 짐 스키 의장이 잘못된 기후 위기에 반발하는 것이 옳다
(지구온난화 정책재단, GWPF)

"IPCC가 잘못된 정보를 퍼뜨리고 있다"라고 비판하며 "나는 기후 위기가 없다고 생각한다"라고 공언했다. 그는 또 "IPCC는 잘못된 정보를 퍼뜨리는 가장 위험한 기관 중 하나이며, 세계는 사실상 사이비 과학과 저질 과학, 그리고 과학적 오해와 거짓에 빠져 있는 상태"라고 말했다.

분명한 것은 세 사람의 말이 모두 옳을 수는 없다는 것이다. 안토니우 구테흐스의 주장대로 지구는 펄펄 끓는 기후 대재앙으로 향하는 것일까? 아니면 짐 스키 교수의 말처럼 인간의 활동이 기후 변화를 일으키고 그 변화에 인간은 적응할 수 있는 것일까? 아니면 IPCC가 거짓말을 하고 있고, 기후 위기는 없다는 존 클라우저 박사의 말이 옳다고 믿고 맘 편히 살아도 될까? 세 사람의 말 중 무엇이 진실인지 알아보자.

먼저 유엔 사무총장 구테흐스의 말은 간단한 고기후학 지식으로도 거짓임을 알 수 있다. 고기후학을 연구하는 과학자들은 깊은 바다의 퇴적물을 이용하여 5억 7천만 년 전까지 지구 기온을 추정해 내고 있다. 또 남극대륙과 그린란드 빙하를 통해 최대 80만 년 전까지 지구의 대

기 상태를 비교적 상세히 밝히고 있다. 지금까지 밝혀진 과학적 데이터에 따르면 지구는 5억 7천만 년 동안 섭씨 15도가량의 기온 상승과 하락을 반복해 왔으며, 우리가 사는 이 시기는 과거보다 매우 추운 홍적세 빙하기에 해당한다. 과거 지구가 따뜻했던 시기에 모든 생명체는 왕성하게 번성했고 인류 문명도 발달했다. 특히 인류가 정착 생활을 시작한 1만 년 동안에는 9번의 온난기가 있었으며, 모든 온난기는 지금보다 따뜻했고 인류의 삶은 한랭기보다 풍요로웠다.

IPCC 새 의장 짐 스키 교수의 "인간은 기온 상승에 적응할 수 있으며 구테흐스의 종말론은 틀렸다"라고 한 발언은 높이 평가할 만하다. 하지만 그는 여전히 인간의 활동이 지구온난화를 일으켰다고 생각한다. 이점에 관해서는 존 클라우저 박사를 비롯한 주요 과학자들의 의견이 IPCC 주장과 계속 대립하고 있지만 몇 가지 사실 확인만으로도 누가 옳은지 알 수 있다.

첫 번째 사실은 지난 몇백 년 동안 실제로 관측한 기온 데이터의 추이를 그린란드와 남극대륙 빙하에서 추정한 이산화탄소와 비교해 보면 알 수 있다. 인간은 1659년 영국에서 온도계를 발명하면서 기온을 관측하기 시작했다. 이후 유럽, 미국, 호주 등에서 국지적인 기온 관측이 이루어졌고 그 기록이 남아 있다. 관측 기록과 학술 논문, 그리고 당시 신문 기사를 통해 과학자들은 1880년대부터 1940년대까지 60년 동안 지구는 0.5℃에서 1℃ 정도 따뜻해졌음에 대체로 동의한다. 특히 유럽, 미국, 호주 등의 신문 기사는 극지방의 빙하가 녹고 폭염으로 수많은 사망자가 발생했음을 생생하게 기록해 두고 있다. 이 시기 인간의 화석연료 사용은 극히 제한적이었고 대기 이산화탄소 농도는 300ppm 부근에 머물렀다. 이러한 역사적 기록은 지구온난화는 인간에 의한 것이 아님을 입증해 준다.

두 번째 사실은 1960년대와 1970년대에 있었던 지구냉각기에서 볼 수 있다. 인간은 1950년대 후반 기상 관측기구(풍선)를 사용하면서 좀 더 넓은 범위의 지구 대기를 관측하게 됐다. 그래서 과학자들은 지구가 식어가고 있음을 비교적 쉽게 감지하게 됐고, 뉴욕타임스와 같은 주요 언론은 1961년에 이 현상을 처음 보도하기 시작했다. 이후 지구냉각화에 관한 언론 보도는 미국과 유럽에서 계속됐고, 상황이 너무 심각해서 1972년에는 기후과학자 42명이 당시 리처드 닉슨 미국 대통령에게 다가오는 재앙에 대해 경고하는 편지를 썼다. 식량 생산의 현저한 감소와 극단적인 기상 이변에 대비해야 한다는 내용이었다. 그 여파로 미국 중앙정보국(CIA)은 식량부족으로 인한 국제 분쟁 발생을 우려하는 보고서를 작성했으며 언론에 보도되기도 했다. 이 시기는 선진산업국을 중심으로 인간의 화석연료 사용이 급증하고 있었다. 1958년부터 태평양에 있는 하와이 마우나로아 해발 4,000미터가 넘는 곳에서 지구 대기 상태 변화를 실측하고 있었기 때문에 이 시기 이산화탄소 농도는 정확하게 기록되어 있다. 화석연료 사용 급증과 대기 이산화탄소 농도가 증가하는 시기에 지구가 급속히 냉각되고 있었다는 사실은 지구온난화는 인간에 의한 것이 아님을 다시 한번 입증해 준다.

셋째는 1997년 5월부터 2015년 12월까지 계속된 지구온난화 중단 현상이다. 인간은 1979년부터 인공위성을 통해 지구 기온을 관측했기 때문에 이 시기에 지구온난화 중단이 확인된 것은 매우 정확한 데이터에 근거하고 있다. 이 기간 인간이 화석연료 사용으로 지구 대기에 배출한 이산화탄소는 산업화 이후 총량의 25~30%를 차지한다. 인간에 의해 엄청난 양의 이산화탄소가 배출됐는데 지구온난화 중단이 위성으로 확인됐음은 IPCC의 말이 틀렸음을 분명하게 증명하고 있다.

그 외에도 수많은 과학적 사실이 인간이 배출한 이산화탄소는 지구온난화를 유발하지 않았음을 말해주고 있다. 실제로 이산화탄소는 지구 대기에 수백만 분의 1(ppm 단위)로 측정해야 할 정도의 극소량(0.04%)을 차지하고 있고, 온실효과도 대기 수증기로 인해 아주 미약하며, 인간에 의한 영향은 무시할 수 있는 수준임이 과학적으로 밝혀져 있다. 이 분야를 오랜 기간 연구해 온 미국 프린스턴대학교 물리학과 윌리엄 하퍼(William Happer) 교수는 "과학은 아니라고 말한다"라며 IPCC의 주장을 극구 반대하고 있다. 또 존 클라우저 박사는 "이산화탄소 증가로 인한 미미한 가열 효과는 하늘의 절반 이상을 덮고 있는 구름의 거대한 자연 변동에 휩쓸려 아무런 역할을 할 수 없다"라고 했다.

세계적인 기후과학자 미국 MIT 리처드 린젠(Richard Lindzen) 교수는 "이산화탄소가 지구의 기후를 조절한다고 믿는 것은 마술을 믿는 것과 유사하다"라고 했다. 유엔은 국제 평화 유지라는 본래의 설립 취지는 외면하고 세계 각국의 산업 활동과 개인 생활을 통제할 수 있는 명분을 찾기 위해 우리에게 마술을 믿으라고 강요하고 있다. 하지만 지금 이 유엔의 강요 때문에 인류 역사상 가장 풍요로운 시대에 태어난 우리 아이들이 기후 대재앙 공포로 울부짖고 악몽에 시달리며 미래를 포기하고 있다.

우리는 안토니우 구테흐스 유엔 사무총장, 짐 스키 IPCC 새 의장, 존 클라우저 2022년 노벨물리학상 수상자 중 누가 진실을 말하고 있는지를 우리 아이들에게 알려서, 그들이 기후 공포에서 벗어나 희망찬 미래를 설계하고 행복한 삶을 살 수 있도록 해야 한다.

지구의 기후는 유엔 사무총장의 열대화 선언을 비웃는다

안토니우 구테흐스 유엔 사무총장은 지구 열대화 시대의 시작을 선언한데 이어 인류가 기후 위기 지옥문을 열었다고 세계를 향해 극단적 공포감을 조성했다.

하지만 지구에서 관측된 기온 변화를 보면 2023년 7월에 태평양의 엘니뇨-남방 진동(ENSO: El Niño Southern Oscillation)과 북대서양 진동(NAO: North Atlantic Oscillation)이 주는 온도 상승효과가 우연히 겹쳐서 고온 현상이 나타난 것을 제외하면 오히려 지구 냉각화 현상을 확인할 수 있다. 구글에 들어가 "2023년 기록적인 추위(2023 record cold)"를 검색하면 다음과 같은 전혀 예상하지 못했던 결과를 볼 수 있다.

- 2023년 1월 14일, 러시아 시베리아의 통구라흐(Tongulakh)에서 역사상 최저 기온인 영하 62.4℃가 기록됐다.

- 2023년 2월 4일, 캐나다 노바스코샤주 핼리팩스(Halifax) 공항은 역대 최강 추위인 영하 43℃가 기록됐다. 다른 많은 곳에서도 영하 40℃ 이하의 신기록을 세우는 등 캐나다 기온이 기록적으로 떨어졌다. 2월 19일에는 누나부트주의 셰퍼드 베이(Shepherd Bay)에서 영하 49.6℃를 기록했다.

• 2023년 3월 7일, 스코틀랜드 킨브레이스(Kinbrace)는 영하 15.2℃를 기록했고 영국 여러 곳에서 영하 15℃ 이하로 떨어졌다. 2010년 이래 가장 추운 3월이었다.

• 2023년 2월 4일, 미국 뉴햄프셔주의 워싱턴산(Mount Washington) 정상에서는 영하 78℃가 기록됐다. 이는 미국 관측 역사상 최강 추위였다. 한편 메인주 카리부(Caribou)의 국립기상청(NWS: National Weather Service)은 '서리 지진(Frostquakes)' 현상을 보고받았다. 이는 지진처럼 땅을 흔들어놓고 울리는 느낌을 일으키는 현상으로, 강추위로 땅이나 지하수에서 갑자기 균열이 발생할 때 나타난다.

• 2023년 2월 3일, 미국 매사추세츠주 보스턴에서는 영하 23℃가 관측되어 100년 넘게 유지된 최저 기록을 경신했고, 공립학교는 휴교를 공포했다. 그 외 로드아일랜드주 프로비던스(Providence)도 영하 23℃로 떨어져 역대 최저 기록인 영하 19℃를 크게 밑돌았으며 뉴욕주, 메인주, 매사추세츠주 등 여러 곳에서 역대 최저 기온을 기록했다.

• 2023년 6월 1일, 북유럽 핀란드의 라플란드 기상 관측소에서 역대 최저 여름철 기온인 영하 7.7℃를 기록했다. 이는 1962년 6월 3일 영하 7℃ 이후 최저 기온이었다. 미국 캘리포니아주는 2023년이 2011년 이후 가장 시원한 여름이었으며, 북유럽 스웨덴에서는 이례적으로 9월에 38cm나 되는 첫눈이 왔다. 이는 1932년 9월에 온 21cm보다 더 많은 적설량이다. 그 외 남아메리카, 호주, 남극대륙 등에도 역대 최저 기온을 기록했다는 보도는 계속되고 있다.

이렇듯 세계 곳곳에서 최저 기온이 관측되고 있음에도 지구열대화를 선언하는 유엔의 목적은 인간의 화석연료 사용으로 배출한 이산화탄소가 지구의 기후를 변화시킨 것으로 조작하여 잘사는 나라로부터 기후기금을 받아내고 세계 정부로의 권력을 확장하는 것이다. 하지만 과학은 인간 활동에 의한 이산화탄소는 지구의 기후를 변화시킬 수 없으며, 증가하는 이산화탄소와 기온 상승은 지구 생태계와 인류 번영에 축복임을 말해주고 있다.

2022년 노벨물리학상 수상자 존 클라우저(John Clauser) 박사를 비롯하여 수많은 과학자는 유엔의 주장을 정면으로 부정하고 있다. 1973년 노벨물리학상을 수상한 노르웨이 출신 이바르 예베르(Ivar Giaever) 박사는 세계 기후지성인 재단 클린텔(clintel.org)에서 "기후 위기는 없다"라는 세계기후선언(World Climate Declaration)을 이끌고 있다. 2021년에 발표된 이 선언에는 지금까지 전 세계 약 2,000명의 과학자들과 관련 전문가들이 서명했다. 또 1998년 노벨물리학상 수상자 로버트 로플린(Robert Laughlin) 미국 스탠포드대학교 교수는 기후는 "인류가 통제할 수 있는 능력 밖"이라며 유엔 기후대책의 무의미함을 주장했다.

유엔의 속셈은 사무총장 안토니우 구테흐스의 경력과 발언에서도 짐작할 수 있다. 구테흐스 사무총장은 포르투갈 사회당 대표로 총리를 역임했고, 1999년부터 2005년까지 전 세계 사회주의 정당 모임인 '사

사회주의인터내셔널 대표(1999-2005)로 활동했던 안토니우 구테흐스

회주의인터내셔널' 대표로 활동했다. 그는 2022년 "이제 지구를 불태우는 것을 멈추고 우리 주변에 넘쳐나는 재생 에너지에 투자해야 할 시간이다"라고 말했다. 그런데 기후 대재앙을 막아야 한다며 재생 에너지에 열심히 투자해도 지구 대기의 이산화탄소가 줄어드는 것은 절대로 아니다. 또 줄어든다고 해서 날씨가 좋아지는 것은 더욱 아니다. 국민의 세금은 재생 에너지 보조금으로 날아가고 국가 경제는 비싼 전기요금으로 심각한 타격을 받는 대신, 지금도 사회주의 세계화 꿈을 버리지 않고 있는 중국은 뒤에서 떨어지는 이익을 챙기게 된다.

다보스 포럼에서 있었던 유엔 사무총장의 새로운 기후 망언

매년 1월 스위스의 휴양 도시 다보스에서 개최되는 세계경제포럼(WEF: World Economic Forum)은 기업인, 경제학자, 저널리스트, 정치인 등이 만나 "더 나은 세상 만들기"를 논의하는 민간 주도 국제회의다. 1971년 1월 처음 시작할 때 명칭은 유럽 경영인을 대상으로 한 "유럽 경영포럼(European Management Forum)"이었으나, 이후 참석 대상을 전 세계로 확장하고 정치인도 포함하여 1987년부터 WEF로 명칭을 변경했다. 지금은 개최지명에 따른 "다보스 포럼"으로 널리 알려져 있다.

다보스 포럼(Davos Forum)은 매년 세계 경제에 부정적인 영향을 미칠 수 있는 위험성을 조사한 "글로벌 리스크 보고서(Global Risk Report)"를 발간하고 있다. 2024년 보고서는 지난 2023년 9월 4일부터 10월 9일까지 1,490명의 전 세계 전문가를 대상으로 한 설문 조사를 기반으로 작성되었으며, "기후 위기", "인공지능(AI) 부작용", "사회정치적 대립" 등이 2024년의 가장 중요한 위험으로 선정됐다. 보고서의 기후 위기에 고무된 안토니오 구테흐스(Antonio Guterres) 유엔 사무총장은 이번 포럼에 참석하여 1월 17일 연설에서 "기후 붕괴가 시작됐고 이제 우리는 역사상 가장 추운 해를 맞을 수도 있다"라고 말했다. 그리고 그는 세계를 향해 화석연료의 종식을 간곡히 부탁하며 이것은 공포 조장이나 선동이 아님을 강조했다.

그러나 그는 2023년 7월 27일에는 이와 완전히 반대로 "지구온난화 시대는 끝났고, 지구열대화 시대가 시작됐다"라고 선언한 바 있다. 그리고 2개월 뒤인 9월 20일에 개최된 제78차 유엔기후목표 정상회의에서 "인류가 기후 위기로 지옥으로 가는 문을 열었다"라며 세계인들에게 불지옥 지구를 연상하게 만들었다. 하지만 두 달 뒤인 11월 말부터 2024년 1월까지 유럽, 북미, 아시아 등 세계 곳곳에서 그가 선언한 열대화와 불지옥과는 정반대로 기록적인 폭설과 혹한을 겪게 됐다. 그리고 그가 본 스위스 다보스의 설경은 지구열대화와 불지옥에는 전혀 어울리지 않았다. 그러자 이번에는 기후 붕괴라는 말을 꺼내 들고 기록적인 추위도 화석연료 때문이라고 했다. 이제 지구열대화, 지옥문, 기후 붕괴 등은 대중 충격 언론용 기후 전문 용어로 남게 될 것 같다.

"지구온난화"라는 용어가 "기후 변화"로 바뀐 것은 지난 2005년경이다. 1997년

매년 세계경제포럼이 개최되는 스위스 다보스의 설경

에 유엔이 선진산업국을 대상으로 온실가스 감축을 의무화한 교토의정서를 채택하자 공교롭게도 그해 5월부터 지구에는 온난화 중단 현상이 관측되기 시작했다. 이후 온난화 현상이 다시 나타나길 기다렸지만, 중단 현상이 계속되자 기후 변화라는 용어가 일반화됐다.

2015년에 와서 동태평양에서 발생한 슈퍼 엘니뇨 현상으로 지구의 기온이 다시 상승하기 시작했다. 2017년에 제9대 유엔 사무총장으로 취임한 안토니우 구테흐스는 만사를 제쳐놓고 기후 선동에 매진했다. 이 시기에 등장한 말이 기후 위기, 기후 종말, 기후 비상사태, 기후 대재앙 등이다.

구테흐스가 지금까지 한 기후 어록을 보면 거의 광적인 수준이다. "인류는 기후 변화로 거주 불능 지구가 되고 있다는 힘든 진실과 마주하고 있다. 우리는 생존을 걸고 싸우고 있지만 패배하고 있다. 우리는 여전히 고속도로 위에서 가속 페달을 밟은 채로 기후 지옥으로 향하고 있다. 인류에게는 '함께 협력할 것인가 아니면 다 같이 망할 것인가'라는 선택권이 주어졌다. 그것은 곧 '기후 연대 협약인가 아니면 집단 자살 협약인가'이다." 전 세계 언론과 기후 선동가들이 지금까지도 그의 기후 어록을 즐겨 인용하고 있다.

2023년 지구가 기록적인 더위를 보이고 다시 혹한과 폭설이 찾아온 원인을 학계는 7년 만에 다시 나타난 슈퍼 엘니뇨로 보고 있다. 슈퍼 엘니뇨는 동태평양 해수면 온도가 평년보다 1.5℃ 이상 높아지는 현상을 말한다. 이는 인간의 활동과는 무관한 지구 열순환에 의한 자연 현상에 불과하다. 지난 1800년대에도 있었고, 20세기 후반에도 대기 이산화탄소 농도와는 무관하게 네 차례(1972~1973, 1982~1983, 1997~1998,

2015~2016)나 발생했다. 지난해 나타난 고온은 북대서양 진동(NAO: North Atlantic Oscillation)이 주는 기온 상승효과와 우연히 겹쳤기 때문이라는 사실도 확인됐다. 지금 증가하는 이산화탄소의 온실효과는 극히 미미하기 때문에 태양, 구름, 바다 등에서 일어나는 자연 현상에 의한 지구 기온 상승에는 어떤 영향을 줄 수 없음이 과학적 이론과 기후 역사로 여러 차례 입증됐다.

하지만 세계 평화와 안녕을 최우선시해야 할 유엔은 존재하지도 않는 상상 속의 공포로 인류를 위협하고 있다. 이에 순종한 한국을 비롯한 선진산업국들은 녹색기후기금을 매년 유엔에 헌납하고 있다. 유엔이 원하는 대로 화석연료를 줄이고 태양광·풍력 발전을 확대한 유럽 국가에서는 에너지 가격 상승으로 인해 제조업이 떠나고 일자리가 사라졌다. 유럽에서 태양광·풍력 비율이 가장 높은 독일은 이제 마이너스 성장을 걱정할 지경에 이르렀다.

독일 국적의 유럽연합 집행위원장 우르줄라 폰 데어 라이엔(Ursula von der Leyen)은 이번 포럼 연설에서 "다음 2년 동안 글로벌 비즈니스계의 최우선 관심사는 분쟁이나 기후가 아니다. 그것은 가짜 뉴스와 오보다"라고 말했다. 그동안 유럽의 잘못된 기후 정책을 이제야 깨달았음을 짐작하게 하는 대목이다. 지금 독일, 프랑스, 네덜란드, 벨기에 등에는 유럽연합(EU)의 기후 정책에 반발하는 농민 폭동이 계속되고 있다. 여기에 청소년들은 기후 선동으로 악몽에 시달리고 "어른들은 늙어서 죽겠지만 우리들은 기후 변화 때문에 죽게 됐다"라며 공포를 호소하고 있다.

2024년 다보스 포럼의 주제는 "신뢰의 재건(Rebuilding Trust)"이었다. 계속되는 가짜 뉴스와 오보가 인류 사회의 신뢰를 무너뜨리고 세계를 분열시키기 때문에 이런 주제가 만들어졌다. 전 세계 많은 언론은 신뢰할 수 있는 뉴스만을 보도한다고 주장하지만, 그들은 기후 변화에 관해서는 과학적 사실과 전혀 다른 뉴스를 퍼뜨리고 있다. 가장 큰 이유는 유엔이 만들어내는 가짜 과학과 가짜 뉴스 때문이다. 지금 인류 사회의 신뢰를 재건하기 위해 가장 먼저 해야 할 중요한 일은 유엔의 거짓 기후 정보 차단이다. "안토니우 구테흐스 씨, 세계 평화와 인류 번영을 위해 이제 제발 가짜 과학과 가짜 뉴스로부터 깨어나세요!"

6.2 눈앞에 다가온 통제사회

기후 선동에 속아 국민의 자유와 권리를 박탈당한 영국

유엔은 2023년 3월 제6차 기후평가 종합보고서에 "지구 존폐 10년 내 결정된다"라는 충격적인 결론을 내놨다. 이 보고서는 파리기후변화협약에서 탄소 중립을 약속한 세계 각국에 전하는 강력한 기후 위기 메시지가 됐다. 노벨물리학상 수상자들을 비롯한 세계적인 과학자들은 "기후 위기는 없다"라며 유엔의 결론을 일축하고 있지만, 이미 기후 위기에 깊이 세뇌된 일부 선진국들은 국제사회에 약속한 2050 탄소 중립을 달성하기 위해 에너지 전환 정책을 서두르고 있다.

탄소 중립에서 화석연료 대안으로 제시하는 것은 태양광과 풍력 발전, 그리고 전기차다. 영국은 태양광이 기상 조건에 적합하지 않아 해상 풍력을 권장하고 있지만, 이것 역시 사업성이 없어 최근에는 투자를 원하는 기업이 없다. 또 전기차는 정부가 2023년부터 보조금을 폐지하자 즉시 소비자들로부터 외면당하고 있다. 비싼 가격과 짧은 주행 거리 때문이다.

그래서 영국 정부가 내놓은 새로운 해결책이 주택과 건물의 에너지 사용을 통제하는 '2023 에너지법(Energy Act 2023)'이다. 이 법은 이미 의회를 통과하고 2023년 10월 26일 국왕의 서명도 받았다. 서명 2개월이 지나면 시행되기 때문에 2024년 영국은 세계적으로 보기 드문 강력한 에너지 통제국가가 된다.

의회에서 16개월 동안 논의를 거쳐 만들어진 이 법은 영국 에너지 안보전략(BESS: British Energy Security Strategy)을 위해 2030년까지 1,000억 파운드(약 165조 3천억 원)의 시설 투자로 48만 개의 일자리를 만든다는 명분을 내세우고 있다. 하지만 이 법에는 국가가 국민의 자유와 권리를 박탈하는 다음과 같은 무서운 강제 조항이 들어있다.

주택과 건물의 에너지 사용을 통제하는 2023 영국 에너지법

첫째, 기존의 전기와 가스계량기를 교체하는 법적 의무가 있다. 시행될 에너지법에 따르면 전기 공급업체의 직원은 개인 집에 들어가 재래식 계량기를 최첨단 스마트 미터(smart meter)로 교체할 권리가 있다. 스마트 미터는 공급업체가 무선통신기술로 개인 주택에서 사용하는 양을 실시간 확인할 수 있기 때문에 사생활을 침해할 수 있다. 더 큰 문제는 개인 집에서 전기를 너

무 많이 사용한다고 판단되거나, 소비자가 최대로 사용하는 시간에 전기 공급이 원활하지 못하면 일방적으로 전기 공급을 차단할 수 있다는 사실이다.

이 법은 주택 소유주가 스마트 미터 설치를 거부하거나 물리적 진입을 막을 수 없도록 했다. 만약 물리적 진입을 막을 시에는 스마트 미터 설치자는 경찰의 지원을 받아 건물에 들어가 '합리적인 힘'을 사용하여 기존의 계량기를 뽑아내고 스마트 미터로 교체할 수 있는 권한을 부여했다. 여기서 '합리적인 힘'은 스마트 미터 설치 중에 경찰이 방해자를 수갑으로 채우고 미터가 교체되는 동안 경찰서의 유치장에 감금하는 것을 의미한다.

둘째, 주택이나 건물을 임대하거나 팔 때 '에너지 성능 인증서(EPC: Energy Performance Certificate)'를 제출해야 하는 조항이 들어 있다. 앞으로 영국에서는 EPC 'C' 등급 이상이 아니면 사람이 거주하는 부동산을 임대하거나 팔지 못하게 된다. 집을 팔거나 임대할 때는 에너지 효율성을 증명하는 EPC를 작성하기 위해 전문 조사자에게 의뢰해야 하는 의무가 있다.

현재 영국에서는 연간 약 백만 건의 주택 매매가 이루어지고 있다. 이 중 약 41%의 주택 매매 건은 'A', 'B', 또는 'C'와 같이 EPC 등급이 'C' 이상이다. 따라서 새로운 에너지법에 따라 연간 59만여 채의 주택은 임대 또는 매매 전에 EPC 등급 향상을 위해 개조해야 한다. 이러한 개조는 이중 창문 설치나 벽 단열 추가와 같은 단순 작업에서부터 수천만 원이 들어가는 집 전체의 모든 파이프와 라디에이터를 교체하거나 바닥 재료와 난방을 재시공하는 대형 공사에 이르기까지 다양하다.

셋째, 새로운 에너지법은 '에너지 절약 기회 프로그램(ESOS: Energy Saving Opportunity Schemes)'을 도입한다. 스마트 미터를 사용하면 정부와 에너지 공급업체는 개인 주택에서부터 거대 도시에 이르기까지 언제 얼마나 많은 에너지를 사용하는지 정확하게 파악할 수 있다. ESOS는 에너지 검사관이 문제가 되는 주택에 들어가 에너지 사용을 평가하고 효율성을 높일 수 있는 합법적인 권리를 부여하는 것이다.

만약 새로운 에너지법이 요구하는 이러한 강제 조항을 거부할 경우, 최대 1만5천 파운드(약 2천5백만 원)의 벌금 또는 최대 1년의 징역형에 처할 수 있다. 정부가 국민에게 강압적으로 에너지 사용을 규제하는 것은 자유민주주의 국가에서 있을 수 없는 일이다. 전시 체제나 중국과 같은 사회주의 국가에서나 있을 수 있는 일이 영국에서 실제로 일어날 예정이다.

영국은 1215년 국왕의 마그나 카르타(Magna Carta) 서명에 따라 인류 역사상 최초로 국민의 자유와 권리를 쟁취한 자유민주주의 발상지가 됐다. 하지만 이제 다시 국민의 자유와 권리를 국가에 반납하게 됐다. 이유는 녹색 좌파의 기후 선동에 국민은 속아 넘어갔고, 알아도 침묵했기 때문이다. 지금이라도 한국은 기후 위기에 관한 과학적 사실을 검토하고 거짓 선동에 대한 범국민적 저항을 시작해야 한다.

기후 위기 허구성을 알면 비행기 여행 부끄럽지 않다

스웨덴어로 '플뤼그스캄(Flygskam)'이란 "비행기 여행을 부끄럽게 여긴다(Flight Shame)"라는 의미다. 이것은 탄소 배출을 줄이기 위해 느리더라도 비행기 대신 기차나 버스 등 육상 교통수단을 이용하자는 기후 선동가들의 구호다. 스웨덴 출신의 기후 선동가 그레타 툰베리가 이 말을 세계적인 유행어로 만들었다. 툰베리는 2019년 9월 유엔 총회에 참석하기 위해 미국 뉴욕에 가면서 2주 동안 태양광 요트로 대서양을 횡단했다.

비행기 여행이 부끄러워 2주 동안 요트 타고 대서양을 건너는 기후 선동가 그레타 툰베리

상업용 항공기가 내뿜는 온실가스는 전체 총량의 약 3% 정도로 알려져 있다. 승객 한 명이 1km 움직일 때 나오는 탄소량이 비행기는 285g으로 버스의 약 4배, 기차의 약 20배에 이른다. 그래서 유엔 산하 국제민간항공기구(ICAO: International Civil Aviation Organization)는 이를 빌미로 항공기에 대한 강력한 탄소 배출 규제를 시작했다. 선출되지 않은 국제기구 관료들이 세계인의 여행 자유를 구속하고 더 많은 경비를 요구할 수 있게 됐다.

현재 항공 수요는 다른 교통수단에 비해 급증하는 추세다. 그래서 세계 각국에서는 신공항 건설 붐이 일어나고 있다. 한국 정부도 급증하는 항공 수요에 대비하기 위해 연간 이용객 1,700만 명을 예상하는 부산 가덕도 신공항 건설을 2029년 12월 개항을 목표로 추진하고 있다. 여기에 서울 인천공항 확장이 완료되면 공항 수용 능력은 현재 연간 7,700만 명에서 1억 6,000만 명으로 증가하게 될 것이다.

가덕도 신공항 건설이나 인천공항 확장은 전 세계에서 벌어지고 있는 수많은 공항 건설 붐 중 하나일 뿐이다. 가장 큰 신공항 프로젝트는 두바이에 있다. 두바이는 2023년 기준 8,700만 명의 승객을 처리하는 현 공항을 대체하기 위해 10년 안에 알 막타움(Al Maktoum) 신공항을 건설하여 연간 2억 6천만 명의 승객을 수용할 계획이다. 이는 아마 지구상의 가장 큰 공항이 될 것이다.

중국은 가까운 미래에 매년 평균 8개의 새로운 공항을 개장할 것이다. 중국 민항국의 보고서에 따르면 2022년에만 6개의 화물 공항과 29개의 범용(화물 및 승객) 공항이 추가로 건설됐다. 현재 중국에는 화물 공항 254개와 범용 공항 399개가 있다. 이 공항들은 계속해서 기존 시설을 확장 및 개선하고 있다.

그 외 인도 북부 우타르프라데시(Uttar Pradesh) 노이다(Noida) 공항이 연간 7천만 명 승객 수용을 목표로 완공을 앞두고 있고, 태국 방콕의 수완나품(Suvarnabhumi) 공항은 현재 연간 6천만 명에서 1억 5천만 명 승객 수용을 위해 대대적인 확장 공사를 하고 있다. 몇 년 전 지구온난화로 인한 해수면 상승으로 지구상에서 사라질 것이라 했던 인도양의 몰디브도 현재 연간 여객 수용 능력을 300만 명에서 750만 명으로 늘리기 위해 4개의 신공항을 건설하고 있다. 또 베트남, 싱가폴, 필리핀 등에서 기존 공항을 확장하거나 신공항을 건설하고 있다.

세계 각국 정부와 항공사들이 지금 당장 대응해야 하는 것은 '지구열대화 시작'을 외치는 유엔 사무총장 안토니우 구테흐스가 산하 조직 국제민간항공기구(ICAO)를 통해 내놓은 탄소 규제다. 전 세계 모든 민항기를 통제할 수 있는 강력한 권력을 부여받게 된 ICAO는 2016년 '탄소 상쇄·감축제도(CORSIA: Carbon Offsetting and Reduction Scheme for International

Aviation)'를 채택했다. CORSIA는 국제항공 온실가스 배출량을 2019년 수준으로 동결하고 초과량은 배출권을 구매해 상쇄하는 제도다.

세계 항공사들은 2021년부터 CORSIA에 따라 자국 정부와 ICAO에 탄소 배출량을 보고해 왔다. 한국 국회는 CORSIA 기준을 충족하지 못할 경우 제재를 가하기 위해 2024년 2월 국제항공 탄소법을 제정했다. 이 법에 따르면 최대 이륙중량이 5.7t 이상인 항공기가 국제선 운항 과정에서 배출한 탄소량이 연간 1만t 이상일 경우 이 항공기를 운영하는 항공사는 국제항공 탄소를 상쇄·감축해야 하는 '이행 의무자'로 지정된다. 그리고 이는 결국 소비자의 항공료 인상으로 이어질 수밖에 없다.

현재 탄소 배출을 줄이기 위한 다양한 노력이 항공기 제조업에서 이루어지고 있지만 마땅한 대안이 나오지 않고 있다. 전기자동차처럼 배터리로 가는 비행기는 이미 나왔지만 겨우 한두 명 태우고 400㎞ 정도를 가는 경비행기 수준이다. 지금의 배터리 기술로는 100명 넘는 승객을 태우고 대륙을 오가는 전기비행기를 만드는 것은 불가능하다. 수소비행기는 현재 개발 중이지만 가까운 미래에 상용화하는 것은 불투명하다.

전기와 수소비행기가 불가능한 지금으로서 세계 항공사들이 주목하는 것은 '지속 가능한 항공연료(SAF: Sustainable Aviation Fuel)'다. SAF는 식물성·동물성 기름, 폐식용유, 농업 폐기물 등을 원료로 삼는다. 기존 항공유에 비해 이산화탄소 배출량을 최대 80%까지 줄일 수 있다고 하지만 가격이 2~5배나 더 높다. 비행기는 화석연료의 혜택으로 이루어진 인류 문명의 혁신적인 발전이다. 하지만 세계를 통제할 수 있는 더 많은 돈과 권력을 원하는 유엔이 과학의 부패를 이용하여 이를 되돌려 놓고 있다.

가짜 기후 위기의 폐해는 이미 우리 생활 깊숙이 들어와 있다. 우리가 기후 위기 허구성에서 깨어나지 못하면 앞으로 더욱 강력한 통제가 우리 삶에 가해질 것이다.

서울시장이 C40 도시기후 관련 해외 출장에서 결정해야 할 일

오세훈 서울시장이 2023년 9월 16일, 6박 8일 일정으로 미국 뉴욕과 캐나다 토론토 등을 방문하기 위해 해외 출장을 떠났다. 목적은 뉴욕에서 개최되는 'C40 도시기후리더십그룹 운영위원회'(19일) 및 '유엔기후정상회의 도시세션'(20일)에 참석하기 위해서다. C40은 기후 위기 대응을 위한 세계 대도시 시장 연합체로 지금까지 96개 도시가 가입했

오세훈 서울시장 C40 운영위원회 부의장 선출을 알리는 언론 보도

다. 특히 서울시장은 15인의 운영위원 중 한 사람으로 연합체 부의장을 맡고 있으며, 유엔 사무총장의 파트너로서 '유엔기후정상회의' 도시 참여를 조직하고 있다.

C40 96개 도시의 시장들이 하는 일은 유엔 사무총장과 함께 기후 위기에 대응하는 일이다. 이들은 온실가스를 감축하면 날씨가 좋아져서

폭염, 폭우, 가뭄 등과 같은 기상 이변이 줄어들 것으로 생각하고 있다. C40 96개 도시에는 현재 약 6억 명이 거주하고 있는데 시장들이 시민들을 위해 무엇을 계획하고 있는지 아는 시민은 극소수에 불과하다.

C40에서 공개한 계획은 대략 이렇다. 새 옷 구입은 2030년까지 39%, 2050년까지 66% 줄인다. 고기와 유제품 섭취량은 2030년까지 36%, 2050년까지 60%로 줄인다. 비행기 타는 횟수를 2030년까지 26%, 2050년까지 55%로 줄인다. 개인 소유 자동차 수를 2030년까지 24%, 2050년까지 51%로 줄인다. 또 C40 참여 도시는 건물 이용률을 개선해서 더 작은 집에 더 많은 사람을 밀어 넣고, 사용하는 전자 기기의 수명을 연장할 계획도 세우고 있다.

C40 계획서에는 다음과 같은 구체적인 사항도 있다. 시민들의 연간 고기 소비량을 16kg(하루 약 44g), 연간 유제품 소비량 90kg(하루 약 246g) 등으로 줄인다. 시민들은 1,500km 미만의 단거리 항공편을 두 명당 한 번씩 타도록 줄이고, 노트북을 비롯한 전자 기기의 수명을 현재 5년에서 7년으로 연장한다. 또 한국인의 경우 현재 하루 섭취 열량을 3,420칼로리에서 2,500칼로리로 줄이고, 연간 새로운 의류를 8개만 구매한다.

서울시는 2026년까지 경유나 휘발유 차 40만 대를 전기차로 교체하고 2025년부터 새로 구입하는 모든 차는 전기차여야 한다는 의무 규정을 두고 있다. 또 자동차 수는 현재 1,000명당 480대에서 1,000명당 190대로 줄인다. 이는 두 명당 한 대에서 다섯 명당 한 대로 줄이는 것이다. 또 원자력 발전소 하나 줄이기 프로젝트를 통해 20%의 전기를 태양광·풍력으로 자급자족하고 1,000만 톤의 온실가스를 감축하려고 한다.

　현재로서는 시민들의 생활에 대한 이러한 엄격한 제한이 어떻게 달성될지 명확하지 않고, 시민들이 이를 기꺼이 받아들일지도 불분명하다. 이러한 계획을 이미 시행한 도시에서는 시민들의 저항도 만만치 않았다. 예를 들어, 런던 시장이 오래된 승용차나 트럭을 운전하는 사람에게 매일 벌금을 부과하려다 시민들의 방해로 실패했다. 벌금 부과를 위해 설치한 도로 교통 모니터 카메라(CCTV) 렌즈에 시민들이 페인트를 뿌리고 전선을 자르는 등 강력하게 저항했다.

　과학자들은 이에 대해 C40 도시의 시장들이 유엔의 기후 선동에 속아 시민들의 자유와 재산을 박탈하려는 것으로 여기고 있다. 노벨물리학상 수상자를 비롯한 수많은 과학자는 기후 위기는 없으며 탄소 중립은 수십억의 지구 인류의 복지와 세계 경제를 위협할 뿐이라고 호소하고 있다.

　지금 유엔 사무총장은 자신이 해야 할 우크라이나 전쟁 종식, 북한의 핵 개발 방지, 중동의 여성 인권 보호 등은 거들떠보지도 않고 "지구열대화 시대가 왔다"라며 기후 선동만 계속하고 있다. 유엔 사무총장과 기후 위기 없음을 주장하는 과학자들 중에서 누굴 믿을 것인지 선택은 서울시장과 시민에게 있다. 계속 C40 운영위원 역할을 하며 시민들의 의식주와 여행 자유를 제한할 것인지 아니면 지금부터라도 기후 위기와 탄소 중립에 관한 과학적 검토를 시작할 것인지 결정해야 할 것이다.

6.3 재생 에너지가 초래한 경제적 몰락

한국이 주목해야 할 에너지의 두 세계와 정치인의 녹색 사기

한국은 2023년 7월 가정용 전기요금을 5.2% 인상함으로써 현재 kwh당 13센트 수준이 됐다. 대부분의 선진국은 이보다 훨씬 높은 가격을 유지하고 있다. 미국은 18센트/kwh, 프랑스는 21센트/kwh, 일본은 25센트/kwh, 영국은 47센트/kwh, 그리고 독일과 덴마크는 각각 52센트/kwh와 53센트/kwh로 한국의 거의 4배에 이른다. 반면에 인도와 중국은 각각 7센트/kwh와 8센트/kwh 수준이다.

한국의 전기요금이 다른 선진국에 비해 낮게 유지될 수 있는 이유는 석탄이 33%, 천연가스가 30%, 원자력이 27%를 차지하고, 태양광과 풍력이 아직 5% 미만에 머물러 있기 때문이다. 하지만 이러한 상황은 가까운 미래에 급변할 수 있다. 한국은 세계에서 14번째로 탄소 감축을 입법화했고, 2050년까지 탄소 중립 달성을 선언했다. 또 지난 2021년 영국 글래스고에서 열린 제6차 유엔기후변화협약 당사국총회 'COP26'에서 2030년까지 2018년 대비 40% 탄소 감축을 약속했다. 이에 따라 가까운 미래에 에너지 구성의 큰 변화를 맞이하게 될 것이다. 한국은 해외 사례를 통해 에너지 가격에 어떤 변화가 나타날지 추측해 보고 미래세대를 위한 현명한 판단을 할 수 있길 바란다.

먼저 주목해야 할 국가는 전기요금이 싼 인도(7센트/kwh)와 중국(8센트/

kwh)의 석탄 발전 비중은 각각 57%와 55%이다. 또 다른 예는 유럽의 인접한 세 국가인 프랑스, 영국, 독일이다. 이들 중 전기요금이 가장 싼 프랑스(21센트/kwh)는 원자력 발전이 70%를 차지하고, 다음 영국(47센트/kwh)은 원자력 비중이 6%에 그치며, 독일(52센트/kwh)은 원자력 비중이 겨우 5%로, 마지막 원자력 발전소마저 몇 년 안에 폐쇄할 예정이다. 독일은 2021년 기준으로 태양광과 풍력 발전이 차지하는 비율이 34.0%에 육박한다. 현재 가장 비싼 덴마크(53센트/kwh)는 2021년 기준 태양광과 풍력 발전 비중이 51.8%다.

이러한 사례에서 짐작할 수 있듯이 석탄과 원자력 발전 비중이 높으면 비교적 싼 에너지 가격을 유지할 수 있지만, 태양광과 풍력 발전은 그렇지 못하다. 태양광과 풍력 발전의 전기요금은 실제로는 드러난 것보다 훨씬 더 비싸다. 이유는 신뢰할 수 없고 간헐적이며 값비싼 태양광과 풍력 발전 비용의 상당 부분이 전기요금에는 포함되지 않기 때문이다. 정부가 "녹색 에너지"라는 허울로 태양광과 풍력 발전에 막대한 보조금을 일반 세금으로 지급함으로써 전체 비용을 숨기고 있다. 예를 들어, 2016년부터 2021년까지 5년 동안 영국 정부는 재생 에너지 업체에 100억 달러의 보조금을 지급했다. 이 보조금이 없었다면 가정이나 기업의 전기요금에 추가 비용이 부과되었을 것이다. 더구나 이 재생 에너지 가격에는 태양 광도가 떨어지고 바람이 적거나 너무 세게 부는 날에 대비한 천연가스 또는 석탄 발전소와 같은 보조 발전소를 건설하고 유지·가동하는 비용이 포함되지 않았다.

기후 선동에 앞장서는 정치인들은 또 다른 방법으로도 비용을 숨기고 있다. 미국은 2022년 8월 "인플레이션 감축 법안(IRA: Inflation Reduction

Act)"이라는 4,300억 달러 규모의 연방 정부 지원금 패키지를 승인했다. 이 법안은 녹색 에너지 기술에 사용되는 제품에 대한 세제 혜택을 제공하며, 조건은 해당 제품이 북아메리카에서 생산돼야 한다는 것이다. 이 정책 역시 "녹색 에너지"의 실제 비용을 숨기는 역할을 한다. 이런 정책은 미국뿐만 아니라 "녹색 환상"에 빠진 세계 각국의 정치 지도자들이 국민을 속이면서 추진하고 있다.

이처럼 두 개의 서로 다른 에너지 세계가 공존하고 있다. 한쪽은 많은 석탄 사용으로 불과 몇 센트/kwh의 낮은 에너지 가격을 유지하는 현실적인 에너지 세계다. 싼 에너지 가격으로 인해 산업과 일자리가 자연스럽게 이런 국가들로 몰리면서 엄청난 성장률을 보인다.

다른 한쪽은 실제 에너지 비용을 숨기고 막대한 일반 세금을 보조금으로 사용하여 태양광과 풍력과 같은

인플레이션 감축 법안(IRA)을 시행한 미국 바이든 행정부

소위 녹색 에너지로의 전환이 국가에 저렴하고 안정적인 에너지 안보를 제공할 것이라는 환상의 에너지 세계다. 이런 나라에서는 에너지 가격의 여파로 물가 상승이 계속되고 국가 재정마저 바닥을 드러내고 있다.

한국은 서로 다른 두 에너지 세계와 국민을 속이는 정치인의 녹색 사기를 주목해야 한다. 다행히 윤석열 정부는 2022년 7월, 신한울 3, 4호 원자로의 건설을 재개하고 안전성이 확실하면 현 수준의 발전 용량

을 유지할 것이라고 발표했다. 이에 따라 한국의 원자력 발전 용량이 약 10% 증가할 것이다. 화석연료 99%를 수입하고 원전 기술이 뛰어난 한국에는 매우 바람직한 정책이다. 하지만 지난 정부가 추진해 온 녹색 뉴딜이나 2022년 3월에 발효된 탄소 중립법에 숨겨진 환상의 에너지 세계로 가는 길은 원천적으로 막아야 한다.

원전 강국 한국이 재생에너지 확대로 불러올 전기요금 폭증

한국은 세계가 부러워하는 원자력 발전 기술 강국이다. 하지만 지난 문재인 정부의 탈원전 정책으로 한국전력은 사상 최대의 적자를 기록했다. 2022년 5월에 출범한 윤석열 정부가 탈원전 정책을 전면 폐지하고 몇 차례 전기요금을 인상했음에도 불구하고, 한국전력의 누적 적자는 2024년 2월 현재 43조 원이 넘는다.

전기요금을 인상했지만 엄청난 적자가 계속 쌓이는 이유는 전력 생산에 들어가는 비용을 판매 가격에 충분히 고려하지 않기 때문이다. 전기요금이 국가 산업 활동과 국민 생활에 미치는 영향이 너무나 엄청나 정부가 국민 여론을 의식해 강압적으로 가격 인상을 억누르는 것이 숨어 있는 이유다.

그런데 한 가지 확실한 전기요금 전망은 앞으로 한국전력의 적자는 더 많아질 것이고 소비자 가격 인상은 불가피하다는 것이다. 이번 (윤석열) 정부가 탈원전을 막아 적자 해소에는 약간의 효과가 있었지만, 탄소 중립을 위해 재생 에너지 비중을 높이는 국가 에너지 기본계획은 미래에 전기요금 폭증을 불러올 것이다.

한국 정부는 지난 2020년에 2050년까지 탄소 중립을 선언했고, 2021년에는 국가 온실가스 배출량을 2030년까지 2018년 대비 40% 감축할 것을 약속했다. 약속 이행을 위해 태양광과 풍력의 재생 에너지 비중을 앞으로 계속 늘려갈 계획이다. 현재 약 6.7%의 재생 에너지 비중을 2030년까지 21.6%로, 그리고 2036년까지 30.6%로 증가시키는 것이 국가 목표다.

국가 전력망에 태양광과 풍력 발전의 비중을 높이면 전기요금은 당연히 올라간다. 이유는 태양광과 풍력 발전은 본질적으로 에너지 밀도의 희박성(Diluteness), 발전 시간의 간헐성(Intermittency), 그리고 지리적 원격성(Remoteness)이라는 취약성을 가지고 있기 때문이다. 많은 자재와 넓은 토지가 필요하고, 보조 발전소(Back-up Plant)와 배터리를 추가로 설치해야 하며, 생산지에서 소비지까지 전기를 운반하기 위해 새로운 장거리 송전선이 있어야 한다.

패트릭 무어 박사가 한국의 건축 기술을 극찬한 고리 원자력 발전소

그렇다면 한국의 전기요금이 앞으로 얼마나 오를 것인지 추정해 보자. 2023년 재생 에너지 비율이 6.7%인 상태에서 한국의 전기요금은 1kwh당 약 0.09달러다. 이는 재생 에너지 비율이 약 6.5%인 대만과 유사하다. 대만의 가정용 전기요금도 1kwh당 약 0.09달러다. 한국이 목표로 하는 2030년 재생 에너지 비중 21.6%가 되면 전기요금이 어떻게

될 것인지 해외 사례와 비교해 보자. 현재 전력의 약 21.1%를 재생 에너지로 생산하는 일본의 가정용 전기요금은 1kwh당 0.25달러다. 또 전체 전력의 23%를 재생 에너지로 공급하는 미국의 가정용 전기요금은 1kwh당 0.18달러다. 이에 근거하면 만약 한국이 2030년 재생 에너지 비율 21.6%를 달성할 경우 가정용 전기요금은 적어도 지금의 두 배인 미국 수준 0.18달러 이상으로 높아질 것이다. 심지어 일본 수준인 0.25달러보다 더 높아질 수도 있다.

한국의 2036년 목표인 재생 에너지 비율 30.6%가 되면 전기요금은 어떻게 될 것인지 해외 사례를 보자. 여기에 가장 가까운 국가는 재생 에너지 비율이 26.7%인 호주와 33.1%인 네덜란드다. 호주의 가정용 전기요금은 1kwh당 0.22달러이고 네덜란드는 1kwh당 0.34달러다. 따라서 한국의 가정용 전기요금이 2036년에는 1kwh당 0.28달러가량 될 것으로 추정할 수 있다. 이는 현재 수준의 세 배 정도로 상승한다는 것이다.

한국의 태양광과 풍력 발전을 위한 국토 조건은 앞서 비교한 국가들보다 열악하다. 이는 곧 한국은 해외 사례로 예측한 전기요금보다 더 높은 인상을 불러올 수 있음을 의미한다. 그리고 그 피해는 고스란히 국가 산업과 국민 생활에 돌아온다. 우수한 원전 기술을 가진 한국이 열악한 국토 조건을 가진 재생 에너지 비중을 높이는 국가 에너지 기본 계획은 세계적인 비웃음거리가 될 것이다.

전기는 국가 전력망을 통해 석탄 및 천연가스 화력, 원자력, 수력, 태양광, 풍력 등 모든 에너지가 혼합·공급되고 국가가 가격을 정하는 독특한 상품이다. 자유시장경제 체제에서도 수요와 공급으로 가격이 정해지지 않을 뿐만 아니라 개인이 원하는 에너지원을 택할 수도 없다. 그래서 잘못된 국가 에너지 정책으로 인한 피해를 당하지 않으려면 국민 모두 이러한 사실을 알고 국가의 경제적 자살행위를 사전에 막아야 한다.

윤석열 대통령이 영국 찰스 국왕을 만나면 주의해야 할 일

2023년 11월 윤석열 대통령이 부인 김건희 여사와 함께 찰스 3세 국왕 초청으로 영국을 국빈 방문하는 것을 열렬히 환영한다. 그런데 영국에서 찰스 왕을 만나면 한 가지는 조심하길 바란다. 이유는 찰스가 여러 해 동안 인간에 의한 기후 대재앙을 경고해 왔기 때문이다. 영국에는 '멸종 저항(Extinction Rebellion)', '석유를 멈춰라(Just Stop Oil)' 등과 같은 녹색 좌파들의 기후 선동이 활발하게 이루어졌고, 그 결과 과학에 무지한 정치인들이 속아 넘어갔다. 찰스가 그 대표적인 한 명이다. 지난 2009년 5월, 당시 왕세자였던 찰스는 "최고의 과학적 예측에 따르면, 우리가 기후 대재앙을 막을 시간은 얼마 남지 않았다. 100개월도 채 안 된다"라고 말했다. 2022년 7월에도 "기후 위기는 정말로 긴급 상황이며, 이를 대비하는 것이 절실히 요구된다"라고 했다.

찰스 국왕이 그동안 했던 얘기들을 고려하면, 윤 대통령 방문 중에 기후 위기에 관해 또 말할 것 같다. 아마 찰스가 윤 대통령에게 한국도 영국처럼 탄소를 감축하라고 할 것이다. 하지만 윤 대통령은 탄소 감축이 영국에 경제적 재앙을 불러왔음을 사전에 알아두는 것이 좋다.

영국은 지난 1990년 이후로 이산화탄소 배출량을 6억 4백만 톤에서 2022년에는 3억 5천만 톤 미만으로 거의 절반을 줄였다. 1인당 배출량으로 따지면 1990년 10톤에서 2022년 5톤 미만이 됐다. 이렇게 줄였더니 영국의 산업과 일자리는 반토막이 됐다. 영국 제조업의 GDP 비중은 1990년 16% 이상이었는데 지금은 약 8%로 떨어졌으며, 제조업 일자리는 약 496만 개에서 260만 개로 줄어들었다. 현재 한국의 이산화탄소 총배출량은 약 6억 5천6백만 톤이고 1인당으로는 13톤 정도다. 이것을 영국처럼 줄이려면 산업과 일자리에 치명적인 피해가 올 것이다.

산업과 일자리에 치명적인 피해가 오는 이유는 온실가스 감축을 위해서는 에너지 대전환이 필요하기 때문이다. 영국

2023년 아랍 에미레이트 COP28에 참석하여 연설하는 찰스 국왕

은 기후 선동가들 때문에 저렴하고 안정적인 석탄, 석유, 천연가스를 비싸고 신뢰할 수 없으며 불안정한 신재생 에너지로 대체하여 세계에서 에너지 가격이 가장 비싼 국가 중 하나가 됐다. 현재 영국은 가정용 전기요금이 0.47달러/kWh로 0.21달러/kwh인 프랑스와 0.18달러/kwh인 미국의 두 배나 된다. 0.08달러/kwh인 중국이나 0.07달러/kwh인 인도에 비해 다섯 배나 된다. 영국의 제조업은 비싼 에너지 가격 때문에 경쟁에서 살아남을 수가 없었다. 영국 정치인들은 찰스와 같은 기후 선동가들 때문에 경제적 자살을 성공적으로 했다.

그들은 화석연료에서 재생 에너지로 전환하면 수백만 개의 녹색 일

자리가 창출되고, 탄소 중립을 하면 녹색 성장한다고 했다. 하지만 결과는 반대였다. 놀라운 사실은 그들이 자신들의 잘못을 인정하려 하지 않고 탄소 감축을 위해 국가부채를 지속적으로 늘려 왔다는 것이다. 그나마 다행히도 2023년 9월 수낵 총리가 "영국 국민을 파산시키면서 지구를 구하지는 않겠다"라고 선언했다.

정말로 인간이 기후 위기를 초래했다면 영국과 한국은 경제적 희생을 감수하면서도 지구를 구하는 일에 동참해야 한다. 하지만 지구의 기후 역사와 과학은 수많은 증거 자료로 지구온난화는 자연 현상이며 증가하는 이산화탄소는 지구를 더욱 푸르게 하고 농업 생산성을 증가시키고 있음을 알려주고 있다.

영국은 지금의 세계적인 기후 위기 집단 최면에 책임이 있다. 지구온난화를 세계적인 이슈로 만든 첫 번째 정치인이 마거릿 대처 영국 수상이었기 때문이다. 그녀는 1989년 유엔총회 연설을 통해 화석연료 사용으로 배출되는 이산화탄소가 지구온난화의 원인이 된다고 국제 사회에 호소했다. 하지만 그녀는 은퇴 후 과학적 근거에 문제가 있음을 알고 2002년에 저술한 회고록 〈국가 경영(Statecraft)〉에서 자신의 유엔총회 연설과 지구온난화 관련 활동을 후회한다고 기술했다. 특히 그녀는 지구온난화 이론이 사회주의 세계화에 놀라운 명분을 제공할 것을 우려했다. 그녀는 사회주의는 인간을 위한 정치 이념이 아니라 권력을 얻기 위한 정치인의 속임수라고 할 만큼 사회주의를 혐오했다.

지금 그녀가 우려했던 바가 현실이 되고 있다. 유엔 사무총장 안토니우 구테흐스는 우크라이나 전쟁, 북한 핵무기 개발, 중동의 여성 인권, 저개발 국가의 가난 등 유엔이 해야 할 일은 외면하고 계속해서 기후 위기만 강조하고 있다. 세계 과학자들의 비웃음을 당하면서도 2023년 7월에는 "지구가 끓는 시대가 왔다"라고 하더니 9월에는 "인류가 기후 위기로 드디어 지옥문을 열었다"라고 했다. 그는 세계인이 다 아는 사회주의자다. 그는 포르투갈 사회당 대표와 총리, 전 세계 사회주의 국가 연합인 사회주의인터내셔널 대표 출신이다.

유엔이 지구를 구한다고 나서자, 언론에 굶주린 정치인, 영화배우, 반자본주의자, 환경운동가 등이 그 뒤를 따르고 있다. 왕실 특권을 누리고 있는 찰스 왕도 그중 한 명이다. 윤석열 대통령이 찰스 왕을 만나면 혼자서 열심히 지구 구하라고 격려하고 그의 기후 위기 얘기를 귀담아듣지 말길 바란다.

6.4 중국의 경계를 초월한 전쟁

"기후 위기는 중국의 비밀 병기, 한국은 걸려들지 말아야"

14억 인구를 가진 중국이 세계를 끌어가는 초강대국이 되려는 의도를 가지고 있다는 사실은 잘 알려져 있다. 이를 관찰해 온 전문가들은 중국이 미국의 지배력을 찬탈하기 위해 사용하는 여러 전략을 제시해 왔다. 그러한 전략들은 두 중국 군사 전문가 '교량(乔良, Qiao Liang)'과 '왕상수(王湘穗, Wang Xiangsui)'가 저술한 〈Unrestricted Warfare(超限戰, 한계를 초월한 전쟁)〉라는 책에 자세히 언급되어 있다. 이 책은 중국과 같이 정치적으로나 군사적으로 불리한 국가가 실제로 전쟁에 나가지 않고 미국과 같은 지정학적 초강대국을 성공적으로 공격하고 패배시키기 위해 취할 수 있는 전략들을 분석하고 있다.

물론 중국은 대규모로 군사력도 증강하고 있지만, 다른 여러 방법도 사용한다. 중국은 오랜 기간 서방 국가의 기업들이 개발한 기술을 도용하고 모방해 왔다. 그리고 중국 기업들은 '일대일로' 사업을 시작하면서 전 대륙의 18개국 25개 항만 프로젝트의 주식을 매입하는 데 110억 달러(14조 7천억 원) 이상을 투자했다. 이 사업의 일환으로 중국 정부와 기업들은 제3세계 몇몇 국가들을 새로운 형태의 부채 식민주의로 몰아넣었다. 중국은 이러한 국가들이 터무니없이 높은 이자율로 대규모 자금을 대출받도록 조장했고, 이자를 지급하지 않을 때는 항구, 공항, 농지와 같은 자산 통제권을 양도받도록 했다.

게다가 중국은 세계보건기구(WHO)와 같은 국제기구의 영향력 있는 위치에 중국인들을 보내서 기구를 장악했다. 그 효과는 코로나19가 시작됐을 때 나타났다. 중국은 코로나가 전염성이 있다는 사실을 알고 바이러스 확산을 방지하기 위해 자국 내 여행은 금지하는 한편, WHO에는 압력을 가해 코로나 바이러스가 전염성이 없음을 주장하고 해외여행은 계속할 수 있도록 했다. 그 결과 유럽과 미국에서 재앙적 확산을 초래했다. 처음에는 중국 기업들이 사들인 이탈리아 기업체에서 일하기 위해 수많은 중국 노동자가 이탈리아로 이주하면서 바이러스는 그곳으로 퍼져나갔다. 그리고 코로나 바이러스는 이탈리아로부터 순식간에 유럽 전역과 미국으로 확산되었다.

이 밖에 중국은 비밀 병기가 하나 더 있다. 대부분의 정치인과 전문가들은 이것이 가장 강력한 병기라는 것을 모르고 있다. 그것은 바로 존재하지도 않는 '가상의 기후 위기'다. 유엔을 매개체로 하여 서방 국가의 지도자들이 인간이 기후 변화를 일으켰고 이로 인한 대재앙의 임박한 도래를 믿도록 하여 대책을 위해 경제적 자살 정책을 시행하도록 만드는 것이다.

예를 들어, 미국은 1990년부터 녹색 정책을 시행해 왔다. 그래서 미국의 1인당 이산화탄소 배출량을 약 21톤에서 약 15톤으로 30%가량 줄일 수 있었다. 이 기간에 미국이 세계 GDP에서 차지하는 비중은 32%에서 거의 20% 아래로 떨어졌다. 유럽연합(EU)은 1인당 이산화탄소 배출량을 9.2톤에서 6.3톤으로 30% 이상 줄였다. 같은 기간 동안 유럽연합이 세계의 GDP에서 차지하는 비중은 28%에서 15% 미만으로 약 반으로 줄었다. 영국에서도 이와 유사한 현상이 나타났다. 영국은 1990년 이후 놀랍게도 1인당 이산화탄소 배출량을 10톤 이상에서 절반에 해당하는 5톤으로 감축했다. 이 30년 동안 세계 GDP에서 영국이 차지하는 비율은 4% 이상에서 3.2%로 떨어졌다.

이 나라들의 정치인들은 '인간에 의한 기후 변화'라는 가상의 악마와 투쟁하면서 자신들의 정책이 어떻게 자국의 이산화탄소 배출량을 줄이고 있는지 자랑한다. 하지만 이들이 한 것이라고는 석탄, 석유, 천연가스와 같은 저렴하고 안정적인 화석연료 에너지를 태양광과 풍력 발전으로 생산되는 비싸고 간헐적이며 불안정한 재생 에너지로 대체했을 뿐이다. 이러한 전환은 미국의 에너지 비용이 인도나 중국과 같은 나라들보다 3배나 비싸게, 유럽의 에너지는 인도나 중국보다 4배나 비싸게 만들었다. 그래서 특히 제철, 알루미늄, 유리 제조와 같은 에너지 집약적인 산업의 기업들은 에너지 가격이 비싼 국가에 있는 공장들을 폐쇄하고 중국이나 인도같이 에너지 가격이 저렴한 국가들로 생산과 일자리를 이전했다.

서방 국가들이 탈산업화로 자국의 이산화탄소 배출량을 감소함으로써 세계 GDP 비중을 상실함과 동시에, 중국의 1인당 이산화탄소 배출량은 2톤에서 8톤 이상으로 증가하고, 중국의 세계 GDP 비중은 2%에서 약 18%로 증가했다. 같은 기간 동안, 인도의 1인당 이산화탄소 배출량은 0.7톤에서 2톤 이상으로 3배 늘어났고, 세계 GDP에서 차지하는 비중은 약 1.1%에서 3.3%로 3배나 증가했다.

한국은 성공적인 산업화로 1990년 이후 30년 동안 세계 GDP에서 차지하는 비중은 약 1.2%에서 3.2%로 거의 세 배 증가했다. 그리고 이 기간 1인당 이산화탄소 배출량은 5.7톤에서 12톤으로 두 배 이상 증가

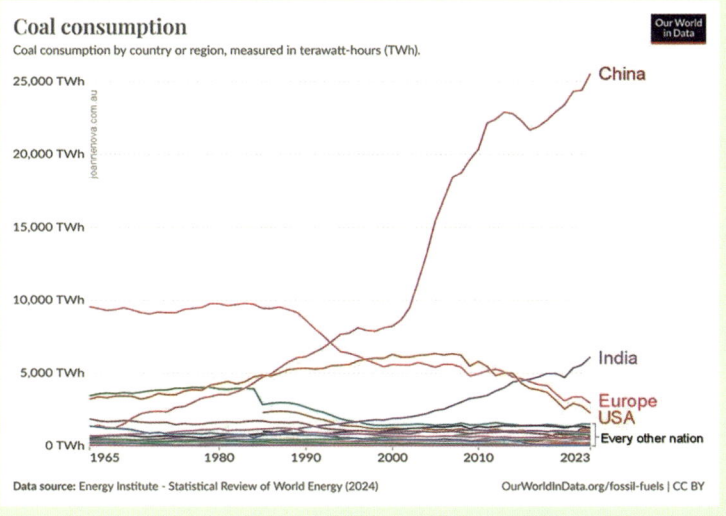

급증하는 중국의 석탄 소비량(2023년 기준으로 세계 총소비량의 56%)

했다. 하지만 지난 2021년 한국 정부는 온실가스를 2018년 대비 무려 40%나 감축하겠다고 선언했다. 이는 달성이 불가능할 뿐 아니라, 감축 노력만으로도 기업과 일자리는 개발도상국으로 떠나고 높은 에너지 가격, 탈산업화, 경제적 쇠퇴만을 가져올 것이다.

한국은 미국이나 영국, 그리고 유럽연합의 선례를 보고 중국 최강의 비밀 병기에 걸려들지 말길 바란다. 과거에 미국 트럼프 대통령이 왜 "기후 변화는 중국의 사기다"라고 말했는지 새겨들어야 할 것이다.

중국 주도 독재 정권이 승승장구하는 이유

1991년 소련이 해체되고 냉전 시대가 끝나자 서방 세계는 자유민주주의 시장경제의 우월감에 도취되기 시작했다. 미국의 정치경제학자 프랜시스 후쿠야마(Francis Fukuyama) 스탠포드대 교수는 1992년에 출간한 저서 〈역사의 종말과 마지막 인간(The End of History and the Last Man)〉에서 "인류의 이데올로기 전쟁은 이제 끝났고 세계 모든 나라의 정부는 서구식 자유민주주의가 보편화될 것"이라고 선언했다. 그는 공산주의 독재 정권은 인류 사회에서 사라질 것이라고 확신했고 많은 사람은 이에 공감했다.

하지만 지금 우리는 정반대의 세계를 보고 있다. 2023년 12월 26일 영국 경제경영연구소(CEBR: Centre for Economics and Business Research)는 세계 경제 장기 전망을 발표하면서 2038년에는 중국이 세계 GDP 순위에서 미국을 추월하여 1위를 기록할 것이라고 했다. 또 전 세계 국가들의 국내총생산(GDP)이 현재 104조 달러 규모에서 2038년 219조 달러 규모로 두 배 이상 증가할 것이며, 성장의 상당 부분은 신흥공업국들이 차지할 것으로 예측했다. 특히 인도는 2035년이면 세계에서 3번째로 10조 달러 규모의 경제 대국에 오를 것으로 전망했다.

30여 년 전에 종말을 예고했던 공산주의 독재 정권은 그동안 승승장구하여 세계 경제 1위를 넘보게 됐고, 인도와 신흥공업국들도 약진하고 있다. 반면에 영국과 미국, 그리고 유럽연합 국가들은 경제 불황과 고물가에 시달리고 있으며, 특히 유럽 최고의 제조업 강국인 독일은 도래할 마이너스 성장을 걱정하고 있다.

이처럼 정반대 현상이 나타나게 되는 이유는 중국이 벌이고 있는 '초한전'과 서방 국가의 경제적 자해에서 찾을 수 있다. 중국 공산당은 그동안 경제 초강대국이 되기 위해 전 세계 자원과 무역로를 장악하는 '일대일로' 정책을 추진해 왔다. 자원이 풍부하거나 지리적으로 전략적인 국가, 그리고 많은 경우 심하게 부패한 독재국가에 거액을 빌려주고, 그 돈의 상당 부분은 현지 정치인, 관료, 그리고 기업인들에 의해 빼돌려지게 된다. 그러다 이자를 못 내면 중국 공산당이 조종하는 중국 기업들이 광산, 항구, 비행장, 농경지 등의 자산을 인수한다. 이는 곧 '부패 식민지화'로 독재 정권 동맹을 만들어가는 것이다.

여기에 중국은 '상하이 협력기구(SCO: Shanghai Cooperation Organisation)'를 만들어 주변 국가와 군사적·경제적 동맹을 강화해 왔다. SCO는 테러와의 전쟁, 국경 안보 증진, 정치적 유대 강화, 경제 협력 확대 등을 위해 2001년 결성됐으며, 처음에는 카자흐스탄, 러시아, 타지키스탄, 우즈베키스탄, 키르기스스탄 등이 참여했다. 인도와 파키스탄은 2017년에 공식적으로 SCO 회원이 되었으며, 이란은 현재 정회원 자격을 얻는 과정에 있다. 석탄과 광물이 풍부한 몽골은 '옵저버' 자격에 있으며 지금도 많은 나라가 가입을 희망하며 줄을 서 있다. '대화 파트너'로 참여하여 회원국으로 가기 위해 노력하는 국가 중에는 바레인, 카타르, 아랍에미리트, 사우디아라비아와 같은 석유와 가스 주요 생산 국가들이 포함되어 있다.

SCO는 중국의 군사적 야망에서도 중요한 역할을 한다. SCO는 2007년 다른 회원국에서 군사 훈련을 할 수 있는 법적 권리와 책

2022년 9월, 우즈베키스탄 사마르칸트에서 열린 상하이협력기구 확대 정상회의

임을 명시한 협정도 체결했다. 이 협정은 중국군이 해외에서 장거리 동원, 대테러 임무, 안정 유지 작전, 재래식 전쟁 등의 공중 및 지상 전투 작전을 수행할 수 있도록 허용하고 있다. 대부분의 SCO 국가 지도자들은 독재 정치를 하기 때문에 4~5년 주기의 선거에 대해 걱정할 필요가 없다. 따라서 그들은 자신들의 목표를 달성하기 위한 장기적인 계획을 세울 수 있다. SCO를 통해 중국은 서방 국가를 경제적으로나 군사적으로 정복하고 세계 초강대국으로서의 입지를 강화하는 것에 목적을 두고 있다.

반면에 서방 국가들은 지난 몇십 년 동안 인간이 배출하는 이산화탄소가 어떠한 방식으로든 지구의 기후를 변화시킨다는 생각에 사로잡히

게 됐다. 그래서 서방 국가의 정치 지도자들은 석탄이나 석유, 천연가스와 같은 화석연료에서 태양광이나 풍력과 같은 재생 에너지로의 전환을 위해 노력해 왔다. 그 노력은 값싸고 안정적인 화석연료 사용을 줄이고 비싸고 신뢰할 수 없는 '재생 에너지'에 국가 경제를 더욱 의존하게 만드는 것이었다.

그 결과 서방 국가에서는 에너지 가격이 상승하고 산업은 경쟁력을 잃게 됐으며 제조업과 일자리는 값싼 에너지를 가진 국가로 이동했다. 지금 대부분 유럽 국가의 에너지 가격은 중국이나 인도보다 네 배가량 비싸고, 미국도 세 배가량 비싸다. 서방 국가들이 화석연료 소비를 줄이자 생산국들은 새로운 고객을 찾아 나섰다. 그래서 화석연료 생산국들은 서방 국가와는 멀어지고 SCO를 통해 중국과 더 가까운 관계를 맺게 됐다. 산유국이나 석탄 수출국이 SCO 가입을 원하는 이유는 중국이 최대 소비국이기 때문이다. 이미 SCO는 세계 인구의 42%와 세계 GDP의 32%를 차지하고 있다.

중국 공산당은 세계 공산화를 위해 경제적·군사적 초강대국을 향한 '초한전'을 벌이고 있지만, 서방 국가들의 정치 지도자들은 자신들의 물질적 풍요로움에 대한 죄책감으로 기꺼이 경제적 자살을 시도하고 있다. 더구나 내부에는 무서운 적이 도사리고 있다. 존재하지도 않는 기후 위기를 외치면서 탄소 중립만이 지구를 구한다며 경제적 자해행위를 끊임없이 요구하는 기후 선동가들이 바로 그들이다.

지구의 기후 역사와 자연계 물질순환에 정통한 호주 멜버른대학교 이안 플라이머(Ian Plimer) 교수는 2021년 출간한 저서 〈녹색 좌파들의 경제적 자해(Green Murder)〉에서 "기후 선동가는 중국의 창녀다"라는 극단적인 표현을 하고 있다. 지금 우리가 경험하고 있는 기후 변화는 자연 현상이고 대기 이산화탄소 증가는 지구 생태계와 인류의 삶에 놀라운 축복인데 과학적 사실을 왜곡하고 기후 역사를 조작하여 대재앙을 선동하고 탄소 중립을 요구하는 자들은 중국 공산주의 세계화에 앞장서는 역할을 한다는 주장이다.

세계보건기구를 통한 중국의 초한전, 한국은 경계해야 한다

세계보건기구(WHO)에서 일하는 관료들은 세계인이 투표로 뽑은 선출직이 아니다. 하지만 그들은 지금 코로나 팬데믹을 구실로 세계인을 통제할 수 있는 막강한 권력을 쟁취하려고 시도하고 있다. 그들은 2024년 3월, WHO 194개 회원국에 제출할 새로운 조약을 준비하느라 분주하다. 이 조약은 회원국에 대해 법적 구속력을 갖도록 작성되었으며 새로운 유행병 또는 인체 건강에 위험하다고 여겨지는 상황이 발생하는 경우 WHO에 강력한 권한을 부여하게 될 것이다.

예를 들어 WHO가 회원국과 협의 없이 "국제적 우려 차원의 공중보건 비상사태"를 선언할 수 있도록 할 것이며, 일정 지역 또는 국제적인 여행 제한 권한을 부과하고, 검증되지 않은 새로운 백신을 포함하여 어떤 치료를 해야 하는지 의무화할 수도 있으며, 국가가 봉쇄 조치를 시행하도록 지시하고, 심지어 부유한 국가에 가난한 국가의 의료 치료와 백신에 대한 비용 지불을 강제로 요구할 수도 있다. 요컨대 이 새로운 조약은 특정 지역의 요구에 따라, 서명한 국가로부터 의료 결정 권한을 빼앗을 수도 있다.

WHO는 국민이 선출한 공권력으로부터 지역, 광역, 국가 규모의 의료 통제 결정권을 빼앗아 글로벌 적합성, 명령 복종, 하향식 통제라는 선출되지 않은 중앙 집중형으로 전환할 것이다. 그래서 한국 국민은 정치인들이 새로운 조약에 비준하기 전 WHO가 코로나 팬데믹 동안 어떤 역할을 했는지 검토해 볼 필요가 있다.

중국 정부는 새로운 전염병이 확산하고 있음을 인지하고 2020년 1월 말 자국 내 모든 여행을 금지했다. 2020년 1월 23일, 우한시는 격리 조치 됐고, 이틀 후에는 후베이성 전체가 봉쇄됐다. 1월 마지막 주에 후베이에서 중국의 다른 지역으로 향하는 자국 내 항공편이 중단됐고 베이징과 상하이와 같은 주요 도시의 교통이 통제됐다. 이때는 학교와 직장이 문을 닫는 중국의 설날이자 최대 관광 시즌이기도 했다.

2020년 1월 31일, 이탈리아는 중국을 오가는 많은 중국인 근로자와 관광객으로 인한 코로나19의 대규모 발병을 우려하여 모든 중국 항공편을 폐쇄했다. 중국은 이에 분노하여 진강(秦康) 외교부 부부장이 루카 페라리(Luca Ferrari) 주중 이탈리아 대사를 불러 "이탈리아가 중국과 사전 협의 없이 비행을 중단한 것은 양국 국민에게 큰 불편을 끼쳤다"라고 항의했다. 중국 민항당국(民航总局)은 자국 내 항공편은 제한하면서 "항공사들은 국내외 승객의 요구와 국제적인 물류 운송의 필요를 충족하기 위해, 여행 제한을 시행하지 않은 국가로의 운송을 계속해야 한다"라고 밝혔다.

에티오피아 출신 테드로스 아드하놈 게브레예수스(Tedros Adhanom Ghebreyesus) WHO 사무총장은 "모든 것에 이상이 없고 국제 여행 제한

이 필요하지 않다"라는 중국의 주장을 지지했다. 그는 중국 정부가 자국 내 여행을 제한한 지 일주일 만인 2020년 2월 3일에 개최된 WHO 집행위원회 개회식에서 다음과 같이 말했다. "국제 여행과 무역을 불필요하게 제한하는 조치를 취할 이유가 없다. 우리는 모든 국가가 증거에 기반한 일관성 있는 결정을 내리도록 요구한다. 또 우리는 어떤 조치를 할지 고려 중인 모든 국가에 조언을 제공할 준비가 되어 있다."

2020년 1월 베이징을 방문한 테드로스 게브레예수스 세계보건기구(WHO)사무총장과 시진핑 중국 공산당 총서기

그뿐만 아니라 당시 트럼프 대통령 재임 시기였던 미국이 중국으로 오가는 여행 제한을 권고하기 시작하자 중국 외교부 대변인 화춘잉(Hua Chunying)은 이를 비판하는 발언을 했다. 그는 "미국 정부는 우리에게 실질적인 지원을 제공하지 않으면서 가장 먼저 우한 영사관 직원들을 대피시키고, 대사관 직원의 일부 철수를 제안하고, 포괄적인 중국 여행 금지를 처음으로 시행한 국가다"라고 말했다.

2020년 3월 11일, 세계보건기구는 뒤늦게 코로나를 글로벌 팬데믹으로 선언했다. 하지만 그 무렵 전 세계적으로 발생 건수가 13배 증가했다. 세계보건기구의 웹사이트에 따르면, 그때까지 100여 개 국가에서 11만 8,000건 이상이 보고됐고 4,000명이 넘게 사망했다. 그러나 시진핑 주석이 중국에서 출발하는 국제선 항공편을 통제하기로 한 것은 중국이 자국 내 여행 제한 조치를 취한 지 2개월 후인 2020년 3월

27일이 되어서야 이루어졌다. 중국 민항당국은 "국제선의 90%가 일시적으로 중단될 것이며 입국 승객 수는 하루 2만 5천명에서 5천명으로 줄인다"라고 발표했다. 하지만 그때는 이미 코로나가 세계적인 위기로 변했기 때문에 너무 늦었다.

2020년 4월 말 무렵, 미국은 약 6만 명이 목숨을 잃었고, 이탈리아, 스페인, 프랑스, 그리고 영국은 각각 약 2만 명이 목숨을 잃었다. 전 세계적으로 20만 명 이상의 사망자가 발생했으며, 2주마다 두 배씩 증가하고 있었다. 팬데믹 통제가 정상적으로 이루어질 즈음에는 전 세계적으로 7백만 명 이상이 사망했을 뿐 아니라, 봉쇄 조치와 코로나 환자로 병원이 넘쳐나서 다른 질병을 앓는 환자 수백만 명이 의료 서비스를 받지 못해 삶이 망가졌다.

게다가 중국은 코로나가 박쥐와 같은 동물 감염에서 비롯된 것인지 우한 바이러스 연구소의 실험실 누출에서 시작된 것인지 규명하기 위한 국제적인 코로나 팬데믹 기원 조사를 차단했다. 그리고 세계보건기구는 중국 당국에 공개를 요구하는 시도를 거의 하지 않았기 때문에 우리는 팬데믹이 실제로 어떻게 발생하게 되었는지 결코 알아낼 수 없다.

지금까지 본 바와 같이 글로벌 팬데믹이 된 코로나에 대한 세계보건기구의 대처는 너무나 잘못됐다. 그리고 중국 공산당의 영향력에 굴복하는 세계보건기구의 태도는 만천하에 드러났고 이에 전 세계가 놀라고 있다. 세계보건기구가 세계 제패를 꿈꾸는 중국의 '경계를 초월한 전쟁(초한전)'의 수단이 됐음은 이미 잘 알려져 있으며, 코로나 팬데믹에서 그들 스스로 자백까지 했다. 지리적으로 인접하고 역사적으로 얽혀 있는 한국인들은 자유민주주의 시장경제를 지키기 위해 세계 어느 나라보다 초한전 대비를 철저히 해야 한다. 특히 2024년 3월에 공개된 새로운 WHO 조약의 항목 하나하나에 면밀한 검토를 해야 한다. 그래서 한국의 정치 지도자들이 중국의 통제하에 있는 세계보건기구에 그렇게 많은 권력을 넘겨주게 되는 조약에는 절대로 비준하지 말도록 해야 한다.

한국 자동차 산업의 미래에 아른거리는 중국 공산당 정부

한국의 자동차 산업은 연간 약 316만 대의 승용차를 생산하여 약 196만 대를 해외에 수출하고 있다. 차량 생산량 면에서 한국은 2021년을 기준으로 유럽에서 가장 앞선 독일을 제치고 세계에서 네 번째다.

한국 정부는 온실가스 감축을 위해 석유 자동차의 생산과 판매를 금지하고 전기차로 대체할 정책을 추진하고 있다. 전기차는 석유차보다 장착되는 부품이 적기 때문에 작업량이 약 30% 적다. 그래서 현재 한국이 자동차 산업에 고용하고 있는 33만 1,000여 명 중 약 11만 명은 미래의 전기차 시대에는 필요하지 않게 될 것이다. 연간 약 310만 대의 자동차를 생산하고 있는 독일에서도 2030년까지 엔진과 변속기를 만드는 7만 5,000개의 일자리가 사라질 것으로 독일 자동차 노조 IG메탈(IG Metall)은 추정하고 있다.

그뿐만 아니라 전기차의 높은 비용과 낮은 실용성 때문에, 세계 대부분의 국가는 자동차 소유자가 20~30% 정도 줄어들 것으로 예상하고 있다. 이는 자동차 산업의 일자리가 더욱 급격하게 감소하는 것을 의미한다. 아이러니한 것은 자동차 산업 종사자들조차 이를 모르고 있다는 사실이다. 그린피스가 지난 2022년 한국의 금속노조와 함께 한 설문조사에 따르면 자동차 산업 종사자 82% 이상이 내연기관 차량을 2035년 이후에는 판매하지 말아야 한다고 생각하는 것으로 나타났다. 그중 64%는 2030년까지 생산 및 판매 금지가 도입돼야 한다고 답했다.

세계 자동차 업계의 전기차로의 전환은 일자리 감소 외에 더욱 심각한 문제가 있다. 그것은 바로 배터리 제조에 필요한 희토류 금속을 중국이 사실상 독점하고 있다는 사실이다. 세계 희토류 금속의 약 70%는 중국에서, 4%는 중국의 가까운 동맹국인 미얀마에서 나온다. 채굴에 값싼 노동력이 필요하고 심각한 환경문제를 동반하기 때문에 이 독점은 쉽게 무너질 수 없다.

중국 공산당 정부는 다른 나라들이 자동차 배터리와 기타 녹색 산업에 필요한 제품을 만들 수 있도록 희토류 금속의 수출을 관대하게 허용

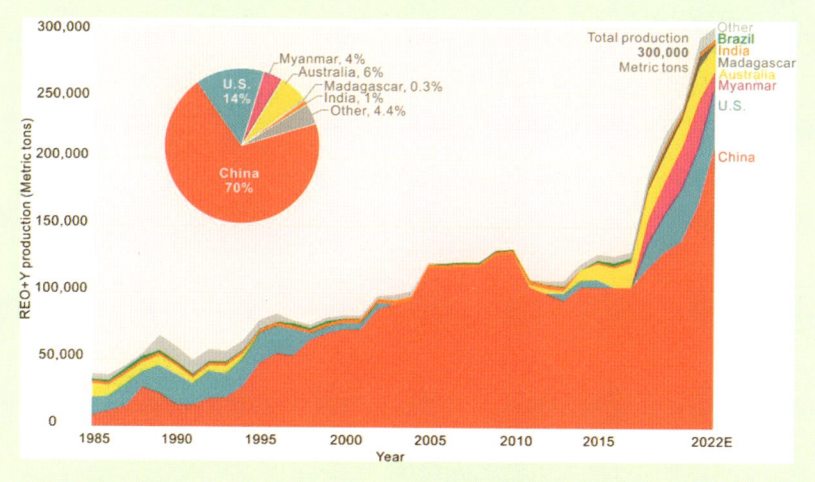

세계 희토류 생산량 변화(1985년부터 2022년까지, 중국이 약 70% 차지)

하거나, 아니면 희토류 금속의 수출을 제한하여 자동차 배터리와 다른 핵심 제품의 제조 과정 대부분이 중국 내에서 이루어지게 할 것이다. 두 경우 모두 중국 공산당 정부가 한국의 미래 자동차 산업을 좌지우지 할 수 있을 것이다.

이러한 위험과 일자리 파괴를 각오하더라도 한국이 추구하는 온실가스 감축 효과는 크지 않을 것이다. 사람들은 전기차가 화석연료를 태우지 않아 이산화탄소를 배출하지 않는다고 생각하기 쉽다. 하지만 전기차 배터리에는 어딘가에서 전력이 공급돼야 한다. 2022년 기준 한국 전력의 34.3%는 석탄, 29.2%는 천연가스(LNG), 27.4%는 원자력, 그리고 7.5%가 재생 에너지에서 나온다. 따라서 한국의 전력 63.5%는 화석 연료를 태우면서 공급되고, 이 과정은 당연히 이산화탄소를 배출한다. 더구나 전기차는 배터리 무게로 인해 석유차보다 운행에 더 많은 에너지가 소모된다. 또 태양광이나 풍력 발전 시설을 건설하는 과정에도 다량의 이산화탄소가 배출된다.

따라서 한국 정부가 계획하는 전기차로의 전환은 사실상 상당량의 이산화탄소 배출 위치 변경에 불과하고, 차체 무게와 전기 전환에 소실되는 에너지까지 포함하면 달성 가능한 감축량은 크게 줄어든다. 또 재생 에너지 생산은 넓은 토지가 필요하기 때문에 이로 인한 자연생태계 피해도 상당하다. 더구나 감소될 일자리를 생각하면 이 정책은 득보다 실이 훨씬 크다.

석유차 생산 및 판매 금지는 한국 자동차 산업에 대재앙이 될 것이다. 15만 개 이상의 일자리를 잃게 될 뿐만 아니라 공장의 해외 이전이나 소재 구입 고통에 직면하게 될 것이 뻔하다. 한국 정부는 지구를 살린다는 온실가스 감축을 위해 국가 핵심 산업을 침몰시키고 일자리를 소멸하는 어리석음을 범하지 말아야 한다. 더구나 지금 선진 산업국을 중심으로 벌어지고 있는 탄소 중립 소동은 인류사 최대 사기극에 불과한 기후 종말론에서 비롯되었음을 간파해야 한다.

6.5 정치인의 후회와 과학자의 반격, 그리고 새로운 기대

지구온난화에 속았던 세 정치인의 회한과 뻔뻔함

대부분의 사람들은 미국 부통령을 지낸 앨 고어(Al Gore)가 지구온난화를 국제무대에 올린 최초의 정치인이라고 생각할 것이다. 특히 앨 고어가 2006년에 발표한 저서와 영화 〈불편한 진실 (An Inconvenient Truth)〉, 그리고 2007년에 IPCC와 공동 수상한 노벨평화상 때문에 대부분 그렇게 알고 있다.

하지만 앨 고어의 〈불편한 진실〉이 나오기 17년 전 지구온난화를 전 세계에 알린 유명 정치인이 있었다. 바로 1979년부터 1990년까지 영국 수상을 지낸 '철의 여인'이라 불리는 마거릿 대처(Magaret Thatcher) 여사였다. 그녀는 1989년 11월 유엔 총회 연설에서 "대기로 배출되는 이산화탄소량이 크게 증가하고 있다. 매년 증가하는 양은 30억 톤이며 산업혁명 이후 배출된 이산화탄소의 절반은 여전히 대기에 남아 있다. 동시에 우리는 이산화탄소를 대기에서 제거할 수 있는 열대 우림의 대규모 파괴를 목격하고 있다"라며 세계를 향해 이산화탄소로 인한 지구온난화를 경고했다.

대처 수상은 옥스퍼드대학교에서 화학을 전공하여 대기에 증가하는 이산화탄소의 온실효과에 남다른 관심을 가졌다. 그리고 그녀 곁에는 지구온난화 이론을 지도해 준 영국 보수당 정치인 나이젤 로슨(Nigel Lawson)이 있었다. 그는 대처 수상 내각에서 에너지부 장관과 재무부 장관 등을 지내면서 집권 기간 내내 국정 운영을 함께 했다. 그들은 "화석연료 사용으로 인해 대기에 온실효과를 가진 이산화탄소가 증가하고 있고, 동시에 지구가 점점 더워지는 현상이 관측된다. 이제 지구와 인류의 지속가능한 미래를 위해 화석연료를 버리고 하루빨리 자연에서 공짜로 얻는 태양광과 풍력으로 가야 한다"라며 지구온난화 이론에 흠뻑 빠져 있었다.

마가렛 대처 수상과 나이젤 로슨 경

그녀는 마침내 집권 말기 유엔 총회 연설을 통해 지구온난화를 설파하여 전 세계 많은 정치인의 공감을 불러왔고, 1992년 리우환경정상회의의 개최와 유엔기후변화협약 채택에 큰 힘을 불어넣었다. 당시 정치인 대부분은 이산화탄소가 지구온난화를 일으키고 화석연료 사용을 줄이는 것이 지구를 살리고 지속가능한 미래를 보장하는 것으로 알게 됐다.

하지만 그녀는 은퇴 후 2002년에 저술한 회고록 〈국가 경영(Statecraft)〉에서 자신의 유엔 총회 연설과 지구온난화 관련 활동을 후회한다고 기술했다. 그녀는 회고록에 지구온난화 이론의 과학적 근거를 의심하며 다음과 같이 기술하고 있다. "종말론자들이 오늘날 가장 좋아하는 주제는 기후 변화다. 그들에게는 이것이 몇 가지 매력을 가지고 있다. 첫째, 아주 모호하기 때문에 이것이 틀렸다는 것을 과학이 쉽게 입증하기 어렵다." 그리고 그녀는 기후 변화를 통제하려는 시도가 세계 사회주의화의 형태로 이어질 것을 우려했다. "기후를 바꾸기 위한 계획은 분명 지구적 규모에서만 고려될 수 있으므로, 이는 전 세계적이고 초국가적인 사회주의화에 놀라운 명분을 제공한다"라고 하였다.

대처 수상은 1979년 집권 후 신자유주의·보수주의·반공주의로 대표되는 대처주의(Thatcherism)로 당시 심각한 사회경제적 문제를 겪고 있었던 영국병 치유에 성공했다. 그녀는 '사회주의는 인간을 위한 정치 이념이 아니라 권력을 얻기 위한 정치인의 속임수'라고 할 만큼 사회주의를 혐오했다. 하지만 그녀도 지구온난화 이론에 속아 자신이 그토록 싫어했던 사회주의 세계화에 좋은 명분을 국제무대에 올려준 첫 번째 정치인이 되었다. 그녀는 은퇴 후 과학적 진실을 깨닫고 자신의 잘못을 크게 후회했다. 영국 역사상 매우 성공적인 정치인이었던 그녀는 지구온난화에 대한 회한을 안고 2013년에 사망했다.

마거릿 대처 수상에게 지구온난화 이론을 지도했던 나이젤 로슨 역시 자신의 잘못을 깨닫고 정계 은퇴 후 이를 바로잡기 위해 여생을 헌신했다. 지구온난화의 진짜 원인은 태양의 활동이고 이산화탄소는 지구 생태계의 보약임을 알게 된 그는 유엔 IPCC 폐쇄를 강력히 주장했다. 그는 지구가 따뜻해지는 것은 인류의 삶에 좋은 것인데 이를 재앙으로 만드는 교토의정서는 접근 방법 자체가 잘못됐음을 지적했고, "기후 변화가 종교 조직을 대체하여 이에 의문을 제기하면 신성 모독으로 여겨지고 있다"라며 기후 선동가들의 인간적 비열함을 비난했다. 영국에서 과학자들이 기온 데이터를 조작한 사실이 이메일 해킹으로 밝혀진 2009년 제1차 기후 게이트 사건을 계기로 '지구온난화 정책 재단(GWPF: Global Warming Policy Foundation)'을 설립했다. 이 재단을 통해 지구온난화 이론은 사이비 과학임을 영국과 전 세계에 알리는 운동을 열심히 해오다가 지난 2023년 4월 대처 수상처럼 회한을 안고 사망했다.

반면 앨 고어는 2000년 미국 대선에서 패배하자 환경운동가로 변신하여 지구에 기후 대재앙이 온다는 내용의 〈불편한 진실(An Inconvenient Truth)〉과 다큐멘터리 영화를 만들었다. 정치학을 공부해 전혀 과학 지식이 없었던 그는 자신이 지구온난화 이론에 속은 줄도 모르고 대재앙 공포 소설과 영화로 각색했다. 그렇게 만들어진 〈불편한 진실〉에 많은 사람이 속았고, 그는 2007년 IPCC와 노벨평화상도 공동 수상했다. 하지만 그의 〈불편한 진실〉 거의 모든 것이 거짓말이었음이 밝혀진 지금도 그는 반성하지 않고 세계를 돌아다니며 기후 선동을 하고 있다. 그는 2023년 한국에 잠시 방문했다가 소리 소문도 없이 떠났다.

노벨물리학상 수상자가 한국에서 유엔 IPCC를 작심 비난한 이유

2023년 6월 26일, 노벨물리학상 수상자 존 클라우저(John Clauser) 박사는 한국을 방문하여 '퀀텀 코리아(Quantum KOREA) 2023' 개막식 기조 강연에서 유엔 IPCC가 잘못된 정보를 퍼뜨리고 있다고 비난했다. 그는 "기후 위기는 없다고 생각한다"라며 "대략 200배 정도로 주요 프로세 스들이 과장되고 오해되고 있다고 생각한다"라고 말했다.

이 발언을 두고 전 세계 기후 변화 관련자들은 그가 왜 한국에서 유엔 IPCC를 작심 비난했는지 궁금해하고 있다. 그는 강연에서 대세를 따르지 않는 도전이 위대한 연구 업적을 이룩할 수 있는 젊은 과학자의 정신이라며 자신의 기후 변화에 관한 소신을 밝혔다. 그는 IPCC는 위험한 거짓말을 퍼뜨리는 최악의 정보원 중 하나라고 주장하면서, "기후 과학이 대중들에게 충격을 주기 위한 언론용 사이비 과학으로 변질되었으며, 기후 위기 낭설은 수십억 지구 인류의 복지와 세계 경제를 위협하는 과학의 위험한 부패다"라고도 했다.

클라우저 박사는 물질과 빛을 원자와 아원자 수준에서 연구하는 양자역학 분야에서 세계 최고의 권위자다. 그는 양자얽힘 현상을 실험적으로 규명하여 양자암호통신의 이론적 토대를 마련한 공로로 2022년 노벨물리학상을 받았다. 2010년에는 노벨상에 버금가는 권위 있는 물리학상으로 여겨지는 울프상(Wolf Prize)도 수상했다.

2023년 6월, 서울에서 기조 강연하는 존 클라우저 박사

그의 방한 목적은 양자얽힘을 주제로 강연하고 젊은 한국 과학자들을 격려하고 시상하는 것이었다. 그가 방한 목적에도 없는 기후 변화에 관해 유엔 IPCC를 강도 높게 비난한 이유는 다음 두 가지로 볼 수 있다. 하나는 2023년 3월 20일에 유엔 제6차 기후 종합보고서가 발표됐고, 다른 하나는 보고서를 총괄한 IPCC 의장이 한국인이었다는 점이다.

그는 과학이 정치에 희생되면서 수조 달러에 달하는 경제적 피해가 발생했다고 비난했다. 이유는 IPCC 의장을 기후과학은 고사하고 아예 과학 자체에 문외한인 자가 담당하고 있기 때문이다. IPCC 첫 번째 의장은 스웨덴 기상학자 버트 볼린(Bert Bolin, 1988~1997)이었고 1차와 2차 보고서를 총괄했다. 두 보고서는 과학에 근거한 비교적 합리적인 보고서였다. 1990년에 나온 제1차 보고서의 결론은 "지구가 더워지는 현상이 관찰되고 있지만 인간의 영향인지 확신할 수 없다"였으며, 제2차 보고서(1995)는 "인간의 영향이 원인 중 하나일 수 있다"였다. 두 번째 의장은 영국 화학자 로버트 왓슨(Robert Watson, 1997~2002), 세 번째는 인도 철도 엔지니어 라젠드라 파차우리(Rajendra Pachauri, 2002~2015), 네 번째가 한국 에너지 경제학자 이회성 박사(2015~2023)다.

두 번째 IPCC 의장부터 지금까지 비전문가가 기후 보고서를 총괄했다. 이들이 총괄한 3차 보고서부터 이번 6차 보고서에 이르기까지 정치적 목적으로 변질된 확실한 증거가 있다. 중세 온난기와 소빙하기를 삭제하여 지난 1,100여년 동안의 지구 기후 역사를 조작했고, 1960년대와 1970년대에 있었던 냉각기와 1998년 이후 18년 동안 계속된 온난화 중단을 조작한 두 번에 걸친 기후 게이트 등이 여기에 해당한다. 특히 철도 엔지니어와 에너지 경제학자가 지구의 미래 기후를 예측하는 보고서를 총괄했다는 사실은 전 세계인들이 깜짝 놀랄 일이다.

클라우저 박사는 2023년 7월 26일 미국 에포크 타임스와 인터뷰에서 "우리는 사이비 과학에 완전히 빠져 있다"라며 다음과 같이 말했다. "지구 하늘 절반 이상을 덮고 있는 구름이 기온을 자율 조절하고 있다. 자율 조절이란 기온이 너무 높을 때 더 많은 구름이 지구를 둘러싸고, 그

반대 현상도 일어나는 것을 말한다." 구름은 지구 하늘의 60~70% 정도를 항상 덮고 있으며, 변동에 따라 기온이 오르내리고 있다. 그는 또 지구 대기에 이산화탄소가 증가하고 있지만 그것으로 인한 미미한 열전달 효과는 거대한 자연적 구름 변동에 휩쓸려 아무 역할도 하지 못한다고 말했다.

그는 오랫동안 유엔 기후 모델을 비판해 왔다. 미래 기후를 컴퓨터 모델로 예측하기에는 한계가 있음을 그가 누구보다 잘 알고 있기 때문이다. 유엔이 사용하는 모델은 지구의 기후를 강력하게 지배하고 있는 구름의 자율 조절을 고려하지 못하며 미래에 일어날 화산과 같은 자연의 힘을 예측할 수 없다는 것이다. 국제기구가 이런 기후 모델로 세계를 공포에 빠뜨리는 행위는 용감한 과학자로서 참을 수 없는 일이었다. 그래서 그는 지난 2021년 노벨물리학상이 기후 모델 연구에 주어진 것도 강하게 비난했다.

클라우저 박사 외에도 수많은 세계적인 과학자들이 유엔의 기후 선동을 비난하고 있다. 1973년 노벨물리학상을 수상한 노르웨이 출신 이바르 예베르(Ivar Giaever) 박사는 네덜란드에 본부를 둔 세계 기후지성인 재단 클린텔(Clintel: Climate Intelligence, www.clintel.org)에서 "기후 비상사태는 없다(There Is No Climate Emergency)"라는 세계기후선언(World Climate Declaration)을 이끌고 있다.

또 1998년 노벨물리학상 수상자 로버트 로플린(Robert Laughlin) 미국 스탠포드대학교 교수는, 기후는 "인류가 통제할 수 있는 능력 밖"에 있으며 "인류는 기후를 변화시키려고 어떤 것도 해서는 안 되고 할 수도 없다"라며 IPCC의 아둔함을 비난했다. 이 말은 세계적인 기후과학자 리처드 린젠(Richard Lindzen) 미국 MIT 교수의 "이산화탄소가 지구의 기후를 조절한다고 믿는 것은 마술을 믿는 것과 유사하다"라는 주장과 일맥상통한다. 린젠 교수는 기후 변화 당사국 총회를 두고 "그 회의에서 어떤 결정을 해도 지구 기후에는 아무런 변화가 일어나지 않을 것이다. 반면에 세계 경제에는 엄청난 영향을 미친다"라고 했다.

한국인들은 클라우저 박사가 왜 한국 방문에서 유엔 기후 선동을 그토록 비난했는지 주목해야 한다. 그리고 정치 지도자들은 노벨물리학상 수상자의 말을 따를 것인지, 아니면 과학이 정치화된 유엔 기후보고서를 따를 것인지 현명한 선택을 해야 할 것이다. 그리고 자신들의 잘못된 선택이 가져올 국가의 경제적 파멸도 각오해야 할 것이다.

한국이 글로벌 전기차 산업에 부는 찬바람을 반겨야 하는 이유

최근 한국의 3대 배터리 생산업체 중 하나인 LG에너지솔루션이 미국 포드자동차 및 튀르키예 코치그룹과 함께 추진하던 배터리 합작공장 설립을 전면 백지화했다. 또 미국 포드사는 120억 달러 규모의 전기차 관련 투자를 연기할 것이라고 밝힌 바 있다. 미국 GM은 일본 혼다와 공동으로 추진해오던 전기차 개발 공동 프로젝트를 최근 전면 취소했다. 독일 폭스바겐그룹은 2026년 볼프스부르크에 전기차 전용 공장을 설립하는 계획을 전면 백지화하고 동유럽 배터리 생산 공장 설립도 무기한 연기했다. 이처럼 글로벌 전기차 산업에 찬바람이 부는 이유는 화재 위험, 배터리 성능, 비싼 가격 등으로 인해 소비자로부터 외면당하기 때문이다.

　전기차는 그동안 배터리의 제조 결함이나 가벼운 긁힘 또는 충돌로 발생한 화재가 자주 보고되었다. 특히 최근 유럽에서 일어난 대형 화재는 전기차의 미래를 위협할 정도였다. 2022년 2월, 서유럽 포르투갈 연안에서 자동차 운반용 선박(Felicity Ace)에 적재된 전기차에서 화재가 발생하여 내연기관차를 포함한 약 4,000대가 전소하고 선박이 침몰했다. 2023년 7월에는 또 다른 선박(Freemantle Highway)이 북해 독일 연안에서 네덜란드 국경으로 항해하다 화재가 발생하여 1주일 동안 언론에 중계되면서 해상 진화가 이루어졌다. 적재된 3,784대 자동차 중 1,000여 대만 남기고 모두 불타버렸고 화재의 원인이 전기차로 추정되면서 혐오증은 더욱 커졌다.

2022년 2월 포르투갈 연안에서 자동차 약 4천 대가 전소하고 침몰한 차량 운반선 Felicity Ace

또 2023년 10월에는 런던 루턴 공항의 주차장에서 전기차 폭발이 화재를 악화시켜 약 1,500대가 전소되고 주차장 건물이 붕괴했다. 전기차는 화재가 발생하면 배터리에 들어있는 물질이 고온으로 인해 폭발하기 때문에 초기 대응이 어려워 인접한 차량을 모두 태우는 대형 화재로 이어지기 쉽다.

　또 다른 문제는 배터리 성능이다. 차량에 장착된 배터리를 100% 충전했을 때 주행 가능한 거리라고 명시되어 있지만 사실상 이는 도달 불가다. 왜냐하면 배터리 수명을 유지하기 위해서는 항상 30~80% 충전할 것을 권장하기 때문이다. 특히 100% 충전하면 배터리 폭발 위험이 증가하기 때문에 더욱 조심해야 한다. 게다가 차량의 난방, 에어컨, 조명, 와이퍼 등 전력을 소비하는 다른 기능을 사용하면 주행 가능 거리는 줄어든다. 또한 배터리는 시간이 지남에 따라 점차 성능이 떨어져 주행 가능 거리가 감소하게 되며, 8~10년 후에는 교체해야 한다. 전기차 값의 약 절반은 배터리가 차지하기 때문에, 교체 시기가 되면 차의 가치는 바닥으로 떨어진다.

배터리 충전 인프라도 여전히 부족하다. 여기에 배터리 충전에 걸리는 긴 시간은 내연기관 자동차의 연료 탱크를 채우는 짧은 시간과는 비교할 바가 아니다. 좀 더 빠른 속도로 충전할 수 있는 기술이 나오고 있지만 이는 배터리 성능 저하를 촉진하는 단점이 있다. 그래서 급속 충전을 반복하면 에너지 저장 용량 저하, 주행 거리 감소, 배터리 교체 빈도 증가 등이 나타난다.

소비자가 외면하는 더 큰 이유는 비싼 가격 때문이다. 전기차는 일반적으로 휘발유나 디젤차보다 약 1만 달러(1천 3백만 원) 정도 더 비싸고 적어도 5년 정도 수명이 짧다. 또 전기차는 배터리 무게로 인해 내연기관 차보다 훨씬 무겁기 때문에 타이어를 더 자주 교체해야 한다. 게다가 보험 회사는 미미한 손상으로도 비싼 배터리를 교체해야 한다는 이유로 보험료를 인상하고 있다. 내연기관 차는 연간 보험료가 500달러인 데 비해 이와 유사한 전기차는 최대 5,000달러가 되는 사례도 있다. 또 일부 보험 회사는 전기차를 거부하기도 한다. 이유는 전기차 한 대로 인한 화재가 지하 주차장의 모든 차량 또는 건물 전체 화재로 이어져 1천만 달러에 이르는 손실 비용을 초래할 수 있기 때문이다.

전기차 보급에 가장 큰 장애물은 비싼 가격으로 인한 막대한 정부 보조금이다. 정부가 전기차를 구매하는 중산층에게 서민들로부터 받은 세금을 주는 꼴이다. 실제로 영국의 '지구온난화 정책재단(GWPF: Global Warming Policy Foundation)'은 정부가 서민 돈을 훔쳐 부자에게 뇌물을 주는 이상한 로빈 훗(Robbing Hood steals from the Poor to Fuel the Rich)이 되었다고 비난하는 운동을 오랜 기간 했다. 이러한 이유로 주요 국가들이 보조금을 폐지 또는 축소하고 있다. 영국과 중국은 2023년부터 정부 보조금을 폐지했으며 독일도 2025년에 폐지할 예정이다. 한국과 프랑스는 축소를 검토하고 있다.

한국은 세계 4위의 자동차 산업 강국이며, 현재 한국의 도로에는 약 2,550만 대의 자동차가 굴러다니고 있고 그 가운데 1.5%에 해당하는 약 39만 대가 전기차다. 지금의 전기차 보급이 이루어진 것은 서방 선진국처럼 정부 보조금을 지급했기 때문이다. 한국 정부는 탄소 중립을 위해 2030년까지 전기차 비율을 30% 이상, 2050년까지 80% 이상으로 높이는 계획을 세워두고 있다. 서방 선진국도 이와 비슷한 대규모 보급 계획을 세워두고 있다.

만약 이러한 세계적인 대규모 전기차 보급이 현실로 나타나면 한국 경제에는 재앙적 결과가 될 것이다. 엄청난 국가 예산이 보조금으로 낭비될 뿐 아니라 전기차는 내연기관 차보다 장착되는 부품이 적기 때문에 많은 일자리가 자동차 산업에서 사라질 것이다. 더 큰 문제는 배터리 제조에 필요한 희토류 금속을 중국이 독점할 수 밖에 없는 현실에 있다. 만약 전기차가 세계적인 대세가 되면 한국 자동차 산업은 배터리 때문에 중국에 의존할 수밖에 없다

조만간 내연기관 차가 종식될 것처럼 떠들었던 전기차 열풍이 이제

는 20년 전 닷컴 버블처럼 사라질 것이라는 우려도 나오고 있다. 정부 보조금으로 이루어지는 산업은 언젠가는 무너질 사상누각에 불과하다는 자유주의 시장경제의 원칙을 확인할 수 있게 됐다. 앞으로 혁신적인 배터리 기술의 상용화 없이는 전기차의 세계화는 요원할 수밖에 없다. 현명한 소비자 덕분에 글로벌 전기차 산업에 부는 찬바람을 한국은 크게 환영해야 한다. 한국의 자동차 산업에 새로운 도약을 기대한다.

불편한 사실: 앨 고어가 몰랐던 지구의 기후과학
그레고리 라이트스톤 저, 박석순 역, 252쪽, 2021년 4월, 어문학사

기후 대재앙 공포와 이산화탄소 악마화에 숨겨진 60가지 불편한 사실을 알기 쉽게 그려내고 있다. 온실효과 원리, 지구 역사와 기후변화, 기후와 인류 문명을 살펴보고, 가뭄, 산불, 태풍, 해수면 상승 등과 같은 기후 재난의 실체적 사실을 과학적 이론과 함께 설명하고 있다.

종말론적 환경주의: 보이지 않는 가짜 재앙과 위협
패트릭 무어 저, 박석순 역, 348쪽, 2021년 11월, 어문학사

우리 사회에 만연해 있는 반산업화와 반문명적 이념에 바탕을 둔 종말론적 환경주의를 과학과 사실로 통박하고 있다. 1971년 그린피스 설립을 주도하고 지금까지 용감한 지식인으로 살아온 저자는 기후변화, 원자력 에너지, 유전자변형 식품, 해양환경 등을 주요 사례로 들고 있다.

기후 종말론: 인류사 최대 사기극을 폭로한다
박석순·데이비드 크레이그 공저 384쪽, 2023년 2월, 어문학사

지난 150년 동안의 신문 기사, 공식 문서, 기타 기후 관련 자료들을 범죄 수사기법으로 추적하여 기후 위기는 교활하게 조작된 사기임을 폭로하고 있다. 또 지금 우리는 대재앙을 향한 자멸의 길을 가는 것이 아니라 인류 역사상 가장 축복받은 시대를 누리고 있음을 알려주고 있다.

기후 위기 허구론: 대한민국은 기후 악당국인가?
박석순 저, 2008쪽, 2023년 10월, 어문학사

기후 위기론이 자유민주주의 시장경제를 공격하는 도구가 되기까지 어떤 역사적 흐름이 있었는지, 반세기 전에 있었던 환경 종말론과 비교하여 설명하고 있다. 신의 축복을 오인한 인간의 아둔함이 기후 종말론을 만들었으며 대한민국은 기후 악당국이 아니라는 결론을 내리고 있다.

■ 지금까지 살펴본 기후 위기 허구성과 탄소 중립의 자해성에 대한 확신을 주기위해 지구의 저탄소 위기와 화석연료 사용, 그로 인한 지구 녹색화와 식량 증산, 물 순환과 구름의 강력한 기온 조절 기능 등을 소개한다.

증발과 구름, 그리고 강우로 이어지는 지구의 물순환.
지구의 강력한 기온 조절 능력을 나타내고 있다.

제7장
지구의 놀라운 현상들

지금까지 우리는 수많은 관측 자료와 해외 석학들의 인터뷰, 강의, 논문 등을 통하여 기후 위기 허구성과 탄소 중립의 자해성을 알게 됐다. 또 누가 왜 데이터를 조작하여 가짜 재앙을 만들고 기후 위기를 선동하는지도 짐작할 수 있게 됐다. 아울러 기후 위기 낭설은 과학의 부패로 만들어져 수십억 지구 인구의 복지와 세계 경제를 위협하고 있음을 확인했다. 이 장에서는 독자들에게 지금까지 살펴본 사실에 더욱 강력한 확신을 심어주기 위해 그동안 우리가 몰랐던 지구의 현상들을 소개하고자 한다.

7.1 저탄소 위기와 화석연료 사용

지금 우리는 인류사 최고의 시대에 살고 있다. 지난 20세기 초 16억 명에 불과했던 세계 인구는 현재 80억 명이 넘었고, 100억 명이 먹을 수 있는 식량을 생산하고 있다. 자연재해 사망률, 문맹률, 영양 결핍률,

노동 시간 등은 크게 줄어들었고, 의식주를 비롯하여 삶의 질, 건강, 기대 수명 등 모든 것이 좋아졌다. 이 모든 변화가 화석연료를 원동력으로 하는 산업화로 인해 시작됐다. 하지만 기후 선동가들은 인류가 화석연료 사용으로 인해 자멸을 향해 가고 있다고 불길한 예언을 끊임없이 하고 있다.

그렇다면 먼저 화석연료가 재앙인지 축복인지 지구의 긴 역사를 통해 알아보자. [그림 7-1]은 6억 년 전부터 현재까지 이산화탄소 농도 변화를 제시하고 있다. 우리는 이를 통해 화석연료의 생성 과정을 추정해 볼 수 있다. 생물 종이 폭발적으로 늘어난 캄브리아기(Cambrian period)에 8,000ppm까지 갔던 이산화탄소 농도는 점점 줄어들어 석탄기(Carboniferous period) 말에는 500ppm으로 떨어졌다. 그 이유는 수억 년 동안 엄청난 식물이 이산화탄소를 소비하고 성장하여 땅속에 묻혔기 때문이다. 그리고 당시에는 목재 성분인 리그닌을 분해할 수 있

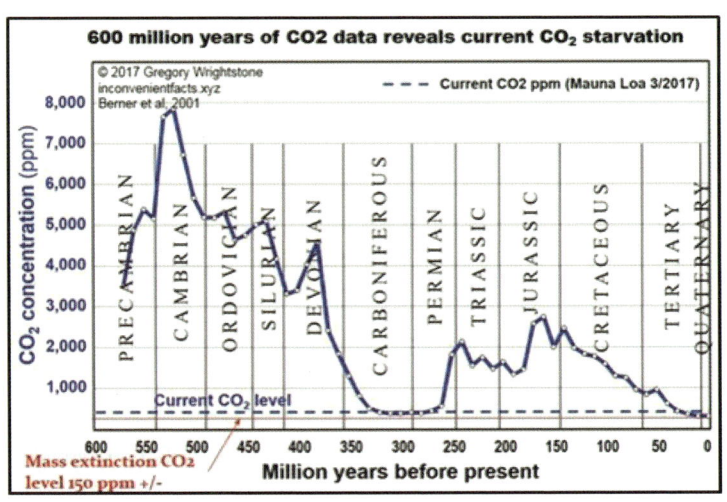

그림 7-1. 지구 역사에서 이산화탄소 농도 변화와 두 번의 저탄소 시기

는 곰팡이가 없었기 때문에 지금 우리가 사용하는 석탄이 된 것이다. 석탄기 말에 리그닌을 분해할 수 있는 곰팡이가 번성하면서 대기 이산화탄소는 다시 증가했고 공룡이 살았던 쥐라기(Jurassic period)에는 2,500ppm을 넘었다.

하지만 백악기(Cretaceous period)를 거치면서 1억 5천만 년 동안 이산화탄소는 계속 줄어들어 2만 년 전 최후 빙기(Last Glacial Period)에는 182ppm까지 떨어졌다.[1] 이유는 해양 석회화 생물(플랑크톤, 갑각류, 연체동물, 산호, 조개류 등)에 의해 수중 이산화탄소가 석회화 물질이 되었기 때문이다. 석회화 물질은 퇴적되어 지금 우리가 시멘트 원료로 사용하는 석회암으로 변했고 유기체는 석유와 천연가스가 됐다.

지구가 간빙기에 접어들자 바다가 더워지면서 대기 이산화탄소는 증가하기 시작했고 인간이 화석연료를 사용하기 이전까지 280ppm이 됐다. 이후 지금까지 화석연료와 시멘트를 사용하면서 2024년 현재 425ppm에 도달했다. 석탄과 석유, 그리고 천연가스는 과거 지구 대기에 존재했던 이산화탄소가 생물의 유기물로 변했던 것으로 인간이 사용하여 다시 대기로 돌아가게 하는 셈이다. 시멘트는 석회화 생물의 무기물로 변했던 이산화탄소를 인간이 사용하는 것이다. 현재 시멘트 사용은 인간에 의한 이산화탄소 배출 총량 중 5%가량 기여하고 있다.[2]

[그림 7-1]에서 두 번의 저탄소 시기를 볼 수 있다. 첫 번째는 석탄기 말이었고, 두 번째는 신생대 제3기(Tertiary period) 말부터 지금까지

---

1) 패트릭 무어, 〈종말론적 환경주의: 보이지 않는 가짜 재앙과 위협〉, 박석순 역, 어문학사, 2021.
2) 그레고리 라이트스톤, 〈불편한 사실: 앨 고어가 몰랐던 지구의 기후과학〉, 박석순 역, 어문학사, 2021년.

다. 식물은 이산화탄소 농도가 150ppm 이하가 되면 살 수 없게 된다. 그렇게 되면 동물도 함께 사라지게 된다. 지구를 두 번의 저탄소 위기에서 다시 살린 것은 곰팡이와 인간의 화석연료 사용이다.

지구에 인간이 출현하기 이전에 엄청난 화석연료가 만들어졌고 이를 이용한 산업 문명은 더 많은 사람이 풍요롭고 건강한 삶을 누리게 하고 있다. 더구나 인간의 화석연료 사용은 지구를 저탄소 위기에서 구하고 있다. 이것이 지구 이산화탄소의 진짜 과학이다. 이 얼마나 놀라운 지구와 인간의 상생 협력이자 축복인가?

7.2 지구 녹색화와 식량 증산

지금 우리가 보는 대부분 식물 종은 대기 이산화탄소 농도가 1,000ppm 이상인 시기에 출현하여 적응했다. 그래서 증가하는 이산화탄소는 지구상의 모든 식물에 시비(Fertilization)효과를 보인다. 더 많은 이산화탄소가 모든 식물을 더 잘 자라게 하는 것이다. 화석연료 사용이 늘어나면서 지구는 더욱 푸르게 변했고 식량 생산은 증가했다(제2장). 이산화탄소의 증가는 식물성장을 도울 뿐 아니라 병충해 예방에도 좋은 효과가 있는 것으로 밝혀졌다. 그래서 오늘날 온실 농업에서는 이산화탄소 발생기를 사용하여 이산화탄소 농도를 1,000ppm 이상으로 높여 생산량을 60% 이상 증대시키고 있다(그림 7-2).

어떤 사람들은 이산화탄소 농도가 증가하면 식물의 성장에는 좋아도 동물의 건강에는 나쁘다고 선동한다. 하지만 과학적 사실은 이를 부인한다. 실제로 우리가 일하고 잠자는 사무실이나 주택의 실내공기에는 보통 1,000ppm이 넘는 이산화탄소가 있다. 인간은 날숨으로 약

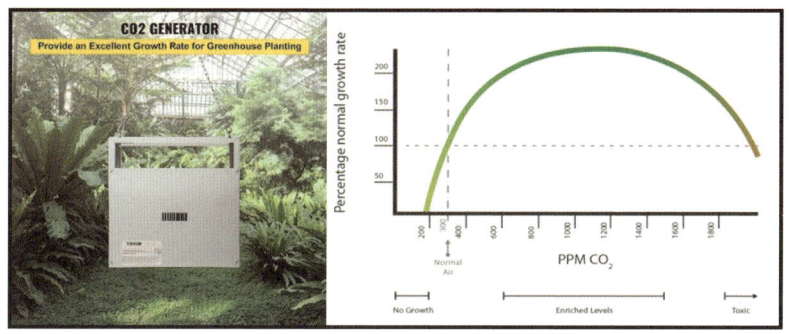

그림 7-2. 온실에서 사용되는 CO2 발생기와 CO2 농도에 따른 식물 성장률

40,000ppm의 이산화탄소를 내뱉기 때문이다. 건강에 나쁜 것은 이산화탄소 8,000ppm이 넘는 공기를 마실 경우다. 미국 직업안전건강관리청(OSHA: Occupational Safety and Health Administration)은 작업장에서 8시간 동안 일할 경우의 이산화탄소 농도는 8,000ppm, 무제한 연속적인 노출에는 5,000ppm 이하로 제한하고 있다. 또 잠수함에서는 8,000ppm, 우주선에서는 5,000ppm에 가까운 이산화탄소를 숨 쉬는 공기에 허용하고 있다.

동물은 식물이 광합성으로 만들어내는 산소와 유기물로 살아가고 호흡으로 이산화탄소를 배출한다. 지난 20세기에 화석연료를 사용하는 산업문명으로 인해 인구가 크게 증가했다. 여기에 현대 온난기의 기온 상승이 더해지면서 지구 대기 이산화탄소가 급증했고 이는 곧 식량 증산과 지구 녹색화로 이어졌다. 식량 증산은 더 많은 인구를 부양하고 지구 녹색화는 수많은 생물의 서식처를 제공하고 있다. 이 얼마나 놀라운 인간과 지구 생태계의 상생 협력이자 축복인가?

7.3 온실효과와 구름

화석연료 사용으로 인한 인류의 풍요로운 삶과 지구 녹색화 및 식량 증산은 대부분 인정하고 있다. 부인할 수 없는 명백한 증거가 차고 넘치기 때문이다. 하지만 이산화탄소가 온실효과가 있다는 이유로 기후 위기론이 만들어졌다. 앞장에서 이를 반증하는 여러 과학적 사실을 확인했다. 이제 그 기후 위기론이 명백한 거짓임을 지구의 놀라운 현상을 통해 다시 한번 알아보자.

지구의 평균 기온은 약 15℃다. 태양계에서 지구에 인접한 금성의 평균 기온은 462℃이고 화성의 평균 기온은 -55℃다. 지구가 다른 행성에 비해 생명체가 살아가기에 적합한 이유는 대기 기체의 적당한 온실효과 때문이다. 만약 온실효과가 없다면 지구의 평균 기온은 -18℃가 된다. 이 기온 상승분 33℃는 수증기, 이산화탄소, 메탄, 아산화질소 등의 온실가스 효과다. 온실가스 효과의 약 90%는 수증기에 의한 것이고, 이산화탄소는 6%, 메탄은 2%, 나머지 아질산 등 2%로 밝혀져 있다 (그림 7-3). 메탄가스(CH4)는 대기에서 산소와 결합하여 물과 이산화탄소로 변하고 아질산은 질소와 산소로 분해되므로 지구 대기의 온실효과 33℃는 대략 수증기로 인한 상승분 30℃와 이산화탄소로 인한 3℃로 간주한다.

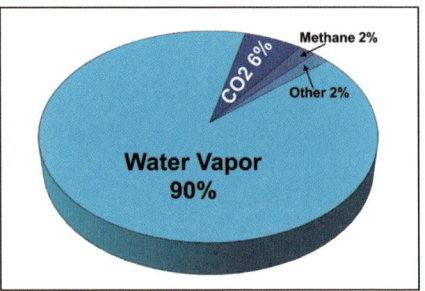

그림 7-3 낮과 밤을 달리하는 구름의 기온 영향

이산화탄소 400ppm의 가열 효과는 30W/m²이고 지금과 같은 속도로 증가하여 170년 뒤에 800ppm이 되면 $3W/m^2$가 더해지는 것으로 밝혀져 있다.[3] 따라서 이산화탄소 800ppm의 가열 효과는 $33W/m^2$가 된다. 현재 증가하는 이산화탄소로 연간 추가되는 가열 효과는 최대 $0.02W/m^2$(≒3/170)에 불과하다. 대기 이산화탄소 농도 400ppm이 가져오는 온실효과는 최대 3℃인 관계로, 가열 효과 비율 (30 : 3)에 따라 계산하면 800ppm이 되었을 때 최대 0.3℃가 더해져 총 3.3℃가 된다.

지구의 하늘은 약 3분의 2(보통 60~70%)가 구름으로 덮여 있다. 구름은 낮에는 태양으로부터 내리쬐는 복사 에너지(가시광선과 자외선)의 80~90%를 우주로 반사하여 지구 표면의 기온을 떨어지게 하고 밤에는 열(적외선)의 우주 방출을 막아 보온효과를 가져온다(그림 7-4). 관측 자료에 따르면 구름이 없는 맑은 날이 흐린 날보다 낮에는 기온이 5~10℃ 더 높다. 이는 이산화탄소 농도 400ppm이 170년 뒤 800ppm이 되었을 때 더해지는 온실효과 0.3℃의 17~33배나 된다. 구름의 기온 조절

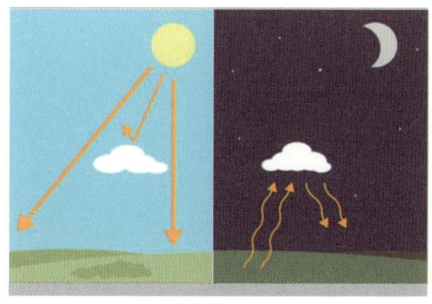

그림 7-4 낮과 밤을 달리하는 구름의 기온 영향

능력은 이산화탄소가 100년 뒤 800ppm이 되더라도 연간 더해지는 온실효과(0.003℃)의 최소 1,600배가 넘는다. 이처럼 이산화탄소의 온실효

---

3) William Happer, "How to Think about Climate Change," https://www.independent.org/issues/article.asp?id=13458

과는 구름의 기온 조절 능력에 비교하면 너무나 미미하다. 여기에 인간의 기여도까지 따지면 아무런 영향도 미치지 못하는 수준이다.

지구를 덮는 구름 면적은 태양의 활동과 우주선(Cosmic Ray) 등으로 인해 계속 변화한다. 지난 1983년부터 2017년까지 북반구 구름 면적이 6% 이상 감소하여 약 $5W/m^2$ 이상의 가열 효과를 일으킨 것으로 밝혀졌다.[4] 그동안 북반구에서 연간 최대 $0.14W/m^2$ 가열 효과를 추가한 것으로 이산화탄소의 연간 최대 가열 효과 $0.02W/m^2$의 7배나 된다. 이는 증가하는 이산화탄소의 가열 효과가 구름의 자연 감소 영향에도 미치지 못함을 의미한다. 여기서 또 한 번 증가하는 이산화탄소의 무력함이 확인된다.

지구 표면의 70%는 바다다. 또 대류권에는 수증기와 물방울이 구름, 비, 눈, 우박, 안개 등의 형태로 존재한다. 물은 상온에서 액체에서 기체 또는 고체로, 또는 그 반대로 상이 변하는 고유한 특성이 있으며 이런 상태 변화 과정에서 많은 양의 잠열(Latent Heat)이 소모되거나 방출된다. 잠열 소모로 증발한 물은 구름이 되어 낮과 밤의 효과를 달리하면서 지구의 기온에 영향을 준다. 또 물의 증발 과정은 지구 표면의 에너지를 대류권 상부로 수직 이동시키고 비나 눈이 되어 다시 지면으로 내려온다. 144쪽의 [그림 4-7]에서 보듯이 태양으로부터 지면에 도달한 에너지($160W/m^2$)의 절반($82W/m^2$)가량이 잠열로 사용된다. 그리고 잠열의 오차 범위는 $±6.5W/m^2$이다. 물의 증발에 사용되는 태양 에너지의

---

[4] Michael Jonas, "Clouds independently appear to have as much or greater effect than man-made CO2 on radiative forcing," *World Journal of Advanced Research and Reviews*, 2022.

자연 변동(13W/m²)이 이산화탄소의 연간 최대 가열 효과 $0.02W/m^2$의 650배나 된다.

이처럼 증가하는 이산화탄소로 인한 온실효과 변화 정도는 지구의 물 순환과 구름의 강력한 기온 조절 기능에 비하면 너무나 미미하다. 그래서 존 클라우저 박사는 지구 대기에 이산화탄소가 증가하고 있지만 그로 인한 온실효과는 극히 미미해서 자연에서 일어나는 거대한 물의 증발과 구름 현상에 휩쓸려 아무런 역할도 하지 못한다고 했다. 그는 또 화석연료는 사용하기에 완벽하게 좋은 에너지원이라고 했다.

인구 증가와 풍요로운 삶으로 인해 미량씩 증가하는 이산화탄소는 지구 녹색화와 식량 증산이라는 놀라운 효과를 주지만 기후에는 어떤 영향도 미치지 못함은 간단한 계산으로도 입증되고 있다. 그뿐만 아니라 지구의 기후 역사에서 이산화탄소가 기온을 변화시켰다는 어떤 증거도 찾을 수 없다. 이 얼마나 놀라운 지구의 인류 문명 포용력인가?

7.4 책을 마치며

나는 그동안 기후 공부를 통해 "하나님은 위대하다"는 큰 깨달음을 얻었다. 하나님의 놀라운 위대함이 지구 생태계와 기후 현상에 스며있음을 알았다. 저탄소 위기와 화석연료 사용, 그로 인한 지구 녹색화와 식량 증산, 물순환과 구름의 강력한 기온 조절 기능 등 지구에는 그동안 몰랐던 놀라운 현상들이 있었다. 지구는 더 많은 사람이 태어나 풍요롭게 살 수 있도록 완벽하게 설계되어 있다.

하지만 지금 우리 아이들은 기후 공포로 울부짖고 악몽에 시달리며 앞선 세대를 원망하고 있다. 더구나 모든 국민은 기후환경요금을 내고 기업은 배출권 거래제도, RE100, ESG 등으로 이윤을 박탈당하고 있다. 정부는 멀쩡한 지구를 살린다며 엄청난 예산을 낭비하고, 존재하지도 않는 기후 위기에 대응한다며 제정한 법이 구체적 계획 미흡으로 헌법재판소에서 헌법 불합치 판정을 받기도 했다. 또 초중고에서 대학까지 기후 위기와 탄소 중립 교육으로 돈과 시간을 낭비하며 우리의 아이들을 겁주고 있다. 과학의 부패가 불러온 참혹한 현실이다.

　기후 위기는 없다. 탄소 중립은 하나님의 축복을 오인한 인간의 무지가 만들어낸 경제적 자해다. 이제 우리는 기후 위기의 허구성과 탄소 중립의 자해성을 널리 알려야 한다. 이 책에 기술한 과학의 부패를 낱낱이 폭로하고 범국민 기후환경요금 폐지 운동을 강력하게 추진해야 한다. 아울러 기후 공포로 잃어버린 개인과 기업의 자유와 재산을 되찾고 세계적인 경제 대국 대한민국은 결코 기후 악당국이 아님을 선포해야 한다.

　끝으로 미국의 사상가 랄프 에머슨(Ralph Emerson)의 "두려움은 항상 무지로부터 나온다(Fear always springs from ignorance)"라는 명언을 전하며 모든 국민이 기후 무지에서 깨어날 수 있길 바란다. 기후 무지에서 탈출하여 지구를 두고 벌이는 거대한 공포 장사를 이 땅에서 추방하는 것이 자유 대한민국을 지키는 길이다. 이 책이 이에 크게 기여하길 희망한다.